The Moderate Reformist

急健改革派·

中国社会科学院学部委员、著名经济学家

张卓元评传

房汉廷◎著

阅读张卓元
不自觉中就会生发出钟子期初逢俞伯牙的感觉
——高山高而不险，流水急而不湍

经济管理出版社
ECONOMY & MANAGEMENT PUBLISHING HOUSE

图书在版编目（CIP）数据

稳健改革派——中国社会科学院学部委员、著名经济学家张卓元评传/房汉廷著 . —北京：经济管理出版社，2013.6

ISBN 978 - 7 - 5096 - 0571 - 4

Ⅰ.①稳… Ⅱ.①房… Ⅲ.①张卓元—生平事迹　Ⅳ.①K825.31

中国版本图书馆 CIP 数据核字（2013）第 103280 号

组稿编辑：张　艳
责任编辑：张　艳　杨　雪
责任印制：杨国强
责任校对：超　凡

出版发行：经济管理出版社
　　　　　（北京市海淀区北蜂窝 8 号中雅大厦 A 座 11 层　100038）
网　　　址：www. E - mp. com. cn
电　　　话：(010) 51915602
印　　　刷：北京画中画印刷有限公司
经　　　销：新华书店
开　　　本：720mm × 1000mm/16
印　　　张：22.5
字　　　数：324 千字
版　　　次：2013 年 6 月第 1 版　2013 年 6 月第 1 次印刷
书　　　号：ISBN 978 - 7 - 5096 - 0571 - 4
定　　　价：98.00 元

前　言

与其说这是一部学术传记，不如说是一部新中国的经济思想史。因此，我不得不提前声明：这部传记，其实是有两个主角的，一位是张卓元先生，另一位则是萌动于 20 世纪 50 年代初、启动于 20 世纪 80~90 年代、成型于 21 世纪初的中国经济体制改革和对外开放。

如果让我列举 20 世纪影响世界最重大的两件大事，我会毫不犹豫地选择"第二次世界大战"和"中国的和平崛起"。前一件基本不会有争议，它将亿万人纳入战争罗盘，并将数千万人送进了地狱，也彻底改变了原有的世界格局；后一件正在取得更多的共识，一个积贫积弱的落后大国，竟然用短短的 30 多年时间，以和平的方式取得了目前位居世界第二大经济体的最快、最持久的增长和发展。

是什么让"中国龙"获得如此影响深远、广泛的持久经济发展呢？答案可能有千百个，但最具有共识的答案只有一个——是"改革"为中国经济提供了强大的动力，是稳健"改革"创造出了巨大而持续的中国。

是谁发现了"改革红利"？是谁把"改革红利"开采出来的？当然，发现"改革红利"的是一群人，不是一个人，开采"改革红利"的是几代人，不是一代人，更不是一个人。不过，不论是发现"改革红利"，还是开采"改革红利"，有一群经济学家是最不应该忘记或忽视的，其中就包括有中国经济学界"长青树"之誉的张卓元先生。

20 世纪 50~80 年代，卓元先生是"改革红利"的重要发现者。

打开20世纪50年代中期至80年代前期的中国经济学图谱,我们会清晰地看到,卓元先生不仅是"恩格斯猜想"的破解者,是"价值规律"的巧解者,是"马克思生产价格谜局"的破译者,还是孙冶方经济理论遗产的集成者和发掘者。正是这些最初的研究,使我们得以窥见了"改革红利"这一巨大宝藏,也为中国后来的繁荣富强找到了强大的动力。

20世纪80~90年代,卓元先生是改革开放大政方针的积极响应者和鼓吹者。1984年他提出价格改革是关键,1987年他提出"稳中求进"的改革大思路,1992年他参与确立社会主义市场经济论,1993年他参与画出"国有企业"改革新方向,2000年后他又提出了转方式的新路径。

20世纪90年代至21世纪初,卓元先生参与了中国改革开放总体方案的设计工作。从1993年一上"玉泉山"到2008年十一上"玉泉山",卓元先生先后十一次参与中央重要历史文件的起草工作,前后15年的改革路线上都有其直接耕耘的汗水和心智。

即使到了耄耋之年,卓元先生仍然老骥伏枥,志在千里,仍然高擎"牢牢把握加快改革这一强大动力"的大纛,为中国谋求更大、更持久的"改革红利"!

目　录

第四篇 玉泉山人

第五篇 家国一体

第一篇 出道历程

《战国策》有云：智者见于未萌，愚者暗于成事。

当我们观察一个成功的个体或一个团体时，有时会百思不得其解，常常会问为什么是这样？为什么是他或他们取得了成功？其实，回望可能是最简洁也最有效的观察路径。

古人云：差之毫厘，谬以千里。又云：不积跬步，无以至千里。初始阶段的微小差异并不引人注意，人们看到的往往是结果的巨大而不可更改的差距。同样，每日的积累并不显得多么重要，但一旦到了质变的结果发生后，一切都已经定型。

在回望卓元先生的成功路径时，我深深地体会到了上述所言不谬也。在梳理有关卓元先生林林总总的素材中，在重新谛听这些历史深处传来的理论脆响时，我不得不感怀古人之睿智，感叹今人之愚顽。从20世纪50年代的价值规律叩问者，到80年代的稳健派改革推动者，再到90年代的中国制度设计建言者，以至21世纪初的大国献策者，卓元先生每每都能够见事于"未萌"，甚让人折服。

因之，本篇的四章内容，力图还原一个岭南少年到青年经济学家的成长路径，更确切地说，是试图讲一个经济学家的出道故事。

第一章　蒙学

☯历史不能假设，也不容假设，但历史常常是在不经意间创造的。一个特别的事件，一个特别的人，或者一个特别的地方，都可能引起历史路径的变迁甚至反转。

1933 年 7 月 16 日，岭南灼热的太阳炙烤着梅县①大地。街上几乎看不到行人，连鸟儿也没了踪影。梅州梅城镇年轻的金银匠张灼邾，心情却格外高兴，妻子钟影华不负家族期望，又给张家生下一个麟儿②。

这个麟儿就是后来蜚声中国经济学界的著名经济学家张卓元。但这些都是后话，当时谁也没有把这个孩子与中国未来的经济发展模式联系起来。一般来说，中国人在发迹或成名之后，总会自己或别人帮着找到一些证明自己特殊的东西，或祥瑞，或灵怪，甚至有些人说自己不是父亲所生，而是赤龙所生（如刘邦），或者上帝所生（如洪秀全）。关于出生是否有过异象，我当面请教过卓元先生，他一笑而过："科学昌明到如此地步，世上还有愚说吗?"

刚出生的卓元，自然是"白天不懂夜的黑"，只要饿了就要吃的，

---

① 梅县，中国著名侨乡，隶属于广东省梅州市，与梅江区并称梅城，是客家人的重要聚居地之一，居海外华侨和港、澳、台同胞逾 80 多万人。梅州教育发达，足球运动普及，客家山歌流行，素有"文化之乡"、"华侨之乡"、"足球之乡"的美称；先后被授予"全国文化先进县"、"中国旅游强县"、"中国民间艺术（山歌艺术）之乡"等称号。梅州历史沿革颇久，东晋时属义安郡海阳县地，南朝齐（公元 479 ~ 502 年）时称程乡县（从海阳县分出，是梅州建置之始），领程乡县，宋开宝四年（971 年）时因避宋太祖祖父赵敬之讳，改敬州名为梅州（属广南东路）。民国元年（1912 年）时改程乡县名为梅州，中华人民共和国成立后仍称梅州，1983 年改设梅州市，1988 年 1 月 7 日，国务院批准撤销梅州地区、梅州市，设立梅州市（地级）。

② 卓元先生的长兄叫张卓谱，1931 年出生，曾经前后考入中山大学和武汉大学，都因肺结核病而休学、退学，后来长期在梅州市中学教授化学、数学，如今桃李遍天下，退休赋闲在家，颐养天年。

渴了就要喝的。再次得子的喜悦短暂即逝，生活的压力逐日增大，张灼鄜小小的金银铺更加忙活了。

梅县张家是客家，由于历次战乱，族谱散佚，如今已经无从考证南迁年代和世族。我详查了中国客家人的形成历史，或许是一个佐证。客家人本来是古居中原的汉人，由于北方少数民族南侵以及中原战乱，迫使一些中原汉人大规模南迁。

历史上，规模比较大的南迁，发生过三次。最早的一次是晋朝末年五胡乱华的南北朝时期，长江以北的大部分地区都成了鲜卑、契丹、柔然、突厥等少数民族的放马地，长江以南残存的汉人政权也是走马灯一样轮转不停。由于战祸频仍，民不聊生，许多南迁之民，即使到了江南或岭南，仍然无法驻足，许多原住民并不接纳这些失去家国的流民，所以他们中的很多人只好入深山僻壤，修建围楼以保全家室。以此类推，梅县这支张家很可能就是这次大逃亡中的一份子。第二次大规模南迁是北宋被金国消灭后，中原汉人随着南宋南渡。尽管北宋被灭亡了，但由于宋朝依旧存在，且又执掌江南以及岭南以及川蜀诸地一百多年，所以南迁的汉人，并没有太多的人入深山大泽以避祸，今天富庶的江苏、浙江以及两湖地区的汉人先族，很多都是这个时期迁过去的。按此推测，梅县张家当不属于这次南渡之民。第三次汉人大规模南迁，发生在蒙元时期。当时蒙古人实行民族歧视政策，蒙古人是一等人，色目人是二等人，江北汉族是三等人，而江南汉族则是最低的四等人。一些江南汉人不甘屈辱，又无力抗争，只好重新走上南迁之路，部分人渐渐深入岭南、闽西，客家人又添新成员。按此推断，梅县张家也有可能是二次南迁的汉人。

中国的客家人，有点像犹太人。家国虽失，家书犹存；金银虽丢，精神犹在。犹太人有个传说：当家里的钱只够给生病的父亲请医生，或给孩子请教师时，犹太人会毫不犹豫地把钱用于请教师。因为他们相信：只要文化有了传承，个体的生命就不再重要。其实，中国的客家人所秉承的信念和所坚持的行为也大抵如此。再穷的客家人家，也都会把孩子特别是男孩子送到学堂学习，无论是启蒙教育还是技术教育，都是客家人的必修课。客家人认为，人不学习中国文化，不能生根；人不学习技能，不能惠己及人。

年轻的张灼粼，是极为典型的客家传人。"忠厚传家宝，读书继世长"的观念早已渗入客家人的血液，也深入到了客家人的行动和行为中。张灼粼刚把长子卓谱送进学堂，就把眼睛盯上了小小的卓元，心下盘算着一起送到学校，早些开蒙更好。

从咿呀学语，到少不更事，总是一个人最快乐的时光。因为这个时期一没有任何压力，二可以犯错误，反正还没有承担错误的能力嘛。卓元先生回忆起这段时光时，也颇为幸福。因为只有这段时光，是他与父亲相处最久、最近也最温馨的时光。尽管父亲每天忙忙碌碌，但忙碌后一家人还是可以摆摆"龙门阵"的。梅县虽然地处岭南山区，但偏僻而不闭塞，梅州地少人多，一直有很多人在外经商、打工，甚至有不少人漂洋过海到英伦三岛，到欧洲大陆，到北美，到南洋，老年人回来了，年轻人出去了，来来往往，世界各地的消息时不时会刮进张灼粼的金银铺。

小卓元喜欢晚上一家人聚拢的时光，细心地听着父亲趸回来的故事和消息，心下也悄悄地向往起外部的世界。所以，当父亲提出让他也上学时，他一点也没有其他孩子那般抗拒。别看现在的卓元先生高大伟岸，五岁时可真是个小不点。母亲亲手为小卓元缝制了新书包，虽然小了点，倒也与他的个头相称；父亲把卓谱叫过来叮嘱他带好弟弟，好好读书，不要淘气。

1938年的一天，中国广东梅县小学，迎来了一批新生。这新生中有一个小孩显得格外扎眼，太小了，只有5岁，有点混进来的感觉，又有点特别选拔进来的感觉。卓元先生就这样早早地结束了自由自在的童年时光，读书，帮助母亲照料弟妹，帮着父亲看顾铺子，总之一切都从这一年发生了巨大的变化。其实，1938年的中国，虽然已经处在全面战争的边缘，但比起其后很多年来，还算是好年头了。当时世界处在两次大战间歇期，中国的民族资本主义获得了长足的发展，一些海外华侨也回到国内投资、消费，体现在梅县的就是有点余钱的人开始多了起来。人们钱多了，穿金戴银的也就多了起来，张灼粼的金银铺自然也跟着火了起来，甚至到晚上都有客人来打造金银首饰。这期间，卓元先生又增加了大妹张木仙和老四张卓澄①，但家里的经济条件似乎比五年前还好些。

当然，1938年对于全中国来说，并不是一个美妙的年份，一段更为苦难的岁月开始磨难着每个中国人。1937年7月7日，日本帝国主义悍然发动了全面侵华战争，战火迅速遍布中国东北、华北、华东、华中、华南，甚至国民政府首都南京也相继沦陷。其后不久，日本军队也逼近了梅县。覆巢之下，安有完卵？祖国大好山河的相继沦陷，海外乡亲的音讯阻隔，流亡和逃亡的人群摩肩接踵，中华民族到了生死存亡的历史关头。

国家局势的骤变，张灼粼的小小金银铺也跟着骤变。原来生意红火的首饰加工，如今日渐萧条，市场上的物价却一天高过一天。人们都不愿意存储国民政府发行的法币，而是家家攥着或多或少的金银，不到万不得已的时候，金银是不再出手了。张家的生活由此陷入了困顿，母亲钟影华既要打理一家人的生活，又要到离县城不远的煤矿挑煤赚点小钱贴补家用。

国家在抗战，国民在抗难。卓元先生的小学学习是在遍地狼烟的艰难岁月中完成的。那时的小学与今天的小学已经基本类似，"四书五经"等旧式教材已经在新文化运动中退出了课堂，西方的科学和技术正在成为学堂的主流。一个少年，就在战争的硝烟下，就在经常的饥饿下，开始并坚持着自己的最初学业。

卓元先生的聪慧和勤奋是逐渐显露出来的。要知道，一个五岁的孩子与一个七岁的孩子，无论是体力还是智力发育上都是有相当大差距的，即使在今天，这种差距也没有实质性缩小，难怪国家教育部严格限制小朋友的上学年龄呢。但是，卓元先生在小学里只是年龄小，学业却相当优秀，每门功课都获得了优秀，还经常参加各类体育活动。

卓元先生有些惧怕父亲，又非常感激父亲。如今的孩子，见父亲如见玩伴，遇到没正形的父亲，有时真说不清谁为长谁为幼，谁为尊谁为卑。我曾经见过一个朋友的儿子喊他"伙计"，他不但不恼还笑

① 张木仙是张家长女，行三，生于1936年，高中毕业后一直在梅州制药厂工作到退休；张卓澄是张家三子，行四，生于1937年，哈尔滨军工学院毕业，在哈尔滨703研究所任教授级高工，已退休。

的满脸欣然。在岭南张家，这是万万不行的，张父为人严谨，教子认真严格。张父灼㴂，1898 年出生，1961 年仙逝，享年只有 63 岁，平生大部分时间都在梅县梅城镇度过。由于老太爷走得太早，我们这些徒子徒孙都无缘得见，只能听到一些传说以飨耳福。

梅县山多，小河溪多，塘多，每年都会有一些孩子溺水而亡。张父特别担心这个淘气的二儿子，每次都千叮咛万嘱咐地不要到河塘玩水，可小孩的天性是遇水则喜，卓元先生还是经常和小伙伴下塘或下河击水。张父发现这种情况后，更加严格管束，每次回家都要让卓元先生伸出胳膊或腿，然后用指甲在皮肤上轻轻划上几下，若出现明显的白痕，自然少不得挨一顿教训。所以，每次玩水后，卓元先生都迟迟不敢面对父亲，希望汗水完全浸过皮肤后再见到父亲。

张父的另一种严厉，更多的是望子成龙，望女成凤。张灼㴂虽身居僻地，但眼界并不狭隘，他从未希望过子承父业，而是倾心于孩子们奋发图强。不管生活多么困顿，不管家里多么缺少人手，张父从来没有想过让哪个孩子辍学在家帮衬。但是，如果孩子不认真读书，不知道珍惜机会，张父可是铁面无私的，即使母亲劝解也多半是无效的。关于这点，卓元先生至今记忆犹新，当然也受用终身。

母亲钟影华是卓元先生幼时的保护伞。张母 1911 年出生，2008 年仙逝，享年 98 岁。张母虽然不识字，但她和张父共同养育的十个子女各个成材①。张母如大多数客家女人一样，勤俭持家，相夫教子。

母亲对一个人一生的成长和发展至关重要。凡是有文明的地方，就能看到母亲与儿子的经典描述。如果没有"孟母三迁"，后人可能就看不到那位影响了中国人两千年思想的亚圣孟子了。索福克勒斯在公元前 400 年时就写到："儿子是母亲一生的航标"，而爱默生则观察到"男人是由他们的母亲打造出来的"。钟影华对儿子的教育，不像张父那样立竿见影，但却是润物细无声的。多年之后，卓元先生仍然怀念和感念着这份幼时存下的"财产"。

卓元先生的性格在相当程度上继承了母亲，或者说受母亲的影响

---

① 除前文提到的四位之外，卓元先生家还有老五张秋仙，老六张卓昌，老七张卓河，老八张卓汗，老九张利，以及 1951 年出生的小妹老十张媚。

至深至远。我师从卓元先生20多年，他几乎没有对我提出过我力所不逮的要求，但也从没有放弃过对我的要求，他就一直在那里耕耘、耕耘、再耕耘，无论是学术论文，还是政策建言，使我们焉敢怠惰。

还有一个人，是卓元先生幼时的"观音菩萨"，这个人就是他的老祖母。祖母平时居住在张家乡下祖屋，与叔叔一家在一起。祖母非常疼爱孙儿、孙女，逢年过节总是把所有孩子都叫回去，热热闹闹地过年、过节。卓元先生记得，祖母有张特别宽大的床，每当他和兄弟姐妹回去的时候，总是按长幼顺序分列祖母两侧睡觉。由于在家行二，所以卓元先生总是与卓谱大哥分列祖母两侧，其他弟妹只有羡慕的份了。祖母特别健谈，她有说不完的故事，卓元先生总是听着故事进入梦乡。祖母信佛，也信神，经常教导孙儿们做善事，努力向上。

小学的时光，就这样历史性地印在了卓元先生的脑际，规范的教育训练也初步养成了他勤于思考、善于动笔的良好习惯，并最终成为当代中国最著名的经济学家之一，同时是20世纪80年代中国和平崛起奇迹的主要设计者和智力支持者之一。

不管你到过还是没有到过梅县，其实你都不会感到陌生。卓元先生所取得的成就无不和他的聪明才智、乐观豁达、勤奋努力息息相关，也和他克勤克俭的客家家庭密不可分。当然，在20世纪三四十年代风雨飘摇的中国，一个小商人家庭能够为中国贡献出这样一位优秀的经济学家，我们不能不向张灼粼、钟影华这对平凡而又非凡的夫妻致敬。

张灼粼、钟影华夫妇及其子女

2002 年张卓元先生十兄妹合影

2007 年张卓元先生十兄妹及大妹夫与老母亲合影

第二章 性格养成

🌓成功的人生总是不乏一些精彩的乐章，但成功的过程却更像一段寂寞的长跑。只有超群的体能未必是长跑的赢者，而毅力往往是决定成败的关键。毅力来自何处？当你回溯到人生性格初成时，一切就会豁然开朗。

1944 年，是一个闰月年，是农历甲申年（猴年），也是中国抗战初露胜利曙光的一年。这一年，是世界历史格局转折的关键年份，德国法西斯穷途末路，日本帝国主义苟延残喘，中国艰难的抗战也到了最后一搏的时候。11 岁的卓元先生以优异的成绩完成了小学学业，并顺利升入梅县最好的中学——梅州中学。

一、黄遵宪创立梅州中学

由于长期处在战乱之中，全中国几乎都没有一个地方可以放下一张书桌了。尽管如此，梅州中学的老师们，还是想出了很多办法，使学生们的课业得以继续下去。

如果说小学是一个人知识积累的起点，那么中学则是抽穗拔节的时节。中学的校园大了，操场可以驰骋；中学的图书室大了，文、史、经、哲各类书籍尽可漫游；中学的老师学识渊博了，多种问题可以任意提问。从某种程度上说，梅州中学之于卓元先生，既是思想的开蒙地，也是性格的养成地。在我与卓元先生的多次交谈中，他仍然认为那是他人生最重要的一段旅程，其中的每一点都影响终生。

中国的大学有时不一定比中学有名，时下中国的很多大学"毁人不倦"，但一些中学却赫赫有名，人才辈出。其实，梅州中学就堪属这种赫赫名校。

说起梅州中学，连我这个塞北之人都心向往之。大家学中国近代史的时候，总会遇到一个特别有名的广东籍思想家黄遵宪。

黄遵宪何许人也？那可是晚清诗人，外交家、政治家、教育家，别号人境庐主人，汉族客家人，广东省梅州人，光绪二年举人，历充师日参赞、旧金山总领事、驻英参赞、新加坡总领事，戊戌变法期间署湖南按察使，助巡抚陈宝箴推行新政。工诗，喜以新事物熔铸入诗，有"诗界革新导师"之称，著有《人境庐诗草》、《日本国志》、《日本杂事诗》，被誉为"近代中国走向世界第一人"。罢官之后，仍然笔耕不辍，"我手写我口，古岂能拘牵"，"寸寸山河寸寸金，侉离分裂力谁任？杜鹃再拜忧天泪，精卫无穷填海心"，等等，既是这个大思想家的忧思，也是他晚年生活的真实写照。黄遵宪还是客家诗宗，梁启超曾经说："近世诗人，能镕铸新思想入旧风格者，当推黄公度"；"公度之诗，独辟境界，卓然自立于20世纪诗界中，群推为大家"。

想不到吧？梅州中学就是黄遵宪等先贤于1904年创办的。自1912～1966年的半个多世纪中，一直是广东省立重点中学，曾为福建省闽南，江西省赣南、广东省潮汕，慕阳地区和梅州市八县区优秀儿女求学之所，至今仍然是梅州市重点中学、广东省一级学校。

二、很特别的校训

梅州中学的校训很特别，可谓集中西教育之精华，这或许和黄遵宪的职业生涯密切相关。我曾经请教过卓元先生梅州中学为何以"博学善思，尊道厚德"作为校训，他曾经做过详细解读：

"博学"很好理解，学生首先要学习课本上的知识，同时又要学习好课本外的知识。知识点好比搞建筑用的砖瓦砂石灰，积累得越多将来建设的时候越省事，积累得越好将来的建筑越结实。"善思"当然是培养一个人的独立思考问题的能力，不能思考问题，不能举一反三，就会成为书虫，成为书呆子。大思想家黄遵宪老先生办的学校，怎会以培养书呆子为目标呢？有知识，善思考，只是表明一个人有能力做事了，但不代表就一定为人民做好事，做大事。所以，"尊道"

很重要，《道德经》开篇就说"道可道，非常道；名可名，非常名"。"道"是什么？是客观规律，包括自然规律，也包括社会规律，"尊道"就是顺乎事物发展的规律，"违道"就逆乎事物发展的规律。年轻人往往目空一切，不"尊道"，只有到了被"道"收拾后才能醒悟（难怪后来卓元先生提出中国的改革开放思想是"稳中求进"啊——我感慨）。"厚德"自不必说，古人曾经讲过非常精辟的话——"德是才之帅，才是德之资"。有才无德的人会成为大坏蛋，有德无才的人会成为大笨蛋，只有有德有才的人才会成为国家、民族的真骨干（看来如今选拔干部的"德才兼备，以德为先"的标准早在梅州中学校训中体现了——我感慨）。

"博学善思，尊道厚德"难道不是卓元先生的座右铭吗？当然我在师父家里没看到过，在几个办公场所也没看到过。我想，这些还用写出来，挂起来吗？她早在70年前就开始滋润着那个岭南少年的心田，她早在鸿蒙初开的时节就筑根于大地深处。有时我们弟子之间议论起卓元老师的平静和坚持，总感到不知力量的源泉。或许梅州中学的校训已经解释了这许多，或许这就是黄遵宪给他的弟子们设下的人生密码。

三、中学居然也有"校花"

梅州中学还有一绝，那就是她的校花。这个校花，不是指每届学生中的那个最漂亮的女生，而是如同国花、市花的那种花。比如，国家之花是牡丹，当然洛阳市花也是牡丹了，自古就有"洛阳地处花最宜，牡丹尤为天下奇"；再比如，北京市花是月季，月月花开，季季春来，于北京非常贴切。梅州中学的校花不是高高的木棉，也不是漫山遍野的杜鹃，而是品格高洁的梅花。

梅花自古就受国人推崇。有陆游的孤芳自赏词："零落成泥碾作尘，只有香如故"；有毛泽东的豪放大气词："梅花欢喜漫天雪"。其实，岭南梅花不同于两湖梅花。两湖梅花过于冷艳，适合做万花先驱；岭南梅花多了些妩媚，更适合装点江山。不管是"岁寒三友"——"松竹梅"中的"梅"，还是"四君子"——"梅兰竹菊"中的

"梅"，人们欣赏的都是梅花的品格和风骨。自上古以来，中国的读书人都自认为具有"铁肩担道义，妙手著文章"的使命，到了明末思想家顾炎武那里，更是喊出了中国知识分子的最强音——"天下兴亡，匹夫有责"。

我想，黄遵宪及他的后继者们，之所以以"梅花"为校花，大抵就是想培养一批又一批有理想、有能力、有担当的国家良才吧。事实上，梅州中学的弟子们也真的践行了遵宪先贤的愿望。据梅州中学统计，有梅州中学凡109年，为中华民族造就了4万多名各方面的人才，学子遍五洲，英名传四海，可谓"一树桃李，全球飘香"。在众多的毕业生中，有的成为拯救国家民族而流血捐躯的坚强战士，有的成为出色的政治、军事、经济、科学、文化、教育战线上的专家里手，有更多的人与工农结合，在神州大地上，默默地为国家、为人民辛勤奉献。著名的军事政治家叶剑英、黄琪翔、谢晋元、杨泰芳；著名的文化艺术教育家林枫眠、黄药眠、李金发、钟皎光、潘炯华、李志学；著名的科学家李国豪、吴佑寿、黎尚豪；著名的实业家曾宪梓；等等。

四、性格初成

梅州中学之于卓元先生，更为重要的是决定了他的职业生涯，使我们有幸得到了一位善出奇思、善解难题的中国经济学家。

"岭上梅花艳，南国木棉红"。紧张而温馨的梅州中学学习和生活渐渐地到了尾声，1950 年，新中国的首届高考也悄然而至。苦读六年的卓元先生，已经不是那个 11 岁的小弟，而是胸有良谋的老成少年。他身体虽然还稍嫌单薄，但肩膀不再稚嫩；他思想虽然还没定型，但头脑不再空瘪；他有了自己的理想和目标，他坚定地认为自己可以为这个梦想去努力，去奋斗了！

第三章　入道

㊣兴趣是最好的老师，她会使你在迷恋中完成自我超越和升华。但是，自古以来，能够把兴趣与谋生一体化的人少之又少，以致多少人只有到白发后才有机会再拾童趣。

一、天边飘来经济学种子

一个人到底钟情于何种职业，一个人到底以什么作为事业的方向，有时决定因素是极为复杂的，有时也是极为简单的。回顾卓元先生的经济学之路，似乎只是天边偶然飘来一粒经济学种子，这种子恰好又落到了他的手里，并在他的心里开始生根发芽，以致最终成长为参天大树。

已经高三了，紧张的复习和不断的高考，挤压着少之又少的时间。尽管如此，卓元先生还是与经济学不期而遇了，且这一遇就是一个甲子。用卓元先生自己的话说："我步入经济学界纯系偶然。在梅州中学读高三时，新中国刚刚成立，整个社会都洋溢着一派勃勃向上的生机，我无意中读到一本苏联著名经济学家列昂节夫的《政治经济学》，尽管对书中的基本原理一知半解，但书中对资本主义经济、帝国主义经济的分析与描述使我入了迷，于是我对政治经济学产生了浓厚的兴趣。"

《政治经济学》？还是外国人写的？怎么会对一个 17 岁的青年产生如此大的兴趣？要知道，在当下社会，很多学经济学的研究生，都没兴趣读原著。作为卓元先生的学生，我自认为读书还是比较勤勉的，有时也有些小见解，但列昂节夫的《政治经济学》还真的没有读过。

抱着好奇的心态，我特意跑到国家图书馆借来了这本已经泛黄破旧的书籍，循着卓元先生的轨迹捧读起来。所不同的是，卓元先生读此书时17岁，我读此书时已经五十有一；卓元先生读的是入门书，我则读的快是出门书了。

不读不知道，一读真枯燥。这样的书，一个17岁中学生居然能读下去，而且读得兴味盎然。刚一翻开前言导语，跳出来的就是劳动价值、剩余价值、社会资本再生产等。当然，这些于当下的我早已烂熟于心，但回望17岁时的我则如天书般难懂。中国版的《资本论》最早是由王亚南、郭大力合译的，可是否有人清楚他们因为弄不懂其中若干名词术语的确切涵义而不得不停下来呢？他们为补上专业的欠缺，只好回头先翻译亚当·斯密①的《国富论》和大卫·李嘉图②的《政治经济学及赋税原理》。马克思经济学博大精深，我辈都是先经过中学的政治经济学课程启蒙，再加上大学经济学教授细加讲解，才逐渐懂得一二，为何卓元先生能够无师自通呢？这或许就是机缘，在一个对的地方，读了一本对的书，成就了一个人的终生事业；这或许就是兴趣，兴趣是最好的导师，一生能够把兴趣和事业有机结合起来，何其幸运和幸福。

---

① 亚当·斯密，又译亚当·史密斯，著有《道德情操论》、《国富论》等。其实，斯密的主业是哲学家，只是偶尔对经济领域的事物发生了兴趣，加之对当时流行的重商主义不屑，遂著《国富论》。就是斯密的这次不务正业，却成就了一个庞大的学科，以致经济学逐步成为各国的显学。《国富论》是第一本试图阐述欧洲产业和商业发展历史的著作，也是斯密最具影响力的著作，这本书对于经济学的创立有极大贡献，使经济学成为一门独立的学科。在西方世界，这本书甚至可以说是经济学所发行过最具影响力的著作。《国富论》一书的重点之一便是自由市场，自由市场表面看似混乱而毫无拘束，实际上却是由一只被称为"看不见的手"所指引，将会引导市场生产出必要的产品数量和种类。在《国富论》一书里最知名也最常被后人引用的两句话是：我们不能借着向肉贩、啤酒商、或面包师傅诉诸兄弟之情而获得免费的晚餐，相反的我们必须诉诸于他们自身的利益。我们填饱肚子的方式，并非诉诸于他们的慈善之心，而是诉诸于他们的自私。我们不会向他们诉诸我们的处境如何，相反的我们会诉诸于他们的获利。因此，亚当·斯密的《国富论》，被后世的经济学家认定是"古典经济学"的开端。而亚当·斯密的《国富论》，成为每个经济学者列为专业必读的书本。

② 大卫·李嘉图：古典经济学理论的完成者，古典学派的最后一名代表，最有影响力的古典经济学家。李嘉图生于犹太人家庭，父亲为证券交易所经纪人。12岁到荷兰商业学校学习，14岁随父从事证券交易。1793年独立开展证券交易活动，25岁时拥有200万英镑财产，随后钻研数学、物理学。1799年读亚当·斯密《国富论》后开始研究经济问题，参加了当时关于黄金价格和谷物法的讨论，1817年发表《政治经济学及赋税原理》。李嘉图的最大贡献是以边沁的功利主义为出发点，建立起了以劳动价值论为基础，以分配论为中心的理论体系。

不读不知道，一读真是吓一跳，如此重要的书以前居然没读过。苏联经济学家列昂节夫撰写的这本《政治经济学》的确位置显赫，它是苏联早期的政治经济学著作，也是中国过去采用过的政治经济学教本。该书作者列·阿·列昂节夫也是响当当的人物，不仅是苏联科学院通讯院士，还曾在联共（布）中央马克思恩格斯列宁研究院、《真理报》、《新时代》杂志编辑部、苏共中央社会科学院政治经济学研究室、苏联科学院世界经济与国际关系研究所等处工作。他的这本政治经济学是一部真正的马克思主义著作。它以马克思的《资本论》、列宁的帝国主义理论、斯大林的资本主义总危机的理论为依据，比较全面系统地介绍了马克思主义政治经济学的主要原理，内容基本上符合原著精神，体现了经典作家的基本思想。这部著作是学习马克思主义政治经济学基础知识的一本教材，它对马克思主义政治经济学中的一些主要范畴、原理和规律都有明确的表述，对马克思主义政治经济学中的基本理论，如劳动价值理论、积累和工人阶级贫困化的理论、剩余价值分配的理论、社会资本再生产和经济危机的理论、帝国主义基本特征及其历史地位的理论、资本主义政治经济发展不平衡和社会主义首先在一国胜利的理论等都有较为详细的论述。

1950 年张卓元先生中学毕业照

二、中山大学幸遇"大只林"教授

兴趣的魔力真是巨大。1950年高考，17岁的卓元先生以卓越的成绩被清华大学社会学系和中山大学经济学系同时录取。以如今的眼光看，读清华大学还是读中山大学，似乎是一道比1+1还简单的算术题。但卓元先生的心早已归属了魅力无穷的经济学，他毅然决然地选择了中山大学经济系。多亏这一坚持，否则今天可能多了一个一般的社会学家，少了一位善出奇思、善解难题的著名经济学家。

中山大学是南中国学术重镇，当时也是大师云集。国学大师陈寅恪，政治学大师叶启芳，经济学大师林伦彦、梁方仲，西学大师梁宗岱……这样的学府，这样的名师，这样的青年才俊，在20世纪50年代都风云际会到中山大学，何其伟哉！何其壮哉！

卓元先生如愿以偿地进入了中山大学经济系。据卓元先生讲，入学前并不知道中山大学的经济学到底怎样，及至听了当时的系主任林伦彦教授的课后，才知道所传"好学问与真功夫"并不谬也。

今天很多搞经济学的人都不清楚林先生的学问和林先生的为人，他的历史似乎被某种神秘力量尘封了。林先生当时主讲《资本论》，马克思的煌煌巨著，在林先生的讲坛上变得轻松易懂，学生如饮琼浆般解渴。

由于当时讲经典作家作品时，总免不了要先说马克思、恩格斯、列宁、斯大林和毛泽东是如何教导的，之后才是教授自己的见解，加之林先生确实有些自命不凡的感觉，于是有的同学开始私下称呼林先生"大只林"或"天下老六"。广东话的"大只"，意思就是自命不凡的巨擘，而"天下老六"则是戏指位列"马克思、恩格斯、列宁、斯大林、毛泽东"五大革命导师之后的意思。

林先生讲课，很少翻动讲义，似乎一切都了然于胸。学生听课，也用不着过多地记笔记，大多数内容在课堂上就得到了消化。卓元先生年龄虽小，但对马克思经济学的理解和领悟却常有独到见解，因此深得林先生赏识。

卓元先生说：遇到林先生，是人生可遇不可求的幸运。林先生学问高深，人品极佳，那种风骨已经是多年难得一见了。其实，林先生他们代表了一代中国知识分子的良心和学问，其遭遇和坎坷也折射出了中国社会剧烈变动中的残酷一面。为使读者比较清楚地了解林先生之于卓元先生的醍醐灌顶般的教诲，我特别查了一些林先生以及其他先生的部分情况，补记于下。

林伦彦先生 1901 年出生在广西官宦世家，1995 年去世。父亲曾是广西讲武堂教官，李宗仁的老师，爷爷在清朝末年曾官至两广总督。林先生青年时代东渡日本，就读于明治大学，主修农业经济学，精通英语、日语、俄语等，抗战前回国，在广西当了两年中学校长。20 世纪 40 年代末，林先生是李济深的机要秘书。在 1948 年于香港成立的"中国国民党革命委员会"中，李济深是主席，林先生是中央委员。中华人民共和国成立后，李济深任国家副主席，曾提议林先生当中央人民政府办公厅副主任，他不想再从政，便南下广州中山大学任教。1957 年被打成"右派"，到 20 世纪 70 年代末才获得平反。据说，早期林先生著述很多，不过大多不知尘封何处，我能看到的只有 1949 年版的《农业经济学教程》了。

另据卓元先生的大学同学袁伟时回忆，"出于对独裁专制的不满，林先生跟随国民党反蒋派主要领袖之一的李济深为中国的民主自由奋斗多年，中华人民共和国成立后急流勇退，告别政治，回归学术，毅然南下，到中山大学执教。我们念一年级时的主要基础课——政治经济学是由他亲自讲授的，藐视流行的教科书，口气之大给我们这些刚入学的小青年留下深刻印象。顺理成章，他逃不过 1957 年那场风暴"。

当然，20 世纪 50 年代中前期，学术还是比较开明的，中山大学的一些教授特别是名教授多能够大胆表达观点或主张。除了林先生外，给卓元先生这拨青年大学生留下深刻印象的还有西学大师梁宗岱先生。据袁伟时先生回忆：梁先生比毛主席还要牛！有人正在墙上写巨型标语："因为我们是为人民服务的，所以，我们如果有缺点，就不怕别人批评指正。"梁宗岱先生走过，看了一眼，便对在场的人说："'所以'两字不必要，删去更简洁一些。"说罢扬长而去！当然，陈寅恪在

1953 年重申的"自由的意志和独立的精神",至今仍是振聋发聩的。

三、张寄涛先生的得意门生

1952 年中国发生了一场规模宏大、影响深远的教育体制改革——大规模院系调整。这场调整,几乎就是照搬苏联模式,实行苏联式高等教育体制,当时差不多涉及了全国 3/4 的高校,也初步形成了 20 世纪后半叶中国高等教育系统的基本格局。到 1953 年调整结束,不仅许多高等学校被分拆,全国高校数量也由 1952 年之前的 211 所下降到 1953 年后的 183 所,更重要的是,1953 年以前的那些著名高等院校,几乎经历了面目全非的结构改造。正是在这样的动荡背景下,广东、广西、江西、湖南、湖北的经济学系统统被调整到中南财经学院(现中南财经政法大学前身,以下称中南财经政法大学)。由此,卓元先生由一名中山大学经济系的高才生变成了刚刚成立的中南财经学院的"新生"。

人生际遇有时确实捉摸不定。1953 年夏末,就在大家心不甘情不愿地告别中山大学北出韶关时,那里其实有另一段别致的岁月正在等待着这个客家青年。中南财经政法大学坐落在武昌蛇山下,登蛇山可小瞰荆江,步履不远可近滔滔长江大水。

卓元先生是第一次离开岭南到中国的"北方"生活。在中国的地理概念上,秦岭—淮河以南统称南方,其实在岭南人看来只有韶关以南才是真正意义上的南方,韶关以北就都是北方了。南方之热,大家都非常熟悉,中国的几大火炉基本都集中在长江一线,但对岭南人意义上的"北方"之冷则要陌生得多。初到"北方"的武汉,由于是夏末,并没有感受到真正"北方"的含义,可刚刚过了两个月,那种北方的味道就真的显露出来了。岭南的冷是一种温柔的冷,稍事活动就不以为意了,可武汉的冷是浸入骨头的那种冷,冷气似乎不是从身体外部侵入的而是从身体内部升出来的,所以有"北方冻肉,南方冻骨"的比喻。后来,中国科学院(后为中国社会科学院)经济研究所选调卓元先生进京工作,着实把他又吓了一跳——长江一线已经如此之冷,地处华北平原北端的北京该是多冷啊?楚人怕冷,我是见过的。

刚到中国社会科学院读研究生时，一个湖南的同学带了一床五公斤重的大棉被，用以抵御北方的寒冷。只是让他没想到的是，冬天的北京，因为普遍取暖，反倒较之江南温热了很多。

到武汉，第二个挑战是饮食。华南人喜清淡，而楚人多辛辣。粤菜、潮州菜只有回乡时才能吃到了，平时食堂的师傅都是本地人，他们几乎在每个菜里都会泼撒大量辣椒、生姜，味重的几乎吃不下。卓元先生努力地适应着，习惯着，慢慢地也能够接受这种"辣椒与革命"的挑战了。

当然，生活环境的变迁和人文环境的改变，对于已经大学四年级的卓元先生并不是太大的困难。真正的困难是担心学业的衔接！中山大学有名家讲授，中山大学有厚重的文化底蕴，中山大学有阅不尽的藏书，而刚刚成立的中南财经政法大学又有什么呢？校舍是新建的，老师是新调集的，学生是新归集的，图书是新买的……

就在这种惴惴不安中，有个年轻教员的课引起了卓元先生的极大兴趣。1927 年出生的张寄涛[1]先生，负责讲授《资本论》与《政治经济学》两大主课。1953 年，卓元先生 20 岁，寄涛先生也不过 26 岁！劳动价值、剩余价值、再生产、贫困化等一系列经典作家的名段，尽

---

① 张寄涛（1927～1992）：中国当代著名经济学家，曾任中南财经大学经济研究所教授、博士生导师、全国《资本论》研究会理事及湖北分会副理事长、湖北省社会科学联合会学术委员会副主任委员、湖北省社团联常务理事、湖北省经济体制改革研究会常务理事、武汉市人民政府咨询委员会委员、湖北省社会科学院兼职研究员、中南财经大学教职工代表大会主任委员等职务。张寄涛教授青年时期就追求真理，1948 年 12 月由国统区通过封锁线进入解放区参加革命，由中共中央中原局城工部介绍进入中原大学学习，毕业后留校任辅导干事。1950 年保送至中国人民大学政治经济学研究生班学习，1952 年毕业后回校任政治经济学教师，1956 年评为讲师，1980 年评为副教授，1983 年评为教授，1990 年经国务院学位委员会批准为政治经济学专业博士生导师。张寄涛教授自 20 世纪 50 年代起，即从事《资本论》、《政治经济学》的教学、科研工作。20 世纪 80 年代以来研究方向是社会主义经济理论，侧重于科学社会主义奠基人的社会主义设想和社会主义实践，并从事国外社会主义不同经济模式和流派的比较研究。他参加撰写和主编的学术著作有：《我国经济体制改革的理论探索》、《社会主义商品生产和商品流通概论》、《中国社会主义商品经济概论》、《社会主义经济运行的宏观调控》等。1979 年以来，他在《经济研究》、《财贸经济》、《江汉论坛》、《湖北社会科学》、《中南财经大学学报》等刊物和报纸上发表学术论文百余篇。学术论文《马克思的剩余劳动理论及其在社会主义条件下的具体形式》，获 1984 年"孙冶方经济科学论文奖"；《价值规律与市场机制》一文获全国纪念十一届三中全会十周年理论讨论会论文入选奖。他撰著的学术专著《我国经济体制改革的理论探索》和《中国社会主义商品经济概论》曾先后获湖北省社会科学优秀成果二等奖，《中国社会主义商品经济概论》获第二届全国财政系统优秀教材二等奖。

管在梅州中学接触过，在中山大学学习过，但听到这个年轻讲师的讲解，仍然如沐春风，如饮琼浆，原来的一些惑然知识慢慢变得清晰起来。

寄涛先生一生勤奋，也一生坎坷，在人生最黄金的年华中有近20年身处逆境。可惜天妒英才，1992年11月4日，寄涛先生带着无限不甘，离开了他醉心的经济学研究和热爱了一辈子的经济学讲坛。关于寄涛先生的回忆文章很多，卓元先生在2002年寄涛先生10周年祭上曾经专门撰文《超前 说理 深刻——读〈张寄涛文集〉几篇文章的体会》以纪念这位前辈。他深情地写到：

"张寄涛老师离开我们已10年了。10年来，我国经济社会发生了很大的变化。国民经济持续高速增长，年均国内生产总值增速达9.3%，人民生活总体上达到小康水平，在世界上创造了新的经济奇迹。尽管社会经济生活如此日新月异，但是现在重读张老师的文章，仍然感到十分亲切，有很强的现实针对性，继续给人启发和帮助。"

卓元先生对寄涛先生给予的教育和帮助，感念有加。在同一篇纪念文章中，他说："张寄涛老师是我的恩师。我的经济学知识的最重要启蒙者。我至今清楚记得，张老师上课讲《资本论》时，我总要争取坐在第一排听讲，因为他的讲课太吸引人了。每听一次课，都觉得受益很多，并期待着下一次听讲。张老师关心、爱护年轻人，真心诚意帮助自己的学生成长。我在大学四年级时发表的第一篇文章，就是在张老师的鼓励和帮助下写成的。大学毕业到中国科学院（后为中国社会科学院）工作后，张老师仍然一直关心我的经济研究工作，经常给予指点和帮助，是我真正的良师益友。可惜正当他才华尽显、成果累累时，竟一病不起，英年早逝。今天，我们纪念他，主要是要学习他的为人和品格，学习他为经济科学孜孜不倦、奋力进取的精神，更好地吸收他的学术成果，为繁荣和发展我国经济科学、为国家的富强和民族的振兴，贡献自己的一份力量。"

卓元先生给予了寄涛先生很高也很恰如其分的评价——研究超前，理论先行；说理充分，令人信服；深刻有力，影响深远。

自古"名师出高徒"，卓元先生的成长和成功历程应该是两位张先生师生共进的最有力证明吧。

四、"6 元稿费"换来的"牛肉汤盛宴"

经过三年多的专业学习和名师授业，1953 年的卓元先生已经开始有了个人"学术想法或看法"了。

价值规律是资本主义独有的规律吗？社会主义制度下，价值规律还发挥作用吗？如果发挥作用，又该以哪种形式展开呢？这些在马克思主义经典作家的文献中找不到现成的答案，在现实的社会主义实践中也没有成熟的经验供研究，即使是列宁实行"新经济政策"时期，价值规律也只是被利用、被容忍的一个"规律"。20 世纪 50 年代中前期的中国，还处在国民经济恢复时期，经济制度也处在由新民主主义向社会主义过渡时期，价值规律一方面在起着积极作用，同时又可能是最终被扬弃的法则。

面对这样一个复杂的经济学难题，一个社会主义与资本主义可能的"分水岭"，的确难住了千千万万的理论家和实践者。我曾经以"社会主义价值规律"作关键词在百度上搜索，居然有 283 万条文献。其实，无论是 20 世纪 50 年代的批判资本主义，还是 60 ~ 70 年代的"文化大革命"，还是 80 ~ 90 年代"姓资"、"姓社"争论，无不与价值规律在社会主义制度下的作用密切相关。今天看似简单的问题，当年可不仅仅是学术问题，在相当程度上已经是政治问题了。

或许是"初生牛犊不怕虎"，或许是"求真务实"的精神，总之，卓元先生在 1953 年秋季开学不久，就在寄涛先生的鼓励下开始潜心写作《关于社会主义制度下价值规律的作用》一文了。第一次写"大块头"的论文，又是如此艰深的选题，难度可想而知。所以，论文写写停停，停停写写，前后花了几个月的时间，约莫在 1954 年临近学期结束的时候，这篇洋洋洒洒万余字的学术论文脱稿了。怀着些许兴奋，也怀着些许忐忑，卓元先生把论文呈给寄涛先生阅览。此一阅，成就了一位经济学家的"处女航"——在寄涛先生的鼓励下，卓元先生把经过改进、增删的稿件誊清后投给了《中南财经学院学报》（以下简称《学报》）。《学报》的编辑们慧眼识珠，卓元先生的第一篇论文就这样于 1954 年大学毕业前夕发表了。

由于年代久远，加之中南财经学院初创，很多档案资料损毁严重，我始终未能找到这篇论文的原件。不过，我通过其他途径，间接得到了一些该篇论文的重要论点。这些观点或论述，今天看来似乎还稍嫌稚嫩，但在当时已经难能可贵了。卓元先生在这篇论文中提出的"价值规律在社会主义制度下，仍然发挥作用；价值仍然是社会主义经济的重要手段"，至今仍然闪耀着一个年轻学者的思想光芒。

文章发表了，要好的同学都来道贺，恰好《学报》又发了 6 元钱稿费。1954 年的 6 元钱可是一笔大钱，卓元先生经过盘算，决定请众多同窗好友打牙祭。可是，僧多钱少，请大家吃什么好呢？好像是卓元先生的好友翁志兴、利广安、张华夏、邓翰维、甘长求等提议："就让大家一人来一碗牛肉汤吧。"当时武汉一碗牛肉汤价钱高达 3 角，当年吃过的同学至今还回味无穷。

附件：

超前　说理　深刻
——读《张寄涛文集》几篇文章的体会
张卓元

　　张寄涛老师离开我们已 10 年了。10 年来，我国经济社会发生了很大的变化。国民经济持续高速增长，年均国内生产总值增速达9.3％，人民生活总体上达到小康水平，在世界上创造了新的经济奇迹。尽管社会经济生活如此日新月异，但是现在重读张老师的文章，仍然感到十分亲切，有很强的现实针对性，继续给人启发和帮助。

一、研究超前，理论先行

　　张寄涛老师的许多学术成果，都是在 20 世纪 80 年代和 90 年代初做出的。这期间，是我国经济体制转轨时期，市场取向改革逐步开展和深入，正在酝酿确立社会主义市场经济体制的改革目标。计划与市场关系、价值规律的作用、市场机制作用、价格体制改革等问题，自然成为我国经济学界关注的焦点与研究的重点，并展开了热烈的讨论。张老师写了不少文章，提出了很有见地的观点，积极参加讨论。我认为，张老师的许多文章和观点，现在看来不仅是正确的，而且具有超前性，符合经济和改革发展的方向和进程。

　　例如，张老师在一篇文章中详尽论述了在经济运行机制选择上向市场机制倾斜有历史必然性，因为这样做能够提高资源配置的效率。与此同时，也要防止把市场机制理想化，并列举了五个方面的理由。中国市场化改革的实践证明了这一认识是正确的、全面的。又如，1990年，张老师在一篇文章中就讲到，资本主义国家也运用计划机制，社会主义国家可以借鉴市场运行机制所采取的制度和规则。还说，"如果我们把两种运行机制并存的社会主义经济与以往的传统计划体制相比，说它是混合经济也未尝不可"。这些论断，现在读起来，还有新鲜感。还有，张老师关于充分发挥市场机制积极作用的市场环境的观点也很有影响。他认为供给略大于需求的买方市场是符合市场机制运行要求的市场环境，而买方市场不能靠行政手段来长期维持，要从根本上消除短缺必须依靠微观结构的再造。同时短期的宏观调控可以缓和供求矛盾也不能否定。1988年出现经济过热、通货膨胀时提出这样的观点，应当说是颇有远见的。

坚持市场化改革方向，为社会主义市场经济理论的确立做好铺砖垫石的工作，这是张老师对中国经济体制改革理论和实践的重大贡献。

二、说理充分，令人信服

张寄涛老师经济学功底深厚，学风朴实，上课写文章，都讲道理，而且道理讲得很充分，非常令人信服。俗话说，文如其人。读张老师的文章，就像见到他，听他的课，和他交谈学术问题，而他总是一套一套的讲道理、摆事实，引人入胜，使你感到获益匪浅。

20世纪80年代初张老师写的《马克思的剩余劳动理论和社会主义剩余劳动的性质及其表现形式》一文，就是一篇充分说理的力作。文章首先指出马克思曾在三种含义上使用"剩余劳动"概念：一是把"剩余劳动"作为反映资本主义剥削本质的特定范畴；二是把"剩余劳动"作为各个剥削制度所共有的范畴；三是把"剩余劳动"作为人类进入文明时代以来任何社会都存在的一般范畴。这种分析，清晰如水。接着重点论述了社会主义剩余劳动的性质及其表现形式，认为"为社会的价值"概念较之剩余产品、剩余产品价值、社会主义剩余价值等更能显示出社会主义剩余劳动的性质和特点。然后又对"剩余劳动"和"必要劳动"的量的规定性做出解释。这是颇有代表性的一家之言，是有充分论证、言之有理、持之有故的一家之言。文章由于有自己的独立见解，且有出色论证，因而荣获首届孙冶方经济科学论文奖。

三、深刻有力，影响深远

我国宏观经济调控除总量调控外，还包不包括重大经济结构的调节，经济学界一直有争论。早在 15 年前，张寄涛老师在《江汉论坛》上发表的《浅论我国宏观控制的目标模式》一文，就提出宏观调控应包括重要的结构调整的观点，并做出了深刻有力的论证。他说："在宏观调节中，总量控制与结构调整是密切联系的，供给与需求的总量平衡以结构平衡为基础。从宏观调节的短期目标看，总需求与总供给的平衡是主要的；从长期看，调整产业结构以保证社会总需求与总供给在最佳结构基础上平衡，促进经济持续稳定增长，提高社会经济效益，是宏观调节的重要目标。"这段话写得再精彩不过了。他还较早提出了我国专业银行企业化的主张。张老师与夏兴园教授 1980 年在《经济研究》上发表的《社会主义制度下生产劳动与非生产劳动》一文，也很深刻、全面。不说别的，仅是其中关于社会主义商业部门属于生产部门的整段论述，突出地表现了作者的深刻思考。大家知道，这两年，我国经济学界在深化对马克思劳动价值论的认识时，许多专家都主张应将社会主义市场经济中商业部门的劳动，肯定为生产劳动和创造价值。在论证这一观点时，所依据的理由 20 多年前张老师等的文章就说得再明白不过了。

张寄涛老师是我的恩师，我的经济学知识的最重要启蒙者。我至今清楚记得，张老师上课讲《资本论》时，我总要争取坐在第一排听讲，因为他的讲课太吸引人了。每听一次课，都觉得受益很多，并期待着下一次听讲。张老师关心、爱护年轻人，真心诚意帮助自己的学生成长。我在大学四年级时发表的第一篇文章，就是在张老师的鼓励和帮助下写成的。大学毕业到中国科学院（后为中国社会科学院）工作后，张老师仍然一直关心我的经济研究工作，经常给予指点和帮助，是我真正的良师益友。可惜正当他才华尽显、成果累累时，竟一病不起，英年早逝。今天，我们纪念他，主要是学习他的为人和品格，学习他为经济科学孜孜不倦、奋力进取的精神，更好地吸收他的学术成果，为繁荣和发展我国经济科学、为国家的富强和民族的振兴，贡献自己的一份力量。

——原载于《中南财经政法大学学报》2002 年第 6 期

第四章　在大师身边

☯经济学的核心命题是稀缺资源配置和机会选择。人生也大抵符合这样的经济学基本原理：成功的人生首先是提升自身价值，使其变得更加稀缺，然后就是利用稀缺杠杆选择价值实现最大化的机会。机会常常就在身边，有人熟视无睹，有人珍视无比，"无睹"者终至愚顽，"无比"者芝麻开花。

1954 年，中国科学院哲学社会科学学部经济研究所①，遍撒英雄帖，从全国应届毕业生中选拔优秀学生入中国最高学术殿堂。谁能有机会入中国科学院经济研究所呢？要知道，当时的经济研究所可是大师云集，如蔡元培、陶孟和、狄超白等，都曾经主持过这个很"牛"的学术机构。

尽管卓元先生学业排名中南财经学院魁首，但按当时中国的大学排名，中南财经学院可谓名不见经传。当然，这只是 1953 年以前的观点，1953 年院系大调整后，中南及华南五省的经济系可全都集中到了武汉大学和中南财经学院了。如果说，1953 年前卓元先生只是中山大学经济学学业优秀者之一，那么在 1954 年则是南方五省经济学学业优秀者之一了。因为这层涵义，卓元先生的档案资料很快被调往北京，并顺利地被中国科学院经济研究所选中（中国科学院经济研究所有一些研究人员曾经来自中山大学经济系）。

---

① 中国科学院成立于 1949 年 11 月，当时自然科学与社会科学都在同一体系之内，中国社会科学院则是 1977 年 5 月在中国科学院哲学社会科学学部的基础上建立的。

一、初到京城

京城 9 月，秋高气爽。卓元先生告别中南财经学院的师长，告别远在岭南的双亲，一直向北、向北，终于来到了国家的首都北京！

北京风物，不比江南，更不比岭南。岭南只有旱季和雨季，没有明显的四季特征；而江南虽有寒暑，但冬日里仍然可见满地绿茵和满树柑橘；北京则大不一样，不仅四季分明，而且冬天漫长，春秋短暂。

香山的红叶刚刚脱离枝头，北京已经在一场风雪中入了冬。卓元先生最初始的住处就在经济所的筒子楼里，年轻人无牵无挂，行囊简单至极。

1958 年张卓元先生在北京

二、于光远先生①的"八字经"

说到 20 世纪 50 ~ 60 年代的中国科学院经济研究所，就不能不提

---

① 于光远（1915 ~ ）：原名郁钟正，1915 年出生，中国科学院哲学社会科学学部委员，原中国社会科学院副院长，著名经济学家、哲学家，著述约 2000 多万字，75 部专著。主要经济学代表作：《政治经济学社会主义部分探索（1 ~ 7 卷）》、《中国社会主义初级阶段的经济》、《经济社会发展战略》、《于氏简明社会主义所有制结构辞典》、《社会主义市场经济主体论杂记》、《我的市场经济观》等。

到于光远、骆耕漠、孙冶方三位经济学界的泰山北斗。或许是上天垂青，或许就是机缘巧合，21 岁的卓元先生职业生涯的开端竟然是和三位大师紧密相连的，他们既是他的直接领导，又是授业恩师，还是人生的导师，当然更是学习的楷模。

本节先说于光远先生。光远先生可是了不起的人物，既是学者，著述等身，又是学官，曾官拜中国社会科学院副院长，也是最早、最年轻的中国科学院哲学社会科学学部委员。光远先生是 1915 年 7 月 5 日生人，2013 年已经 98 岁。光远先生头上的官衔、学衔甚多，差不多有 20 多项；著述甚丰，领域甚广，文、史、经、哲，甚至在人体特异功能方面都有很深的涉猎，一人独著 75 部专著，约 2000 多万字。当然，我今天要说的主要是经济学家于光远。光远先生的主要经济学代表作有：《政治经济学社会主义部分探索（1～7 卷）》、《中国社会主义初级阶段的经济》、《经济社会发展战略》、《于氏简明社会主义所有制结构辞典》、《社会主义市场经济主体论杂记》、《我的市场经济观》等。

就是这样一位大师，在卓元先生初入职场不久便有机会相伴左右，耳提面命。光远先生趣闻逸事很多，兴趣爱好极广。20 世纪 50 年代，光远先生在中宣部任职，稿费特别多，多的连一个大经济学家都不会管理，结果被手下的服务员偷去而无察觉，当小偷被公安局抓去后，他依然不知道自己到底丢没丢钱。20 世纪 80 年代，特异功能之说甚嚣尘上，光远先生特别撰文驳斥并接受检测，没想到那些蛊惑者倒封他是"超级大师"。

卓元先生回忆，光远先生对他的影响很大，且这种影响是终生的。当然，首要的影响还是学术。20 世纪 50 年代，是新中国学术思想的第一个活跃期，光远先生不仅倡导对社会主义政治经济学进行研究，而且直接付诸行动，并将这一学科定名为政治经济学社会主义部分。研究社会主义政治经济学，自然就要探索劳动价值、剩余价值、按劳分配、生产价格等多种学术范畴。卓元先生 1959 年夏在光远先生写作《关于社会主义制度下商品生产问题的讨论》（载《经济研究》1959 年第 7 期）时，一方面给光远先生做助手，另一方面跟着光远先生学习，很多时候还是一个倾听者和讨论者。耳濡目染，加之在中山大学、中南财经学院打下的深厚基础，卓元先生很快就从一个观摩者转变为一个实际研究者，特别是对价值规律在社会主义制度下的作用，进行了长达20多年的层层叩问。

光远先生的人生态度和做人做事风格，对卓元先生的影响也至关重要。光远先生晚年曾经把自己的人生总结为八个字：一勤，二正，三坦，四深，五创，六韧，七情，八喜。

卓元先生说："可别小瞧这八个字，谁真的做到了，谁都会做出成就的。"

一勤。"勤"就是勤勉，眼勤、耳勤、手勤、脑勤，五官四肢都勤的人，才会创造出物质财富和精神财富。关于勤与事业的关系，虽然不是光远先生的首创，但他确实是一个终生践行者。大思想家孔子说：业精于勤，荒于嬉；大发明家爱迪生说：成功是99%的汗水加上1%的灵感；大数学家华罗庚说：勤能补拙。因此，卓元先生所看到的光远先生，首先就是一个勤奋的先生，一个从不懈怠的先生。要知道，20世纪50年代的光远先生已经身居高位，学富五车了，完全可以停下来看看风景，享受享受生活。谈到光远先生的"勤"，卓元先生曾经深情地说："从光远先生那里学到的第一点就是勤，我今天能做出一点成绩来也很大程度上源自这个勤。"

二正。"正"就是正直，心正、口正，秉笔直书，不媚上，不昧心，是一个人做事做人的大道德。卓元先生说："跟光远先生学到的第二个'法宝'就是这个'正'字，有了它，我的处世、为人才有了准星，才有了是非标准。"是啊，如果学者都开始说假话，说媚话，那危害就太大了。一个人学问可以有大小，解决问题的能力可以有大小，但做人做事如果离开了"正"就偏离了"道"和"理"。回观卓元先生的人生历程，光远先生的"正"之精髓应该是体现得最为充分的。

三坦。孔子曾经说："君子坦荡荡，小人常戚戚"。古往今来，这个定律并没有实质性变化。凡成为推动历史进步，为国家、民族乃至人类做出贡献的人，多多少少都具备君子的"坦荡荡"品质。新中国成立后，思想领域如同社会领域一样，多种多样的"常戚戚"普遍存在，但在多次运动和风波中，光远先生和卓元先生都没有失去君子品格，大概也源自于此吧。

四深。"深"就是研而究之，探求本质，从现象到本质。研究者不同于普通人，其任务就是透过现象看本质，看的本质越深越透越见功力，那些只能就现象论现象，或者做某些定论的阐发者，都不是一个好的研究者。初接触光远先生，卓元先生最头疼的就是他有不断的"为什么"，似乎总在寻找更有说服力的答案。大家知道，自然科学可以依靠科学实验对某些事物进行反复观察，对某些想法进行反复实验，对某些方法进行反复调试，但社会科学特别是经济学，只有放到社会中去实验才能看到效果，而这种实验的结果又是最难控制的。因此，最好的办法是实验前做好充分研究和准备，不走弯路或少走弯路。这一点，在新中国的建设和发展历程中，是吃过无数苦果的，类似生产建设中的"边设计、边施工、边生产"的"三边原则"，"人有多大胆，地有多大产"等都是没有"深究"而率性为之的产物。随着岁月的增长，卓元先生回忆这点时说："'深而究之'对我分析问题非常受用，遇事使我不会妄下结论，而一定是在深入研究、考证、验证后才表达自己的观点。"

五创。"创"就是创新，敢于挑战权威，打破旧事物的罗网。当然这里说的创新，不是著名经济学家熊彼特①说的创新，而是特指研究领域的"新"与"奇"。有次我和卓元先生交谈，当问到当下年轻人治学的不足时，他轻轻地叹了口气："创造性思考严重不足"。真是一语中的，如今的年轻人不缺乏资讯，互联网可以让人一秒钟遍访世界名师、名校、名著，也不缺乏资金，国家用于研发的投入在 2012 年已

---

① 熊彼特（1883～1950）：美籍奥地利经济学家，当代资产阶级经济学代表人物之一。熊彼特以"创新理论"解释资本主义的本质特征，解释资本主义发生、发展和趋于灭亡的结局，从而闻名于资产阶级经济学界，影响颇大。他在《经济发展理论》一书中提出"创新理论"以后，又相继在《经济周期》和《资本主义、社会主义和民主义》两书中加以运用和发挥，形成了以"创新理论"为基础的独特的理论体系。"创新理论"的最大特色，就是强调生产技术的革新和生产方法的变革在资本主义经济发展过程中的至高无上的作用。按照熊彼特的观点和分析，所谓创新就是建立一种新的生产函数，把一种从来没有过的关于生产要素和生产条件的新组合引入生产体系。在熊彼特看来，作为资本主义"灵魂"的企业家的职能就是实现创新，引进新组合。所谓经济发展就是指整个资本主义社会不断地实现新组合。资本主义就是这种"经济变动的一种形式或方法"，即所谓"不断地从内部革新经济结构"的"一种创造性毁灭过程"。

经超过了 6000 亿元，全社会研发投入已经接近 1.5 万亿元，更不缺乏环境，改革开放以来，"百花齐放，百家争鸣"，"文者无罪，言者无罪"，为大胆探索、创新实践提供了充分的话语空间，但就是缺这种独立思考，敢于创新的思想和行动。

六韧。"韧"就是孜孜不倦，坚韧不拔。"百炼钢成绕指柔"，任何一个成功者，一定都是一个坚韧不拔者。虽然搞研究不一定要到"虽九死其犹未悔"的境界，但"咬定青山不放松"、"打破沙锅问到底"是断不可少的。科学史上有一种农药的名字叫"1605"，为什么？因为它的发现者整整做了 1605 次实验才获得成功。坚韧是人生成功最重要的品质，只有笑到最后的人才是笑得最美的人。卓元先生回忆起与光远先生学艺的日子，非常感慨地说："我之所以能够历六十载始终耕耘在经济学这块土壤上，很大程度上也是坚持的结果。"

七情。"情"就是对人对事要有热情，不能事事置身其外。孔子曾经说过："君子做事，发乎于情，止乎于礼。"一个人如果对他所从事的事情或事业毫无热情，毫无激情，久而久之就会成为一个只会"撞钟的和尚"，也自然不会有什么新发现、新创造。同样，一个人不能把自己的热情、激情有效地纳入科学规范的研究之中，情就会泛滥，就会发散，自然也不会有很好的成效。光远先生与卓元先生他们之所以始终思维活跃，成果迭出，"情"与"礼"恐怕都是居功者。

八喜。"喜"就是乐，要乐见己之乐，更要乐见人之乐。有了乐观的人生观，凡是都可以拿得起放得下。俗语说，人生在世，不如意事十之八九。换言之，我们在生活和事业的追求过程中，收获喜悦往往是少而短暂的，而失败和艰辛却是多而长期的，若不能有个良好的心态处之，事事急功近利，往往会苦不堪言。山到水穷处，可能恰是花明时，要时时学会享受快乐，不但要分享别人的喜悦，还要把自己的喜悦分享给大家。现代生物学已经证明，当人快乐时，一种叫多巴胺的物质就会分泌的多，它会使人开朗、豁达。光远先生年过九旬还能笔耕不辍，没有一个"喜乐人生观"怎能支撑得起来呢？卓元先生不逐名而有盛名，不逐利而足糜费，不是也"喜"在其中吗？

三、骆耕漠先生教我做研究

骆耕漠①先生是中国科学院哲学社会科学学部最早的学部委员（现在称院士）之一。人如其名，有"沙漠之舟"之称。耕漠先生1908年出生于浙江於潜（今临安），长卓元先生25岁，在20世纪50年代已经是著名经济学家了。耕漠先生是革命元老，也当过政府官员（1954年起任国家计委成本物价局局长、副主任，全国人大办公厅副主任），但最有名头的还是经济学家。

卓元先生刚分到经济研究所不久，耕漠先生便是他的直接领导和老师。2008年初，在耕漠先生100周岁华诞前，卓元先生和韩孟一起特别撰文评价他们的这位良师益友。

1998年张卓元先生与骆耕漠及夫人合影

① 骆耕漠（1908～2008）：中国著名马克思主义经济学家，原中国科学院哲学社会科学学部委员，中国社会科学院荣誉学部委员。代表作主要有：《从资本主义到共产主义的三个过渡问题》、《社会主义商品货币问题的争论的分析》、《关于社会主义计划经济的几个理论问题》、《往事回忆》等。

张卓元先生（后排正中）在骆耕漠98岁生日上留影

"2008 年 10 月 18 日，是骆老 100 周岁华诞。骆老一生艰苦朴素，大部分时间专心致力于经济研究工作，辛勤耕耘他的经济学园地，收成十几本专著。他为人十分厚道、和善，身为高级干部和学术权威没有任何架子，但在同别人争辩学术理论问题时则毫不客气地指名道姓，据理力争，不和稀泥，体现了他的优良学风。作为他的后辈和学生，我们愿就和他相处几十年（张卓元从 1958 年、1964 年骆老任《经济研究》主编期间一直在他手下工作，韩孟从 1980 年底起一直担任骆老的助手和秘书）的经历，侧重论述骆老对马克思主义经济学的研究与贡献，并借此机会祝福他老人家高寿更高寿！"

卓元先生跟随耕漠先生学习做研究，既有耕漠先生的言传，更有耕漠先生的身教。耕漠先生教学生或年轻人，自有其妙法。

第一，尊重权威但决不迷信权威，使年轻人可以大胆思考，发现问题，解决问题。耕漠先生说到做到，以身作则，在 20 世纪 50 年代苏联经济学教科书一统天下的格局下，他于 1955 年在《经济研究》创刊号上发表了《我国过渡时期基本经济规律问题》一文。这篇文章的观点独特而犀利——"我国目前还处于过渡时期，还是一个过渡社会，还不是一个'独立的划时代'的社会，还不是一个已经形成的社会主义社会。它基本上包含三种经济：国营经济——社会主义经济；资本主义经济；个体经济。这三种经济都有它们各自的基本经济规律。"这样的师长，这样的风骨，这样的锐利视角，能不激励年轻学人勤思勤做吗？从耕漠先生那一代到卓元先生这一代经济学家，始终站在思想的前沿，大抵和这种"权威意识"密切相关吧。

第二，鼓励大家大胆探索和寻找经济规律，破除经济科学的神秘化。这一点对新入行的年轻人尤为重要，特别是经济学书籍读的还不够多的人更需要这种鼓励和引导。耕漠先生 1958 年曾经撰文说："现在有些经济学者把经济科学规律神秘化，好像只有具备高深学问的人才能对它有所作为，吓得读书不多的人不敢大胆地想问题和提出自己的不同意见。其实，经济科学规律不过就是我们日常经济生活的内在的必然联系，其中有较复杂的规律，也有较简单的规律；有很概括的规律，也有很具体的规律；有大规律，也有小规律；有万年通用的规律，也有一时一地有效的规律，它们是相互联系和相互补充的。譬如对社会主义生产关系，我们已经知道它是生产者公有生产资料的关系，是生产者互助合作的关系，是按劳分配的关系，但是以上关系会因不同民族、不同国家、不同外部条件、不同历史经验而呈现大同小异的多种样式；同时，按一个社会主义国家来说，也不是一成不变的……所以，凡是深入接触实际经济生活的人，只要具有马克思列宁主义的基本知识，自己肯用心去想，边干边学，就有可能揭示出或大或小的经济规律，为丰富马克思列宁主义的经济学说做出相应的贡献，它并不神秘。"

的确，我们今天的一些人已经把经济学"迷宫化"了——过度的数学应用使本来简单的问题复杂化；过度的生造词汇使本来清晰明了的语言变得犬牙拗口；过度的数据堆积使本来直观的结论变得云里雾里。唐朝时韩愈、柳宗元为破除两晋南北朝以后形成的华丽文风，曾经专门发起过古文运动，今天的经济学似乎也有此必要。当我们读耕漠先生和卓元先生的文章时，清新而简洁，透彻而明确，而再看看今天一些刊物发表的文章，很多去掉数学模型和数据之后，就没有可用的东西了。

第三，强调理论与实践的紧密结合，写文说事必须言之有物，论证必须说理说事。耕漠先生是从实际经济工作成长起来的一代经济学大家，也是运用经济理论指导实际经济工作的高手。如耕漠先生1980年在《新观察》发表的《谈多种经济成份并存局面》一文，针对中国经济发展的实际情况，明确提出在"允许和扶助偏僻的零星散户独家耕种，对生产队实行包产到组的责任制，超产可多分，鼓励各户大搞家庭副业（不仅自留地）；开展集市贸易和议价议购，保护能先富起来的不用怕冒尖等；在城市集镇，则有组织地提倡办集体服务行业和手工艺生产，恢复部分代销店、夫妻店和小摊贩以及城市家庭手工副业生产，广开城镇闲余劳动力的生活门路。这类个体经济、半集体经济和小集体经济，有助于调剂国计民生，有利于加快四化建设，是新时期新的多种经济成份中的必要构成部分"。

第四，教导年轻人不要随波逐流，要敢于坚持真理，坚持自己认为正确的东西，"不惟书，不惟上，只惟实"。卓元先生回忆，20世纪50～60年代，中国经济学界开展过一次关于社会主义条件下商品、价值问题的大讨论。这场讨论形成了旗帜鲜明的"宽派"和"窄派"。孙冶方是价值和价值规律问题"宽派"代表。他认为，"千规律，万规律，价值规律第一条；主张社会主义国家应'把计划和统计放在价值规律的基础上'；即使在未来共产主义社会，价值规律仍起调节作用。"于光远和卓炯①是商品问题"宽派"的代表，认为社会分工是商品生产和交换存在的原因，"凡是加入交换的产品（在交换中要比较产品中所包含的社会必要劳动，依据等量劳动与等量劳动交换的原则进行），都是商品，社会主义经济中存在的几种交换关系，都是商品交换关系。在未来共产主义社会，仍然会存在商品。"与上述观点不同，

① 卓炯（1908～1987）：湖南省慈利县人，中国当代著名经济学家。1961年参加广东省经济学会年会，写了一组关于商品经济的论文。《论商品经济》一文的结论是："社会分工决定商品生产的存亡，而所有制形式只能决定商品生产的社会性质和特点。"这是他的商品经济理论的中心思想，并据此得出了社会主义经济是有计划的商品经济的论点。

耕漠先生是"窄派"的代表。他认为："在单一社会主义全民所有制条件下，只有产品交换，没有商品交换，不存在政治经济学意义上的商品。在多种经济成份并存的条件下，用来同农民交换的国有大工业产品本身也已经不是商品，但仍存在一部分私有成份基础上的商品生产和交换，而且从数量比例上看，社会主义越是在它的初期，私有成份的比例就越大，因而商品生产和交换的范围也就越大。"或许耕漠先生的这种观点不一定符合社会主义后来的实践，但他敢于把自己当时真实的认识表达出来。

耕漠先生直接或间接影响的年轻人很多，后来光耀中国经济学界的很多著名经济学家都曾经拜在其门下研习。尽管耕漠先生为人低调，但仍是"酒香巷穿"，不仅得到经济学界的高度肯定，也得到了党和国家领导人的关注和关心，在 2008 年百岁寿诞前夕仙逝后，许多党政领导和经济学界名流都以不同方式对他的亲属表示了慰问。

四、益师益友孙冶方①

在中国经济学界说起孙冶方，几乎是无人不晓。同样，说起孙冶方与张卓元的关系，也颇为人知。

说起冶方先生与卓元先生的旷世友情，还得从 1957 年"反右"中的一段悲剧开始。当时执掌中国科学院经济研究所的是狄超白②和林里夫③。狄超白是当时中国科学院经济研究所代理所长、所长、中国科学院哲学社会科学学部委员、党支部书记，林里夫是中国科学院经济研

---

① 孙冶方（1908～1983）：原名薛萼果，化名宋亮、孙宝山、叶非木、勉之等，无锡玉祁镇人，模范共产党员，著名经济学家，老一辈无产阶级革命家。主要著作：《关于改革我国经济管理体制的几点意见》、《社会主义经济论》、《孙冶方选集》、《孙冶方全集》、《中国社会性质的若干理论问题》。

② 狄超白（1910～1978）：经济学家。新中国成立后，历任政务院财经委员会统计处处长、国有统计局综合处处长、中国科学院经济研究所代理所长和所长、中国科学院哲学社会科学学部委员，第一届全国人大代表。著有《通俗经济学讲话》、《经济学讲话》、《论城乡关系》等。

③ 林里夫（1909～2001）：曾就读北大、留学日本，20 世纪 20 年代末参加革命并加入中国共产党，30 年代初在北京、天津、上海从事地下工作，红军长征时期受党中央委托与宋庆龄一起领导了全国的抗日武装（红军以外）和海内外的抗日运动；1937 年任陕北公学政治经济学教员，1952～1954 年任中共东北局党校政治经济学教员及教研室主任，后调中国科学院经济研究所任研究员，1955 年与狄超白共同创办党的经济理论刊物《经济研究》，1956 年兼研究生导师、北京大学经济系《资本论》教授。他精通英语、法语、德语、俄语四种文字。

究所研究员、党支部委员。在两条路线斗争非常激烈的那个年代，1956年，因对"向科学进军"的不同理解以及管理方面的不同意见，最终上纲上线，形成了当时经济研究所"党支部"与"团支部"的尖锐对立。以狄超白、林里夫为核心的党支部，从开始对团支部部分团员思维活跃的担心、规劝发展到1957年要以此定性为"右派分子"，而以吴敬琏①、乌家培②等为核心的团支部（当时张卓元、周叔莲③、黄范章④等是积极支持团支部意见的）不得已只好将情况汇报给中国科学院党委。当时院党委明确支持团支部意见，认为年轻人勇于探索的想法应该支持。当然，如果事情到这里结束，还不会酿成严重后果。后来事态完全偏离了内部矛盾，也离开了"党支部"与"团支部"可以控制的范围，最终变成狄超白、林里夫被定性为"反党集团"。

说到这段悲剧，无论是"党支部"成员，还是"团支部"成员，都唏嘘不已，也深感无奈。卓元先生说："尽管当时大气候如此，狄超白、林里夫处理事情和处理人的方式是有缺点的。但如果双方沟通积极一些，甚至更妥协一些，也许就不会最终发生那样的悲剧了。"

---

① 吴敬琏（1930～）：中国当代著名经济学家，现任国务院发展研究中心研究员。1984～1992年，连续五次获得中国"孙冶方经济科学奖"，2003年获得国际管理学会（IAM）"杰出成就奖"，2005年荣获首届"中国经济学奖杰出贡献奖"。吴敬琏由于长期研究和坚持市场取向改革，社会上有"吴市场"美誉，他也是卓元先生一生的朋友。

② 乌家培（1932～）：浙江宁波人，中国当代著名经济学家，我国数量经济学、信息经济学的创始人。1955年毕业于东北财经大学统计系，1986年以前先后在中国社会科学院经济研究所、数量经济技术经济研究所从事研究工作。1984年获孙冶方经济科学论文奖，1991年因发展我国科学研究事业做出的突出贡献受国务院表彰，1992年获国家计委科技进步奖。主要著作有《经济数学方法研究》、《经济数量分析概论》、《数量经济学若干问题》、《经济信息与信息经济》、《信息与经济》、《经济、信息、信息化》、《信息经济与知识经济》、《信息社会与网络经济》、《乌家培选集》等共30多部。

③ 周叔莲（1929～）：江苏省溧阳市人，中国当代著名经济学家，中国社会科学院工业经济研究所研究员。1953年毕业于复旦大学经济系，同年入中国科学院经济研究所从事研究工作。历任中国社会科学院工业经济研究所副所长、所长、研究员，国务院学位委员会第二届学科评议组成员（1986～1996）。全国哲学社会科学规划应用经济组成员（1980～），第八届全国政协委员。现任工业经济研究所研究员、博士生导师、第九届全国政协委员、中国工业经济联合会副会长、中国企业管理研究会副会长。主要著述有《中国改革》、《经济结构和经济效果》、《中国式社会主义经济探索》、《周叔莲选集》、《中国的经济改革和企业改革》等。

④ 黄范章（1931～）：江西省宜黄县人，中国当代著名经济学家。1954年毕业于北京大学经济系后，进入中国社会科学院经济研究所工作。历任中国社会科学院经济研究所副所长、国际货币基金组织中国执行董事，美国密执安大学客座研究员、国家计划委员会经济研究中心（后改为宏观经济研究院）副主任。主要著作有《瑞典福利国家的实践与理论》、《黄范章选集》、《外国市场经济的理论分析与实践》、《跨世纪的中国改革开放与国际环境》等。

逝者已矣。当年的"党支部"核心成员基本走光了，"团支部"成员也都是耄耋之年了，即使当时最小的卓元先生今年也是 80 高龄了。

由于中国科学院经济研究所领导班子"瘫痪"，1957 年底孙冶方调任经济研究所接替领导工作（先代所长，后任命为所长）。冶方先生的到来，为卓元先生打开了一片广阔的天地，也留给中国经济学界和卓元先生个人取之不尽、用之不竭的经济学遗产。

孙冶方与骆耕漠同年出生，成长经历也有不少类似的地方。但冶方先生又不同于耕漠先生，他是那种思维敏捷、胆大心细、豪气干云的学者。虽然冶方先生同样年长卓元先生 25 岁，但他没有架子，没有官气，有的是探索精神和求真行动。

1981 年张卓元先生与孙冶方合影

初到经济研究所，冶方先生一方面灭火，整顿队伍和秩序，另一方面积极开展学术研究和团队组建工作。前一项事情初期进展还算顺利，但后来由于被批"招降纳叛"，"文革"中不幸被投入监狱 7 年之久。后一项工作成效斐然，不仅深刻地影响着当时的中国经济理论研究，而且深刻地影响了几代中国经济学人，至今这种影响仍然强大。

鉴于后面篇章中，我还要专门讲述冶方先生与卓元先生的旷世友情，在此先撷取点滴以飨读者。

冶方先生对卓元先生的影响是直接的、密切的、持续的，概括地讲，可以归纳为四个方面。

第一，学术方向上的持续影响。冶方先生的一句名言"千规律，万规律，价值规律第一条"，实际上是在一次批斗会上脱口而出的发聩之喊，而这一喊也喊出了中国未来的社会主义市场经济萌芽。我们知道，卓元先生在大学期间就开始关注并研究价值规律在社会主义制度下的作用问题，而冶方先生又是价值规律的钟爱者和深有造诣的研究者。所以，当冶方先生组织研究班子时，就考虑到了让卓元先生参加。或许就是从那个时点，决定了卓元先生大半生的职业路径。我们看到，卓元先生花费相当多的精力研究价值、价格、成本、利润以及后来的价格改革、市场经济体制等。

第二，学术品格上的持续影响。1975年4月10日，在邓小平复出并主持中央日常工作期间，孙冶方出狱了。他出狱后在汽车上说的第一句话竟然是："我是一不改志，二不改行，三不改变自己的观点。"其实，冶方先生的学术品格，早已深入助手和弟子们的心里。做学问，特别是关乎国家命运前途的学问，绝对不能人云亦云，软骨献媚。从冶方先生的学术品格中，我们看到了布鲁诺、伽利略的科学献身精神，也看到了一个中国知识分子在大是大非面前的铮铮铁骨。同样，卓元先生六十年的职业生涯不也是如此吗？即使在"1989年风波"之后万马齐喑，以及部分学人"骑墙"或"胡说"时，卓元先生依然淡定如初，并把有关研究结果以多种方式影响有关决策部门。

第三，学术风格的持续影响。说到底，经济学是经世之学，不是毁灭之学，也不是理论家书斋里的游戏之学。冶方先生从实际出发，从实践观察，从实战要求，所以他的研究成果首先是有用性，其次才是逻辑的完整性和说理的透彻性。冶方先生为什么抓住价值规律不放？就是他发现了这个规律的普遍性和巨大作用，违反它就会吃大苦头。

事实上，中国最初的几十年困顿，在相当程度上源于对价值规律的违背，而在1979年后的几十年快速发展，在相当程度上也源于对价值规律的尊重。冶方先生的学术风格除了重视实用，更为突出的特点是朴实无华，从不故弄玄虚。深奥的经济学原理，在冶方先生的文集里，变得平易亲切。关于这一点，我们看一看卓元先生的作品，或许仍然能看到冶方先生言传身教的影子。

第四，学术勤勉的持续影响。冶方先生每日有所思，每日有所为，即使身陷囹圄的七年，仍不毁其志，仍然坚持每日思考，并且以"腹稿"形式写作，大家熟知的《社会主义经济论》就是狱中85易"腹稿"，出狱后一气呵成的。卓元先生年届80，仍然笔耕不辍，2012年2月7日我在《人民日报》理论版上看到他的新作——《牢牢把握加快改革这一强大动力》，心下敬畏不已。这与中央领导提出的"改革是中国最大的红利"的思路是一致的。

1998年张卓元先生（左三）在纪念孙冶方90诞辰上留影

骆耕漠：一位辛勤耕耘的
马克思主义经济学家
—— 热烈庆贺骆老百年华诞

张卓元　韩孟

骆耕漠是我国著名的马克思主义经济学家。他是我国20世纪50年代在哲学社会科学界被授予中国科学院学部委员荣誉称号至今健在的三位著名学者之一（另两位是于光远、季美林）。

2006年首批中国社会科学院经济所学部委员、荣誉学部委员合影

2006年，他又一次被中国社会科学院授予名誉学部委员荣誉称号。2008年10月18日，是骆老100周岁华诞。骆老一生艰苦朴素，大部分时间专心致力于经济研究工作，辛勤耕耘他的经济学园地，收成十几本专著。他为人十分厚道、和善，身为高级干部和学术权威没有任何架子，但在同别人争辩学术理论问题时则毫不客气地指名道姓，据理力争，不和稀泥，体现了他的优良学风。作为他的后辈和学生，我

们愿就和他相处几十年（张卓元从 1958 年、1964 年骆老任《经济研究》主编期间一直在他手下工作，韩孟从 1980 年底起一直担任骆老的助手和秘书）的经历，侧重论述骆老对马克思主义经济学的研究与贡献，并借此机会祝福他老人家高寿更高寿！

一、经济研究—财经管理工作——经济研究：八十年的丰富经历

骆耕漠是在 20 世纪 20 年代中后期投身中国革命事业的老前辈。他经历了北伐战争、抗日救亡运动、解放战争、新中国头几个五年计划建设和改革开放新时期等重大历史阶段，阅历之丰富现在已很少有人能与之相比。1927 年，他走出浙江省立商业专科学校，加入国民革命军北伐部队。"四一二事变"后，他流亡武昌，武汉政府叛变后他奔赴南昌，准备赶上共产党领导的武装起义部队，由于在九江受阻，他回杭州，毅然加入中国共产主义青年团，从事艰险的革命活动。1927 年底，由于叛徒出卖，他被国民党政府逮捕，作为政治犯关入浙江陆军监狱，达六年多。这六年多他如饥似渴地学习马克思主义，为他日后的经济研究工作打下了坚实的理论基础。出狱后，他积极投入抗日救亡运动，开始研究和论述中国社会性质和农村的经济问题，参加了中国经济情报社、中国农村研究会、新知书店、文化界救国会、职业界救国会理事会等社会团体的革命活动，同陈翰笙、薛暮桥、钱俊瑞、孙冶方等一起经常在左派刊物《中国农村》上发表文章，主编《东南战线》大型综合性刊物，逐渐成为活跃在中国的颇有影响的共产党员经济学家，成为中国现代经济学人的先驱之一。1934 年，他开始使用"骆耕漠"作为笔名。从此，这个寓意"在沙漠中耕耘的骆驼"的名字，伴随着他以后数十年的理论耕耘。

新中国成立前，从 20 世纪 40 年代初起，骆耕漠参与了革命军队和根据地的后勤及财经部门的领导工作。1941 年 5 月初，任新四军财政经济部副部长，主管江淮银行工作。同年 9 月，第一次反扫荡胜利后任盐阜行政公署委员、财经处处长兼盐阜银行行长、中共苏北区委财经委员会副书记。1945 年 9 月至 1946 年底，任苏浙军区供给部长、华中军区供给部长。1947 年 1~12 月，任山东军区供给部长、三野东

兵团后勤部长。1948 年 1～8 月，率财经干部随三野西兵团参加开封睢杞战役后勤领导和接管工作。1948 年 8 月至 1949 年 1 月，任中共中原局豫皖分局财办副主任。1949 年 3 月，任总前委财委委员兼秘书长。新中国成立前夕和新中国成立初期，继续从事财经领导工作。1949 年 5 月以后，任华东局财委委员兼秘书长，政务院华东区财委秘书长、计划局长、副主任。1953 年 4 月，任国家计委委员兼成本物价局局长。1954～1958 年，任国家计委副主任。由上可见，骆老在 20 世纪 40 年代和 50 年代，主要从事财经领导工作，是我国经济建设开拓者之一。20 年经济工作的丰富经验，无疑为他的经济理论研究植下了深厚的根基。

1958 年底，因怀疑他与"潘杨事件"有牵连（"文革"后证明无任何牵连，接着"潘杨"冤案也平反了），被调到中国科学院经济研究所任《经济研究》主编直至 1964 年经济所开展"四清"运动为止。此后及"文革"期间骆老屡受迫害、批判。"文革"后，20 世纪 80 年代，骆老被任命为中国社会科学院顾问和国务院经济研究中心顾问。从 1958 年到现在的半个多世纪，除"文革"期间外，骆老一直从事经济理论研究工作，出版了多本专著，发表了许多有影响的经济学论文。在 20 世纪 50 年代和 60 年代前半期，骆老是我国经济论坛上最活跃的经济学家之一。

二、社会主义经济问题的积极探索者

由于骆耕漠有丰富的财经工作经验，因此他写的文章都比较有针对性和现实背景，言之有物，论证充分。即使是抽象程度较高的经济理论问题，他也能提出有现实意义的观点。

首先，我们介绍骆老 1955 年关于我国过渡时期基本经济规律问题的文章。1955 年，我国经济学界展开了关于过渡时期基本经济规律问题的热烈讨论，王学文、苏星、徐禾等经济学家发表了有影响的不同看法。由于这是当时经济学界第一热门话题，所以《经济研究》1955年创刊时，也要组织这方面的文章发表。我们组织到骆耕漠写的《我国过渡时期基本经济规律问题》一文。由于这篇文章观点独树一帜，论证有力，成为《经济研究》创刊号的打头文章。这篇文章的主要观点是："我国目前还处于过渡时期，还是一个过渡社会，还不是一个'独立的划时代'的社会，还不是一个已经形成的社会主义社会。它基本上包含三种经济：国营经济（社会主义经济）；资本主义经济；个体经济。这三种经济都有它们各自的基本经济规律（王学文同志称之为'主要经济规律'）。由于在这三种经济之中国营经济是最强大的（不仅是指它在国民经济中所占比重而言），它占着支配或主导的地位，因此社会主义基本经济规律就成为（不是将成为而是已经成为）我国过渡社会的基本经济规律。"骆耕漠的这一观点，是当时崭新的、论证最为充分的观点。经过两年的讨论以后，骆老的这一观点，已成为得到较多经济学家接受的观点，成为主流的观点。而骆老的上述文章，是这一主流当之无愧的代表作，因为该文论证比较充分，说服力比较强。《经济研究》是我国创办最早权威性较强的经济理论刊物，它的创刊号发表的打头文章，今天在我们看来还具有相当强的现实意义。我国现阶段也存在多种所有制经济，但是以公有制为主体，国有经济在国民经济中起主导作用，因此社会主义经济规律应是现今社会支配经济运动的基本的经济规律（撇开对斯大林的关于社会主义基本经济规律的论述是否准确不说）。

其次，骆老一贯不赞成把经济科学规律神秘化，鼓励大家大胆探索和寻找经济规律。他在1958年发表的一篇理论文章中说，"现在有些经济学者把经济科学规律神秘化，好像只有具备高深学问的人才能对它有所作为，吓得读书不多的人不敢大胆地想问题和提出自己的不同意见。其实，经济科学规律不过就是我们日常经济生活的内在的必然联系，其中有较复杂的规律，也有较简单的规律；有很概括的规律，也有很具体的规律；有大规律，也有小规律；有万年通用的规律，也有一时一地有效的规律，它们是相互联系和相互补充的。譬如对社会主义生产关系，我们已经知道它是生产者公有生产资料的关系，是生产者互助合作的关系，是按劳分配的关系。但是以上关系会因不同民族、不同国家、不同外部条件、不同历史经验而呈现大同小异的多种样式；同时，按一个社会主义国家来说，也不是一成不变的……所以，凡是深入接触实际经济生活的人，只要具有马克思列宁主义的基本知识，自己肯用心去想，边干边学，就有可能揭示出或大或小的经济规律，为丰富马克思列宁主义的经济学说做出相应的贡献，它并不神秘"。11 年后，1979 年，骆老在《光明日报》发表文章，又提出"我们对待新时期的经济研究工作，应该思想再解放一点，胆子再大一点，办法再多一点，步子再快一点"。骆老的这一观点至今仍有现实意义。我们搞社会主义现代化建设，必须从中国国情出发，必须从不同时期的阶段性特征出发，探寻现代化建设规律，不能照抄照搬外国模式。我们实行改革开放，也要努力研究改革开放的规律性，包括大规律和小规律，以便更好地推进改革开放，不断用马克思主义中国化的创新成果，丰富和发展马克思主义经济学，丰富经济科学宝库。

再次，较早地提出现阶段应是多种经济成份并存。1980 年初，骆耕漠在《新观察》发表了《谈多种经济成份并存局面》一文，主张在现阶段，按照生产关系必须适合生产力性质规律的要求，必须允许多种经济成份并存，认为在"允许和扶助偏僻的零星散户独家耕种，对生产队实行包产到组的责任制，超产可多分，鼓励各户大搞家庭副业（不仅自留地）；开展集市贸易和议价议购，保护能先富起来的不用怕冒尖，等等；在城市集镇，则有组织地提倡办集体服务行业和手工艺生产，恢复部分代销店、夫妻店和小摊贩以及城市家庭手工副业生产，广开城镇闲余劳动力的生活门路。这类个体经济、半集体经济和小集体经济，有助于调剂国计民生，有利于加快四化建设，是新时期新的多种经济成份中的必要构成部分。它绝不是什么回潮，而是对过去的偏误的积极调整，适合我国人力资源丰富而资金力量薄弱的状况。它决非 10 年、20 年的权宜措施（如在城市里，不是仅为扩大目前的知青就业面），而是受我国不发达社会主义阶段的生产力性质决定的长期部署"。骆老 28 年前的这一段论述，是很正确的，符合客观经济规律要求的，而且用多种经济成份并存局面来概括，并作为长期部署加以肯定，具有远见卓识。需要指出，在同一时期，骆老的老战友薛暮桥也鉴于当时城镇有 2000 多万人失业，极力主张允许个体经济存在和发展。可以说，他们和其他有识之士一起，共同打破了公有制一统天下的理论和政策。

最后，"文革"前在所有制问题上提出了"大全民"中有"小全民"，集体所有制是"内公外私"的独特观点。20世纪50年代末，骆老提出："在社会主义阶段，全民所有制的生产资料和产品，在一定范围内和一定程度上，还包含有局部全民所有的关系，即在大全民所有之中还有小全民所有的关系。这种大小全民的交叉关系，归根到底也是由于生产力发展水平还不够高和人们的共产主义觉悟还不够高。这两点使代表全民的国家，对于它的地方经济组织和各部门经济组织以及基层的企业单位，还必须适当利用物质利益去推动它们努力管好生产，好像国家必须适当利用按劳分配原则（物质利益）去推动人们努力劳动一样。一是物质利益原则在个人生活资料分配领域中的表现；一是物质利益原则在生产管理领域中的表现"。骆老在另一专著中，还提出了集体所有制经济是"内公外私"的观点。他说："集体所有制经济虽然是社会主义经济，但是毕竟是一伙人一伙人的公有，它们并不是全民所有；我认为甚至还可以这样说，那一伙一伙的集体公有制经济是内公外私的，即它对内为公有，对国家就比全民所有制经济内部的企业和个人对国家还含有更多的私的残余。"骆老的上述观点，在当时是颇有新意的，对经济学界深化社会主义公有制性质的研究，有重要意义。特别是对集体所有制经济"内公外私"的概念，至今仍为一些经济学家引用和称道。

此外，骆老关于劳动对象应列为生产力的构成要素，必须肯定恩格斯关于人类种族繁衍和生活资料生产同样是决定社会及社会制度的发展的原因的公式，关于我国工农业产品等价交换问题的论述，并和不同观点展开指名道姓的说理及争论，都在当时中国经济论坛上有重要影响。

三、社会主义制度下商品价值理论争鸣中"窄派"代表

20世纪50年代中期至60年代初期，中国经济学家展开了关于社会主义条件下商品、价值问题的大讨论，同其他经济问题比较，参加商品价值问题讨论的论著最多，也最热烈，真正体现了"百家争鸣"

的精神。讨论中形成了旗帜鲜明的"宽派"和"窄派"。孙冶方是价值和价值规律问题"宽派"代表，他认为，"千规律，万规律，价值规律第一条；主张社会主义国家应'把计划和统计放在价值规律的基础上'；即使在未来共产主义社会，价值规律仍起调节作用"。于光远和卓炯是商品问题"宽派"的代表，认为社会分工是商品生产和交换存在的原因，"凡是加入交换的产品（在交换中要比较产品中所包含的社会必要劳动，依据等量劳动与等量劳动交换的原则进行），都是商品，社会主义经济中存在的几种交换关系，都是商品交换关系。在未来共产主义社会，仍然会存在商品。"与上述观点不同，骆耕漠是"窄派"的代表。他认为应严格按照马克思在《资本论》中关于"不互相依赖的私人劳动的产品，才当做商品互相对待"；和马克思在《哥达纲领批判》中关于"在一个集体的、以共同占有生产资料为基础的社会里，生产者并不交换自己的产品；耗费在产品生产上的劳动，在这里也不表现为这些产品的价值"等论述，来考察我国社会主义制度下的商品价值问题。骆老的观点总的说是这样：在单一社会主义全民所有制条件下，只有产品交换，没有商品交换，不存在政治经济学意义上的商品。在多种经济成份并存的条件下，用来同农民交换的国有大工业产品本身也已经不是商品，但仍存在一部分私有成份基础上的商品生产和交换，而且从数量比例上看，社会主义越是在它的初期，私有成份的比例就越大，因而商品生产和交换的范围也就越大。商品的范围决定价值的范围，决定价值规律作用的范围。骆老的这一套"窄派"观点，是严格按照马克思、恩格斯、列宁的著作和论述推导出来的，论证和逻辑是严密的，尽管同我国经济学界大多数人的认识有较大差异，但应承认他的观点是言之成理的，持之有故的。

值得提出来的是，骆老的"窄派"观点并没有扩大到对交换关系的分析中。相反，他多次撰文认为，不仅在多种经济成份并存的社会主义阶段存在多种交换关系（其中有的是商品交换关系、有的是产品交换关系），而且在全民所有制内部各企业之间仍然存在交换关系，并且一定要受"等劳动交换规律的制约。将来到了共产主义也永远有等劳交换产品的经济关系，否则就没有共产主义。"他还一再批评苏联波格丹诺夫认为到了社会主义就是自然经济、不需要交换了的观点。他说，"难道到了共产主义就不需要核算生产成本和补偿生产成本吗？到了那个时候，虽然不用按劳分配和奖金鼓励，但是，生产资料要多少，和要花费多少劳动，这些是必须综合平衡的"。我们认为，骆老的上述见解是有启发性的。随着人类社会的发展，将存在复杂的社会分工，没有交换关系是不可想象的。至于复杂的交换关系是不是总是商品交换的性质，可以讨论，但是有一点，正如骆老所说，这些交换关系应遵循等劳交换的规律，或者像我们今天说的等社会必要劳动交换的规律、等价交换的规律，看来是不可避免的。

从 20 世纪 50 年代末期起，直至 90 年代末骆老 90 多岁，他一直集中主要精力，以马克思主义经典著作为指导，研究社会主义商品价值问题，倾注了大量心血，发表了一本又一本专著，形成了一套逻辑严密的体系。他一生勤奋做学问的精神和严谨的治学态度，是值得我们大家学习的。我们这篇短文，不可能将他的内容丰富的观点全面和详细地进行介绍，但是我们深信，骆老的一系列著作是值得我们仔细研究，并从中获得许多教益的。

——原载于《经济研究》2008 年第 9 期

第二篇 叩问价值

《礼记·大学》有曰："致知在格物，物格而后知至。"

"格物致知"是什么？就是科学研究，就是"推究事物的原理法则而总结为理性知识"的过程。

打开20世纪50年代中期至20世纪80年代前期的中国经济学图谱，有一个人的学术成就令我们后学者常常谈论。他是"恩格斯猜想"的破解者，是"价值规律"的巧解者，是"马克思生产价格谜局"的破译者，还是孙冶方经济理论遗产的发掘者。

这个人，就是当时非常年轻的卓元先生。其每格一物总会帮助我们致知一理，四叩价值的成就，是当代中国经济学的宝藏。

因此，本篇的四章内容，展现的就是一个"格物致知"者的坚韧、执著和成效。

第五章　一叩价值：破解
"恩格斯猜想"

🌓世界上没什么比发现更简单的事情，因为你看与不看，它都在那里；世界上没什么比发现更难办的事情，因为你做与不做，结果可能都是零。因此，我们常常慨叹发现者是幸运的，俯首即拾的收获为什么被他碰到了呢；我们也常常惊叹发现者的艰辛，百转千回的寻觅才可能获得点滴收获。

1962 年对卓元先生的学术生涯非比寻常。这一年，他在《光明日报》（1962 年 11 月 26 日）上发表了著名的《对"价值是生产费用对效用的关系"的初步探讨》（以下简称《探讨》）。这是卓元先生的成名作，也是早期代表作之一，至今读来如饮甘露。

一、"恩格斯猜想"

马克思与恩格斯并称共产主义两大创始人和理论导师，马克思主义者也一直把他们的理论观点当作一人看待，即使发现偶有不同，要么为尊者讳塞则而过，要么牵强附会地证明是如何如何的一致。如果这种状况只局限在研究者的书斋，或者只局限在政治家的口号中，倒无关紧要，可在 20 世纪 50 年代以及其后相当长时间的中国，马克思主义经典作家的话可是被奉为绝对的"行动指南"和绝对的社会主义实践"圭臬"。

马克思与恩格斯是不是绝对的一致呢？从已经发表的作品（《马克思恩格斯全集》）看，确实基本一致。但是真正深究之，还真的有不少不完全一致，甚至有些观点还有大的差异。在这诸多差异中，"价值决定"问题无疑是困扰马克思主义经济学家的最大难题，也是恩格斯留给后世研究者和实践者的最大谜题。

"恩格斯猜想"① 语出《马克思恩格斯全集》第一卷第 605 页《政治经济学批判大纲》（人民出版社版）。恩格斯在 1844 年发表的《政治经济学大纲》（以下简称《大纲》）中说："价值是生产费用对效用的关系。价值首先是用来解决某种物品是否应该生产的问题，即这种物品的效用是否能抵偿生产费用的问题。只有在这个问题解决之后才谈得上运用价值来进行交换的问题。如果两种物品的生产费用相等，那么效用就是确定它们的比较价值的决定性因素。"

这个说法与马克思在《资本论》第一卷中的说法有明显差异，马克思认为商品价值是人类一般劳动（抽象劳动）的凝结，价值量的大小决定其耗费的社会必要劳动时间。换言之，一个商品是否有价值或价值大小，只取决于劳动的数量、质量以及社会的平均水平，与其效用大小没有关联。马克思沿此逻辑，逐步推导出了劳动价值论、剩余价值论和资本主义基本矛盾。

到底是马克思对，还是恩格斯对？苏联经济学界和中国经济学界都有不同看法，但当时占主流的观点认为这个观点只是恩格斯早期的不成熟认识。

由于理论上倒向了马克思，在苏联和当时的中国，在社会主义实践中恩格斯的观点被忽视。这种情况在实践中产生的后果是非常严重的，价值核算和价值衡量从此更加注重劳动耗费，而忽视商品或服务的有效性，大量没有或很少有使用价值的东西被生产出来，堆积到仓库等待销毁。

关于这个现象，苏联的艺术家曾经拍摄过一部著名的电影——《废品的报复》。影片中的主人公，是一个生产裤子的裁缝，他每天上班不认真工作，耗够工时拿到工资即可。有一天，他到商店买裤子，买到后直接换上回家。在回家的路上，刚上公共汽车，裤子就掉了一个扣子，两条背带只剩一个发挥作用。没走多远，公共汽车一个急转

① "恩格斯猜想"是我对这个问题的称呼，以前并未见诸文献。取此称谓，主要原因在于恩格斯在其著作以及马克思的著作中，都没有给出完整或完美的解释，特别是对未来社会主义或共产主义社会价值决定更没有清晰的说明，所以更像一个猜想。

弯，身子一用力，另一个背带扣子也掉了，他只好一手扶着汽车，一手提着裤子。由于双手被占着，肩上的挎包不小心掉地上了，他只好弯腰去捡，突然他听到一声布帛撕裂的声音，再一看是自己的裤裆开了一个大口子。羞愤之极的他，叫司机停下车，返回商店找营业员退货理论。就在营业员准备给他道歉时，突然看到他上衣的胸牌赫然就是裤子的生产厂家，而他也仔细地看看裤子的编号，发现恰好就是自己工位的出品。此时的他，不由得由羞愤转为羞愧了。

20 世纪 50 年代的中国，这种现象也已经出现，时至今日的"垃圾 GDP"恐怕也与此有关吧。

二、中国经济学界对"恩格斯猜想"的论战

关于如何破解"恩格斯猜想"，中国经济学界至今硝烟未尽。不过，依我看来[①]，在卓元先生发表其成名作之后，特别是经过实践检验之后，真理早已尘埃落定。因此，在此重点谈谈发生在 20 世纪 50~60 年代中国经济学界关于"恩格斯猜想"的大论战情况。

1962 年 11 月 27 日，《经济研究》刊发了卓元先生的一篇《我国经济学界关于价值问题讨论中的一个争论点——对于恩格斯所说的"价值是生产费用对效用的关系"的不同理解》的综述文章，详细地概括了那场论战的情况。参战的人包括孙冶方、卫兴华[②]、李竞能[③]等。为保持原汁原味，我以讨巧的方式，转述如下：

关于恩格斯对价值概念问题讨论中的观点，简要整理如下：在持肯定或基本肯定态度的同志中，有如下几种不同的理解。

第一种理解是："生产费用对效用的关系"，正确地表达了"价

---

① 对"恩格斯猜想"的讨论，一直到 2012 年还有人撰文讨论。我在 1986 年读恩格斯《政治经济学批判大纲》时也曾经对此深惑之，及至准备深入研究才发现，卓元先生早在 1962 年就把这个问题破解清楚了。

② 卫兴华（1925～ ）：中国著名马克思主义经济学家，被誉为中国《资本论》研究权威之一，代表作有《卫兴华经济学文集》（三卷）、《政治经济学研究》（二卷）、《我国新经济体制的构造》、《市场功能与政府功能组合论》、《理论是非辨析》等著作（含主编、合著）共 40 余部，主编的《政治经济学原理》教材是全国影响力及发行量最大的教材之一。

③ 李竞能（1927～ ）：中国经济学家，著名人口理论与人口经济学专家。代表作有《当代西方人口学说》（1992）、《现阶段中国人口经济问题研究》（1999）、《人口理论新编》（2001）等。

值"概念的质的一面,也是我们要重视"价值"这个概念的真正意义所在。恩格斯在这里说的生产费用是指社会必要劳动。计算社会必要劳动并不是意味着劳动越少越好,而是意味着要把劳动耗费去同劳动成果比较。因此,重视"价值"概念,在我们社会主义社会中,就意味着重视经济效果。持这种意见的同志认为,在私有制消灭以后,要依照恩格斯在《大纲》中所说的话,让"价值这个概念……愈来愈只用于解决生产的问题",回到"它真正的活动范围"中去,参加生产计划的制订,并且主张大大提高"价值"范畴在社会主义以至于共产主义政治经济学体系中的地位,把价值规律的作用贯穿在社会主义以至于共产主义政治经济学各章的叙述中。

第二种理解是:"价值是生产费用对效用的关系"的说法同马克思的劳动价值论是一致的。持这种意见的同志认为,按照马克思的价值论,当我们说价值是凝结在商品中的社会必要劳动量的时候,不言而喻,是以商品的一定效用,也即一定的使用价值的存在作为前提的,因为使用价值是价值之物质的担负物。而说"价值是生产费用对效用的关系"也无非是说,要取得一定的使用价值(有效用的东西),需要耗费一定的社会劳动。如果两个物品具有同等的效用,那么它们所包含的社会必要劳动量也必须是一样的。因此,上述这两种说法都是同一个意思。另外,恩格斯的"价值是生产费用对效用的关系"这一观点发表后过了30多年,又在《反杜林论》中重申。他说,在实现生产资料公有化后,"社会也应当知道,某种消费品的生产需要多少劳动。它应当使自己的生产计划适合于生产资料,而劳动力亦特别地包括于生产资料之中。各种消费品的有用效果(它们被相互比较并与它们的制造所必需的劳动量相比)最后决定着这一计划"。就在这里,恩格斯特别加了这样一个脚注:"在制订生产计划时,上述有用效果和劳动花费的比较,正是应用于政治经济学中的价值概念在共产主义社会中所能余留的全部东西,这点我在1844年时已经说过了(《德法年鉴》)。可是,读者可以看到,这一见解的科学证明,只在《资本论》出版后,方才成为可能。"可见,《资本论》的出版并不是否定了而是科学地证明了恩格斯在1844年提出的价值概念。

第三种理解是：恩格斯这一段话的意思是：如果费用（投入的全部劳动）相等，劳动生产率高的，使用价值就多，社会价值就大；劳动生产率低的，使用价值就少，社会价值就小。可见，生产费用和效用并非完全不可比的东西。某一物品该不该生产，用其通过市场价值（即社会价值）体现出来的效用和生产该产品的个别价值（个别生产费用）来比校，即可做出判断。而这在社会主义社会，正是经济核算要解决的问题。持这种意见的同志认为，恩格斯上述价值的定义同马克思的定义并不矛盾。马克思谈到价值，总是以一定量的使用价值为前提。没有使用价值就没有价值，生产一定量的使用价值所消耗的劳动才构成价值。到共产主义社会的高级阶段，上述意义的价值概念将仍然存在。

在持否定或基本否定态度的同志中，有如下几种不同的理解：

第一种理解是：恩格斯在 1844 年的上述关于价值概念的见解只是他早期的观点，后来，恩格斯抛弃了这一观点。至于恩格斯在他以后写的《反杜林论》中是否重申了这一观点，持这种意见的同志没有做进一步的证明。

第二种理解是：恩格斯说"价值是生产费用对效用的关系"，是他当时把商品二因素误认为是价值的二因素了。至于怎样从恩格斯在《大纲》中前后文的论述中或从所论述的具体内容中来论证这一点，持这种意见的同志也没有做更多的说明。

第三种理解是：恩格斯这里所说的费用和效用的关系，是指的价格（即比较价值）而不是价值。因为商品的价值决定于生产它时所消耗掉的社会必要劳动。社会必要劳动和生产费用即生产成本（c＋v）是不同的。更为重要的是生产费用与效用是无法比较的两种不同质的东西，以效用抵偿费用只有通过价值才能实现。一定的效用，通过交换，转变为一定的货币量。以这一定的货币量来和其生产费用（c＋v）比较，判断该不该生产，这就是运用价值来实现交换的问题。生产两种物品的生产费用相等，如果其中一种物品的效用大，则其价格高；反之，则价格低，这里和价值没有什么关系。另外，恩格斯在《大纲》中谈到价值时，总是和竞争联系起来的，但竞争只和价格直接联系而不决定价值。这也说明，恩格斯这里所说的价值，实际上是价格。持这种意见的同志认为，到共产主义社会的高级阶段，不再存在商品交换关系，因此"价值"、"价格"这些概念也将不会存在。

第四种理解是：恩格斯所讲的"价值生产费用对效用的关系"，并不是仅仅从使用价值是价值的前提这个意义上说的，而是把它作为价值的一般定义，把效用和生产费用都当作决定价值量的要素提出来的。这在实际上就否定了李嘉图的劳动价值理论，而认为这种理论应以萨伊的效用论来补充。显然，这与马克思和恩格斯在后来的一些著作中所阐明的价值理论是不同的。持这种意见的同志认为，恩格斯在《反杜林论》中重申的观点并不是《大纲》中关于价值定义的复述或全部肯定。这里并没有再提效用是决定价值的要素。它所阐明的只是这样一个思想：在共产主义社会中，虽然不再计算价值，但计算生产中的劳动耗费和劳动产品的效果却仍然是必要的。

应该指出，上述讨论并不是纯粹的概念之争，不是与现实经济生活毫无联系的。一方面，对于这个问题的不同答案，对于实际经济生活是可能引起不同的影响的。这里面主要的问题是：在社会主义经济中，社会要不要进行和如何进行对各部门、各地区和各经济单位的劳动耗费和生产成果的严格监督，在社会各项经济活动中，要不要进行和如何进行劳动耗费和有用效果的比较，讲求经济效果；怎样按照社会的需要来合理地分配社会劳动资源，自觉地保持社会生产的按比例的发展；怎样利用社会必要劳动来刺激技术进步和劳动生产率的提高，鞭策各个部门和各个经济单位努力改进经营管理，生产出更多质量高、劳动耗费少的产品出来。另一方面，这个问题的讨论，看来除了要认真学习经典著作、体会经典著作的精神实质，从而弄清概念本身的涵义外，更重要的是要从实际出发，仔细分析实际经济生活是否要求很好地利用价值（或社会必要劳动）范畴？如果需要，应该怎样利用？实践是真理的标准，理论研究不能也不应该脱离实践。许多同志都承认，在社会主义经济以至将来共产主义经济中，要计算和比较有用效果和劳动耗费，但是，这种计算和比较意味着什么，这种计算和比较的重要性和意义怎样？我们对它应该重视到什么程度？特别是如何根据我们的认识应用于实践当中，使我们的经济工作愈做愈细致，愈做愈有成效？等等问题，现在大家的看法却不一致。这就要很好地联系社会主义建设的实际，通过很好地概括社会主义实践的丰富经验，才能比较有根据地、令人信服地解决这个问题。

三、卓元先生之解[①]

"十年磨一剑，剑出透光华"。1962 年，不满 30 岁的卓元先生积十余年功夫，在完成一系列准备工作后，发起了对"恩格斯猜想"的挑战，并一战成名。

今天重读《探讨》，仍然能够感受到作者深厚的功底和犀利的目光。《探讨》之所以在中国经济学史上占有一席之地，不仅仅因为这个命题的艰深和重要，更重要的是卓元先生的破解起到了拨云见日的功效。

《探讨》的重要意义在于：

第一，厘清了"恩格斯猜想"不是恩格斯的浅见流露，而是科学发现。如上所述，当时很多论者以为"恩格斯猜想"只是年轻恩格斯的看法，当他和马克思共同深入研究资本主义社会的本质后，这个观点就放弃了。《探讨》没有因循旧径，而是把马克思、恩格斯的全部著作作为一个整体加以研读，并从中找到了重要依据。卓元先生说："从实质上看，恩格斯说'价值是生产费用对效用的关系'，并不是认为生产费用和效用是孤立地、分别地决定价值，或者效用是价值的实

---

① 关于破解"恩格斯猜想"，卓元先生在 2012 年曾经撰文写到：20 世纪 50～60 年代，我国经济学界的主流观点认为恩格斯早年说的"价值是生产费用对效用的关系"是不正确的，而且是后来被恩格斯本人抛弃的陈旧观点。而我则认为，"价值是生产费用对效用的关系"是一个正确的命题，并且至今仍有现实意义。我在《光明日报》1962 年 11 月 26 日经济学专刊发表了《对"价值是生产费用对效用的关系"的初步探讨》一文，系统地论述了自己的观点，并和不同意见展开了指名道姓的争论。文中说，一个商品，它的社会使用价值，亦即效用，不仅是该商品价值能否实现的制约因素，而且是该商品价值形成的制约因素。这就告诫人们，劳动投入必须是对社会有用的，才能是社会必要的。这同效用价值论是不同的，因为决定价值的，归根到底还是劳动。恩格斯关于"价值是生产费用对效用的关系"的论述，是同马克思在《资本论》第三卷关于另一含义的社会必要劳动时间，即"在社会的总劳动时间中，也要把必要的比例量，用在不同各类的商品上"是一致的。我在《江汉学报》1963 年第 4 期发表的《关于社会必要劳动的几个问题》一文中，又进一步论述了马克思说的另一含义的社会必要劳动时间，也是价值形成而不简单是价值实现的因素。参见张卓元：《经济理论与经济改革：我的九个主张》，《北京日报》2012 年 8 月 13 日。

体。恩格斯在这里所要说的是：在商品经济条件下，生产产品的劳动耗费（生产费用）如何、通过什么社会过程转化为社会劳动耗费、转化为价值的问题……恩格斯对这个问题的回答是：生产各种产品的劳动耗费，要取得社会的承认，成为社会总劳动支出的一个有机组成部分，转化为价值，必须经过产品本身的社会检验，看它是否具有社会的使用价值，它在多大程度上能够满足社会的需要。如果产品没有社会使用价值，并不为社会所需要，那么生产这种产品的劳动耗费就不能形成、转化为价值。"

至于一些人提出的"恩格斯猜想"只是不成熟、不科学的观点，《探讨》的解释也非常到位。卓元先生把恩格斯的《政治经济学批判大纲》与1878年写的《反杜林论》、1884年写的《哲学的贫困》等后期著作反复对比，均发现恩格斯在这个问题上的观点没有改变，甚至一直在强化。如恩格斯在《反杜林论》中说："谁要是制造对于别人没有使用价值的物品，那么他的全部力量，不能造成一丝一毫的价值；如果他坚持用手工的方法，去制造物件，而机器的生产，却能比他所制造的便宜二十倍，那么他所用的力量的二十分之十九，不能造成一般的价值，也不能造成特殊的价值定量。"

由此，卓元先生结合中国社会主义实践，认为"恩格斯猜想"的判断是正确的，也是恩格斯理论体系中的一个重要而科学的支点。

第二，厘清了"恩格斯猜想"与马克思观点相左的误区。在《探讨》发表之前，包括苏联专家在内，都认为"恩格斯猜想"不符合马克思在《资本论》等经典著作中的观点，特别是效用对价值的影响更像是资产阶级庸俗经济学家的观点。为此，很多人罔顾事实，片面地教条式地应用马克思主义经典作家语词。《探讨》首先在恩格斯《政治经济学批判大纲》中发现"在私有制消灭之后……价值这个概念实际上就会愈来愈只用于解决生产的问题，而这也是它真正的活动范围"，接着又在《反杜林论》中看到"在制订生产计划时，上述有用效果和劳动花费的比较，正是应用于政治经济学中的价值概念在共产主义社会中所能余留的全部东西。……可是，读者可以看到，这一见解的科学证明，只有在《资本论》出版后，方才成为可能"。

《资本论》对"恩格斯猜想"有科学证明吗？《探讨》说："马克思在《资本论》中，非常明确地提出社会使用价值或社会的需要，对于商品价值的形成或产品社会必要劳动量的确定有重要意义。……《资本论》第一卷就开宗明义地指出：'任一物，要不是使用对象，就不能有价值。如果它是无用的，其中包含的劳动就也是无用的，不算作劳动，并从而不形成任何价值'。"要知道，《资本论》第一卷可是在马克思生前发表的，不存在恩格斯修饰的可能。

第三，提出了社会主义制度下的价值生产模式。很多人动辄以马克思原教旨主义者自居，认为凡是不符马克思说的就是错误的。其实，以今天的眼光来看，没有任何人是完美的，即使是马克思这样的思想家，同样受时代的局限和思想的局限。"恩格斯猜想"不仅仅是天才思想的闪耀，更确切地说是对客观的一种认知或猜想。《探讨》难能可贵之处在于它并没有停留在对马克思、恩格斯等经典作家的词语解读层面，而是提出了社会主义制度下的价值生产模式，破解了这个百年猜想。

《探讨》提出的社会主义制度下的价值生产模式，主旨内容包括：①价值生产仍然表现为生产费用对效用的关系；②在既定劳动耗费下生产出最多最好的使用价值，是社会主义生产目的的具体体现；③科学、合理地配置社会劳动，减少劳动耗费，提高产品质量，是价值生产最大化的保障。

《探讨》中提出的这个社会主义价值生产模型，完美地解决了"恩格斯猜想"，也使长期困扰中国经济学界的一大难题得到化解。其实，今天我们讲的"又好又快"的发展，"质量是产品的生命"，等等，不都是该模式的深化和具体化吗？

四、价值生产模式的深化

为进一步阐发《探讨》中提出的社会主义生产价值模式，卓元先生1963年又在《江汉学报》第4期发表了长篇论文《关于社会必要劳动的几个问题》（以下简称《问题》）。

如果说《探讨》提出的是一个价值生产模式，那么《问题》则是对价值生产模式的各个模块的具体设计和论证。《问题》一文开篇就确定了"社会必要劳动是一切社会化经济共有的范畴"的观点。该观点的提出，事实上就确立了无论是资本主义社会，还是社会主义社会，只要是社会化大生产，不是自然经济条件下的小生产，社会必要劳动就都存在，个别的生产价值也就都决定于社会必要劳动时间这一硬约束条件。

《问题》对社会必要劳动时间涵义的阐释，也是非常精彩而到位的。卓元先生写到："严格说来，社会必要劳动时间只有一个统一的涵义，它调节着社会劳动在各个不同生产部门之间的分配，使社会生产和社会需要联系起来；它作为一个社会共同的尺度，衡量着社会上一切产品的劳动耗费，促进各个地区、部门和生产单位的劳动的节约。"

《问题》一文的结论是"社会必要劳动是评价社会主义一切经济活动效果的基础"，使我们一下子清楚了社会主义经济活动的考核尺度。正如卓元先生所说："社会主义生产目的是在既定劳动耗费下，取得最多的使用价值，以满足社会需要。因此，在社会主义生产中，严格劳动核算，注意和讲求经济活动效果，是发展社会主义经济的一个中心问题。"而"社会为了对社会主义的一切经济活动进行严格的监督和检查，督促人们努力提高经济活动的效果，就必须利用社会必要劳动作为评价社会上千差万别的经济现象的统一的基础。任何部门、地区和生产单位，不论它从事何种经济活动，不论它在活动中耗费了多少劳动量，最后都要经过社会必要劳动的衡量，来判明它实际上相当于多少社会劳动支出"。

第六章 二叩价值：巧解
"价值规律"谜题

当一种爱好变成执著时，要么成就一段非凡的成就，要么毁去一段美好的年华。所以，我们不能简单评判是成功者执著，还是失败者更执著。

一、价值规律：社会主义政治经济学皇冠上的明珠

什么是价值规律？开启百度搜索，光中文条目就有 90 万个；翻开任何一本政治经济学，它同样占据核心位置；考一考任何一个经济系学生，没有人不知道那个经典答案。其实，无论有多少种表述，但基本还是在马克思主义经典作家的表述上陈述。这就是价值规律吗？就是那个商品生产和商品交换的基本经济规律吗？按照马克思主义经典作家的表述，价值规律就是商品的价值量由社会社会必要劳动时间决定，商品按照其价值互相交换。

如此简单的问题，何以变得如此复杂和艰深？关键在于价值规律是市场经济制度下的规律，还是资本主义制度下的规律，或者社会主义制度下还有没有价值规律发挥作用的土壤。

20 世纪 50～70 年代的中国，正处在一个社会主义制度的艰难探索期，也是中国版《政治经济学》的草创期，一些在今天看似显而易见的问题，在那个时代却成了悬而未决、悬而难决的问题。在诸多关键问题中，价值规律是关键的关键，有社会主义政治经济学皇冠上的明珠之美誉。

价值规律之所以如此重要，可以从以下几个方面反映：

第一，社会主义生产是不是属于价值生产？如果不是，价值规律

则不发挥作用；如果是，价值规律一定会发挥作用。这个问题，从马克思主义经典作家那里找不到现成答案，从斯大林的《苏联社会主义经济问题》中也只看到一些似是而非的说法。如斯大林在《苏联社会主义经济问题》中，一方面肯定了社会主义商品经济和商品交换的必要性，肯定了价值规律是一个"很好的实践的学校"；另一方面又说"全民所有制内部交换的生产资料实质上不是商品，价值规律对社会主义生产只起影响作用、不起调节作用"。

第二，社会主义生产是不是社会化大生产？如果不是，价值规律当然不可能发挥主导的调节作用；如果是，价值规律就真的能够发挥主调节作用吗？关于社会主义是不是社会化大生产问题，争论不多，主导流观点认为，即使当时中国的社会主义生产还没有达到社会化大生产的程度，其目标也是要达到社会化大生产的。分歧最大的意见在于，调节社会化大生产的规律，也可以是有计划按比例分配社会劳动规律，而不一定是价值规律。

第三，社会主义生产目的是为了满足人们日益增长的物质需要，而这个需要是通过计划机关直接配置完成，还是必须通过市场间接完成？如果不需要市场，价值规律则很难起作用，如果需要市场，价值规律必然起作用。其实，后来有经济学家观察到，那些取消市场的社会主义经济体，也难以否定价值规律的作用，它会以"短缺"、"排队"、"降低质量"、"限购"等方式表现出来，更严重的情况还会发生"有计划按比例失调"的严重后果[①]。

由上可见，如果不解决价值规律在社会主义政治经济学中的地位的问题，这个"大厦"是无法建立起来的。

二、中国经济学界绵延 30 年的大争论

摘取皇冠上的明珠，哪个中国经济学人不热血沸腾啊。也正因为

---

① 匈牙利经济学家雅诺什·科尔奈，在其代表作《短缺经济学》中曾经有过精辟的分析。他认为，当一个经济体的生产、分配、流通和消费活动由计划而不是由市场发挥主调节作用时，人为的社会必要劳动配置失调，会逐步通过商品短缺和浪费体现出来，反映到现实生活中就是到处见到的"排队"、"限购"以及"黑市"等。

如此，我们才看到了一场有关价值规律问题绵延 30 多年、历经三代经济学家的大争论，看到一些人因为它而坐牢，甚至家破人亡，也看到一些人因为它而最终成为共和国发展的良谋，当然还看到一些人成为历史的陈迹。比如，孙冶方因为提出"千规律，万规律，价值规律是第一规律"的雄论而入牢狱 7 年；因从价值规律导出在社会主义条件下实行市场经济的顾准①，则两次被打成"右派"，备受折磨，妻离子散；因坚持并科学论证价值规律在社会主义制度下的作用的吴敬琏、张卓元等成为改革良谋，因歪曲价值规律作用的陈伯达②等人则成为历史的垃圾。

　　我入行在 20 世纪 80 年代中期，很多大的讨论或争论没有亲身体味，但从诸多存世文献和经历过那个时代师长们的谈话中，还是深刻地体会到摘取"皇冠上的明珠"之路的坎坷。

　　按照卓元先生与孙尚清③、陈吉元④合写的《试评我国经济学界三十年来关于商品、价值问题的讨论》（原载《经济研究》1979 年第 10 期）披露，仅从 1950～1979 年，关于价值规律的论文就发表了上千篇，出版了专著几十本，不同规格的研讨会开了上百次，1959 年和 1979 年还特别召开了两次大型全国性的讨论会。

　　在这 30 年大讨论、大争论中，基本可以分为五个时期。

---

　　① 顾准（1915～1974）：中国当代学者，思想家，经济学家，会计学家，历史学家。中国提出社会主义市场经济理论的第一人。1957 年他发表了《试论社会主义制度下的商品生产和价值规律》，第一次提出了在社会主义条件下实行市场经济。后来，他两次被打成"右派"，仍然坚持理想和信念不动摇。主要著作有《银行会计》、《初级商业簿记教科书》、《簿记初阶》、《股份有限公司会计》、《中华银行会计制度》、《所得税原理与实务》、《中华政府会计制度》、《社会主义会计的几个理论问题》、《试论社会主义制度下商品生产和价值规律》、《希腊城邦制度》、《从理想主义到经验主义》等，翻译作品有《资本主义、社会主义和民主主义》（约瑟夫·熊彼特）、《经济论文集》（琼·罗宾逊），文集有《顾准文集》、《顾准日记》、《顾准自述》等。顾准之所以受中国知识界的敬仰，不仅因其学问，更在于其卓尔不群的风骨和独立思考的精神。

　　② 陈伯达（1904～1989）：中国共产党内著名假马克思主义者，曾经做过毛泽东政治秘书达 31 年之久，也是"文革"期间四号人物。该人理论水平颇高，也颇具有欺骗性，经济学界几次惨剧多由其导演。

　　③ 孙尚清（1930～1996）：中国当代著名经济学家，曾任中国社会科学院副秘书长、院务委员、全国哲学社会科学规划领导小组成员兼秘书长、国务院发展研究中心主任等。主要著作有《经济与管理》、《中国经济结构问题研究》、《中国经济的新道路》、《孙尚清选集》、《新经济问题》（上、下卷）等。

　　④ 陈吉元（1934～2003）：中国当代著名经济学家，曾任中国社会科学院农村发展研究所所长。主要代表专著有《中国农村的变革与发展》、《乡镇企业模式研究》、《中国农业劳动力转移》、《中国农业化经济变迁》、《人口大国的农业增长》、《陈吉元选集》等。

第一时期是 1956~1957 年。卓元先生说，这个时期，社会主义三大改造①基本完成，斯大林政治经济学"用多种经济成份同时并存解释商品生产和商品交换存在的理论，受到现实经济生活的挑战。在经济学者面前出现了商品生产与商品交换同社会主义生产关系是否相容，商品生产同社会主义公有制和按劳分配的关系怎样，商品生产的基本规律——价值规律的作用有哪些变化和特点等需要研究和解决的重大理论问题"。

发起这次争论序幕的是薛暮桥②先生。暮桥先生 1956 年 10 月 28 日在《人民日报》上发表了《计划经济与价值规律》一文。这篇文章，第一次把现实和理论的冲突以理论探讨的形式表达出来，顿时引起经济学界的广泛关注和热烈讨论。

这次讨论，总的来说，占主流的观点基本还是斯大林在《苏联社会主义经济问题》中的观点。但在争论中，确实也出现了天才思想。卓元先生说，这次讨论最大的亮点是孙冶方和顾准的观点。孙冶方紧接着薛暮桥的文章，在 1956 年第 6 期《经济研究》上发表了《把计划和统计放在价值规律的基础上》，这篇文章观点鲜明而犀利。冶方先生认为，价值规律的基本内容和作用，即通过由社会平均必要劳动量决定价值来推动社会生产力的发展，以及调节社会生产或分配社会生产力等，在社会主义和共产主义社会都是存在的；只有在私有制度下的商品经济中，它是通过商品流通，通过市场竞争来起作用，来体现自己的，因而它是带着破坏性的；而在计划经济中，是应该由我们通过计算来主动地去琢磨它的。他强调，我们的社会主义经济发展计划必须以价值规律为基础。这样，他就把社会主义经济中价值规律的作用，提到了空前未有的高度，打开了人们认识这个问题的广阔视野。

① "三大改造"，是指新中国成立后，中国共产党领导的对农业、手工业和资本主义工商业的社会主义改造。社会主义三大改造的完成，实现了把生产资料私有制转变为社会主义公有制，使中国从新民主主义社会跨入了社会主义社会，我国初步建立起社会主义的基本制度。从此，进入社会主义的初级阶段。

② 薛暮桥（1904~2005）：当代中国杰出经济学家，首届中国经济学奖获得者，被誉为"市场经济拓荒者"，是新中国第一代社会主义经济学家和高级经济官员之一。著有《中国农村经济常识》、《中国社会主义经济问题研究》、《我国物价和货币问题研究》、《按照客观经济规律管理经济》、《当前我国经济若干问题》等。《中国社会主义经济问题研究》迄今是中国发行量最大、影响最深远的经济学著作。

另一个重大成果是顾准发表在 1957 年第 3 期《经济研究》上的《试论社会主义制度下的商品生产和价值规律》。这篇文章更加大胆，直接提出社会主义经济是计划经济与经济核算的矛盾统一体，价值规律是通过经济核算调节社会生产的。这种调节的最高限度的做法是："使劳动者的物质报酬与企业盈亏发生程度极为紧密的联系，使价格成为调节生产的主要工具。因为企业会自发地追求价格有利的生产，价格也会发生自发的涨落，这种涨落就实际上在调节着生产。同时全社会还有一个统一的经济计划，不过这个计划是'某些预见，不是个别计划的综合'，因此它更富于弹性，更偏向于规定一些重要的经济指标，更减少它对于企业经济活动的具体规定。"价值规律作为社会主义经济的基本规律的主张，可以说表露得直接而简洁。

当然，后来冶方先生、顾准先生也由此被斥为修正主义，并为此吃了无尽的苦头，则是后话。

第二时期是 1958～1959 年。这次讨论的背景，是在毛泽东提出了"破除迷信，解放思想"，总结自己的经验，批判地学习外国的情况下展开的。

关于这段时间的争论，卓元先生在《新中国经济学史纲（1949～2011）》（中国社会科学出版社 2012 年版）中有过详细表述。特别是1959 年 4 月举行的全国经济理论讨论会，主题就是商品生产和价值规律。经过会前会中和会后讨论，逐渐形成了七个比较有代表性的观点：

一是补课论。中国还是个商品生产很不发达的国家，商品经济不是多了，而是少了，没有充分的商品经济发展，就难以发展起与社会主义生产关系相适应的生产力。持这种观点的代表性人物是许涤新[①]先生，他在《论农村人民公社后的商品生产和价值规律》（《经济研究》1959 年第 1 期）中说：中国 80% 以上的人口在农村，过着自给自足的生活，所以"就农村人民公社来说，除了要发展同国家或其他公社进行交换的商品生产之外，其内部各单位之间也要发展商品生产和商品

---

① 许涤新（1906～1988）：中国当代著名经济学家，曾任中国社会科学院副院长、经济研究所所长。主要著作有《中国经济的道路》（1946 年）、《官僚资本论》（1946 年）、《政治经济学辞典》（上、中、下册，主编，1980～1981 年）、《生态经济学探索》（1985 年）。

交换"。

二是普适论。于光远先生在《关于社会主义制度下商品生产问题的讨论》（《经济研究》1959 年第 7 期）中说，"商品交换一般"的概念应该理解为在交换中比较产品所包含的社会必要劳动，实行等量劳动与等量劳动交换原则的交换方式。进入这种交换的产品就是商品。因此，社会主义制度下两种公有制之间的交换、国营企业与国营企业之间的交换以及社会与个人之间的交换都是商品关系。由此标准判断，从原始社会到社会主义社会，都存在商品生产，价值规律都发挥着重要作用。

三是关系论。这种观点的代表人物是"郑经青"[①]，他在《对于社会主义制度下价值规律问题的几点意见》（《经济研究》1959 年第 4 期）中认为，在社会主义各种交换关系中，都要承认和尊重价值规律的作用，坚持等价交换。特别是在处理同集体所有制的经济关系时，在国家和公社之间，在公社内部各级之间，必须反对"一平二调"，实行等价交换，计价算账。同时，要承认价值规律对集体所有制经济起调节作用。在指导集体经济的生产和安排交售任务时，都必须考虑这种调节作用。

四是核算论。这种观点来源于毛泽东 1959 年 3 月针对"一平二调"等"共产风"提出的价值规律是个大法则，算账才能实行那个客观存在的价值法则，"这个法则是一个伟大的学校，只有利用它，才有可能教会我们的几千万干部和几万万人民，才有可能建设成我们的社会主义和共产主义"。

五是服务论。薛暮桥在《社会主义制度下的商品生产和价值规律》（《红旗》1959 年第 10 期）中说，必须充分利用价值规律的作用，为社会主义计划经济服务。价值规律可以被国家利用来作为制订国民经济计划的依据之一；可以被利用来影响某些产品的生产和销售数量，作为计划调节和达到供需平衡的补充手段；可以被利用来组织经济核算，提高经济活动效果；可以被利用来作为分配和再分配国民

---

① "郑经青"实际是一个研究小组的共用笔名，即中国科学院经济研究所政治经济学组青年研究人员的简称，核心成员是吴敬琏、张卓元和陈吉元。这个笔名发表过很多文章。

收入的工具。

六是兼容论。这种观点认为，价值规律和国民经济有计划按比例发展规律并不是互相排斥、此消彼长、一兴一灭的，国家在组织经济活动包括制订计划时，既要充分考虑有计划规律的作用，也要充分考虑价值规律的作用。因为在实际生活中，这两个规律是同时发生作用的。只要某种经济规律有它赖以存在的经济条件，它就要发生作用，绝对不会因为其他经济规律存在就不发生作用。

七是客观论。这种观点认为，既然价值规律是客观经济规律，因此，价值规律本身无所谓积极作用和消极作用，只能说，在什么条件下价值规律发生作用的后果对我们有利，在什么条件下对我们不利。同时，价值规律本身也无所谓自发起作用和自觉起作用的区别。规律是客观的，永远自发地发生作用。区别只在于我们是否认识它以及有没有条件利用它的作用来达到预定的目的。

第三时期是 1961～1965 年。1958 年后"三面红旗"① 受到严重挫折，国民经济到了崩溃的边缘。在这样困难的情况下，中共中央制定了"调整、巩固、充实、提高"的方针，对否定和压制市场作用的做法开始松动。相应地，经济理论界有关价值规律的探讨也进一步活跃，讨论的内容也从第二时期的要不要价值规律，深化到怎样发挥价值规律的调节作用。

该时期最具代表性的成果，仍然是孙冶方的《社会主义计划管理体制中的利润指标》（参见人民出版社 1979 年出版的《社会主义经济的若干理论问题》）。冶方先生在这篇文章中，明确指出："利润的多少是反映企业技术水平和经营管理好坏的最综合的指标"，利润正是一个价值指标，它是人们自觉利用价值规律管理企业的表现。当时卓元

---

① "三面红旗"是指 1958 年中共中央提出的社会主义建设总路线、"大跃进"和人民公社，在 1960 年 5 月以前曾被称作"三个法宝"，5 月以后又称为"三面红旗"。历史的检验已经证明，"三面红旗"是"左"的指导思想的体现，不是引导我国社会主义建设走向胜利的旗帜和法宝。在总路线指导下发动的"大跃进"和人民公社化运动，不但给我国经济建设和人民生活带来了严重困难，而且还损害了党的建设。

先生和桂世镛①、何建章、项启源②参与与冶方先生这一研究报告的观点讨论，并赞同冶方先生的观点，当然后来也难逃被批判的命运——在那个一切强调政治挂帅的时代，岂有利润挂帅的容身空间！

第四时期是1966~1976年。这个时期完全处在"文化大革命"的暴风骤雨之中，关于价值规律的讨论也完全走上了另一个极端。当时主流意识形态完全否定社会主义商品生产和价值规律，认为商品生产就是资本主义所独有的，只要搞商品经济就会导致资本主义复辟，所以必须坚决消灭商品生产和商品交换，割掉"资本主义尾巴"。即使在实在无法否定价值规律作用的情况下，当时的主流观点也认为"价值规律只是参考和加以利用的，它不是我们制订价格的出发点"③。

第五时期是1976~1982年。这个阶段有三个重要背景：一是"四人帮"被清除；二是邓小平复出；三是中共十一届三中全会拨乱反正、改革开放。随着政治的清明，经济理论界的"牛鬼蛇神"逐步得到解放，有关价值规律的讨论重新活跃起来。

这个时期的开篇之作是胡乔木④1978年10月6日发表在《人民日报》上的《按照客观经济规律办事，加快实现四个现代化》。胡乔木说："在社会主义条件下，商品生产和商品流通将继续长期存在，在我国还需要大大发展，价值规律在经济生活中仍然起不可缺少的作用。

① 桂世镛（1935~2003）：浙江湖州人，中国当代著名经济学家。1956年9月至1969年11月任中国科学院经济研究所助理研究员。曾任国家计委委员兼计划经济研究所所长、人民日报社副总编辑、国务院研究室副主任、国家行政学院副院长、国务院研究室主任、党组书记。桂世镛多年来参与了党中央、国务院有关重要文件和报告的起草。他笔耕不辍，在政治经济学体系研究、宏观经济管理、经济体制改革和人力资源开发等方面做出了重要贡献，有很高的理论水平、政策水平、文字水平，在经济理论研究和经济管理实践方面成绩显著，在经济界、理论界和社会上具有广泛影响。

② 项启源（1925~ ）：祖籍浙江杭州。中国当代知名经济学家。1959年到中国科学院经济研究所工作，1978~1982年任中国社会科学院经济研究所《经济研究》编辑部副主任、主任，1982~1985年任经济研究所副所长。曾兼任中国经济规律研究会会长，中国生产力经济学会副会长，中国城市发展研究会秘书长，中国地方志指导小组成员，中国大百科全书经济学卷编委，孙冶方经济科学奖励基金评奖委员会委员，北京师范大学经济系教授，山东大学经济系教授。

③ 此话来源于马天水1975年6月在讨论原上海市委写作组编写的《社会主义政治经济学》时的发言。马天水（1912~1988）：原中共上海市委书记（1962年11月至1967年1月），江青反革命集团在上海的重要案犯。

④ 胡乔木（1912~1992）：曾任毛泽东秘书、中国社会科学院首任院长等，马克思主义理论家、政论家和社会科学家。主要著作有《中国共产党的三十年》、《胡乔木文集》、《关于人道主义和异化问题》，诗集《人比月亮更美丽》等。

我们在制订和执行计划的过程中，一定要利用价值规律，反映价值规律的要求，一定要求所有企业（包括国防工业）严格实行时间节约，不断争取劳动耗费、物资耗费（即所谓'物化劳动'的耗费）和经济效果的最优比例，严格进行经济核算，努力降低单位产品的成本，努力提高劳动生产率和资金利润率，否则就会给社会主义事业造成很大的损失和混乱。"

这期间，讨论的高潮发生在 1979 年 4 月在江苏省无锡市举行的全国第二次经济理论讨论会上。这次会议的主题是探讨社会主义制度下价值规律的作用。这是"文革"后经济学家的大聚会。参会人员超过了 300 人，当时最负盛名的经济学家薛暮桥、孙冶方均参加了这次会议并作大会发言，与会人员提供论文上百篇，提出了许多具有深远影响的理论观点。

此期间最具有代表性的成果包括：张卓元与孙尚清、陈吉元提出了社会主义经济是商品经济的论断，充分肯定了社会主义经济中市场调节和竞争的作用（参见《社会主义经济的计划性与市场性相结合的几个理论问题》，《经济研究》1979 年第 5 期）；蒋一苇[①]在其撰写的《企业本位论》（《中国社会科学》1980 年第 1 期）中指出，企业是独立的或相对独立的商品生产者和经营者，主张逐步扩大企业的自主权；等等。

三、卓元先生的"价值规律"解

从上述经济学界的论战中可以发现：价值规律既是一个长盛不衰的话题，又是长期难以解决的难题。面对这个老问题、难问题，卓元先生是如何破解的呢？

从卓元先生有关价值规律问题研究的文献看，除了 1954 年的那篇试水之作外，写于 1961～1982 年的五篇论文，已经对"价值规律谜题"给出了一个比较完美的答案。

首先，我们看卓元先生对价值规律在社会主义制度下作用的破解。

[①] 蒋一苇（1920～1993）：中国当代著名经济学家，"企业本位论"创立者，曾任中国社会科学院工业经济研究所所长，中国社会科学院 1996 年设立"蒋一苇企业改革与发展学术基金奖"。

在经过近 20 年的研究、沉淀之后，1981 年 10 月至 1982 年 8 月，卓元先生先后完成了有关价值规律的两篇大作，即《社会主义经济中价值规律的作用》和《处理好计划经济与价值规律的关系，走发展国民经济新路子——探索讲求经济效果的计划经济模式》。这两篇重要论文既有深厚的理论分析，又有详实的数据以及案例证明，所得结论令人信服。这两篇论文明确指出：价值规律在社会主义经济中的调节作用表现在——一是对社会主义商品流通起调节作用；二是对社会主义生产也起调节作用。这样把价值规律的作用细分到不同经济环节并给出相应的证明研究成果，对后来流通领域和生产领域的放权改革起到了直接的影响。

其次，我们看卓元先生对价值规律作用如何操作的破解。在《降低成本和提高盈利是社会主义企业经济核算的具体要求》（《经济研究》1961 年第 11 期）、《略论社会主义经济中的利润》（与邝日安合作，载于《经济研究》1978 年第 7 期）和《讲求经济效果就必须尊重价值规律——学习《资本论》的一点体会》（1982 年）三篇论文中，卓元先生直接提出了重视价值规律作用，微观上必须加强对企业经营成果的考核和企业经济核算，抓住"利润"这个牛鼻子。同时对经济体制改革也提出了相应的要求，即：一要制订合理的价格体系，使价格能比较准确地评价劳动及其成果；二要使税收成为合理调节利润水平的工具；三要在实行资金有偿使用原则的同时，用资金利润率作为考核经济效果的综合指标，使具有不同技术装备水平的行业和企业，处于经济的上同等地位。换言之，在很多经济学家还在讨论社会主义要不要价值规律时，卓元先生已经给出价值规律发挥作用的操作路径和实现条件。

最后，还有一点非常值得称道，就是卓元先生破解"价值规律之谜"用的是巧劲，不是蛮力。读过卓元先生有关价值规律问题文章的人一定有这样的感觉：讲理论时不枯燥、不牵强，讲实际时不夸张、不生硬。单纯的本本主义，只会食古不化，其中很多价值规律研究者都是死抠马克思主义经典作家的语句，甚至断章取义，结果得出的结论与现实生活相差甚远，以致贻笑大方；单纯的经验主义，只会就现象论现象，看不到问题的本质，结果得出的结论肤浅甚至浅薄，不具有普遍价值。因此，在那个"敌人反对的我们就拥护，敌人赞成的我们就反对"，"宁要社会主义的草，不要资本主义的苗"的时代，卓元先生的破解之道可谓便捷之径。

第七章 三叩价值：冲破 "马克思生产价格谜局"

🌓都说真理往往掌握在少数人手里，可握着真理的手常常被握着大棒的手打折。因此，一个进步的社会，决不会轻易把别人的手打折，哪怕他的手里握着的不是真理，而只是普通的黄沙。

熟悉马克思主义经济学价值理论的人都知道，价值领域有三座珠穆朗玛峰，一曰价值决定，二曰价值规律，三曰生产价格。这些问题，在资本主义条件下，已经不是问题，但是在 20 世纪 50 ~ 80 年代的中国，就统统成为了大问题，即这些 "峰峦" 是不是早已被社会主义熔掉，还是依然有存在的根基？或者不但没有被熔掉，反而更加高大、坚硬？当价值决定与价值规律在社会主义制度下依然存在并是客观规律的秘密被包括卓元先生在内的那个时代的中国经济学家艰难攻克后，"生产价格" 还是横亘在面前的一座险峰。本章所记述的就是这段中国经济学的辉煌史和辛酸史。

一、生产价格：马克思留给社会主义实践者的谜局

1. 什么是生产价格？

当下的《政治经济学》对生产价格一般做如此表述："商品的生产价格，就是由部门平均生产成本和社会平均利润构成的价格，是价值的转化形式。生产价格形成后，市场价格将围绕生产价格而上下波动，这只是价值规律作用形式的变动，而不是对价值规律的否定，因为社会商品的生产价格总额等于商品价值总额。"

其实，在马克思提出生产价格概念之前，A. 斯密就说过与价值不同的 "自然价格"。斯密观察到，具有相同价值的商品，在市场上表

现出的价格并不总是相同的，有时甚至相差很大，甚至出现价值低的商品价格高于价值高的商品价格的情况。对此，斯密将这种由市场这只"看不见的手"自发反映出的价格称为"自然价格"。"自然价格"为什么不等于甚至很少等于"价值"？价值在决定商品价格中还起决定性作用吗？可惜的是，斯密没有给出合理的解释，仅仅以"自然价格"敷衍过去。

古典经济学的另一巨匠 D. 李嘉图，也曾经循着斯密的路径来到"生产价格"峰峦下。到李嘉图时代，大英帝国的资本主义经济已经相当发达，国内、国际贸易骤增，来自不同经济体的同类商品价格差异巨大，几乎难以找到商品价格与劳动价值的相关性。李嘉图对这种价格表现形式，先后使用过"生产价格"、"生产成本"和"费用价格"等。由于无法解释价格与价值的内在关联机制，这位古典经济学大师所精心构筑的经济学体系终因在坚持劳动价值与无法解释平均利润及生产价格的困顿中崩塌。在马尔萨斯①等人的步步紧逼下，李嘉图只好宣布生产价格是"对价值规律的修正"，由此也宣布了古典经济学体系的失败。

马克思撰写《资本论》第一卷时，同样遇到了这座险峰的阻挡。因为马克思是一个劳动价值论的绝对信奉者，所以当他遇到生产价格时也的确颇费思量。不愧为千年首推的伟大思想家，马克思从资本主义经济运行实践中，还是找到了生产价格的答案——生产价格只是价值的转化形式。就像漫天飞舞的蝴蝶，难道就不是毛毛虫变的吗？不仅昆虫有卵、虫、蛹、蝶四态之变，价值也有诸多转型。

马克思说，价值转化为生产价格后，商品就不再按照价值，而是按照生产价格来进行交易。此时，价值规律也就以生产价格规律的形式发挥作用，商品的市场价格的规定也就不再以价值为基础，而是以生产价格为基础，并随着市场供求的变动，围绕着生产价格这个中心

① 马尔萨斯：18～19世纪英国著名人口学家和政治经济学家。早期曾经专门攻击李嘉图理论体系，并找到其体系的致命缺陷，导致其破产。马尔萨斯最著名的学术成就是人口论，同时也被称为宏观经济理论的先驱，其思想深深地影响了宏观经济学之父约翰·梅纳德·凯恩斯。我们从凯恩斯最著名的著作《就业 货币 利息通论》中仍然能够感受到马尔萨斯的影响。

上下波动。从全社会来看，尽管生产价格是经常变动的，但它最终要以商品价值为最终界限，从而生产价格总额会等于商品价值总额。

马克思这一科学之解，既破解了"李嘉图困境"，又对商品生产与商品交换的价格形成给出了计量方法——生产价格等于生产商品的平均成本与平均利润之和。即：求出不同生产部门的不同利润率的平均数后，将其加到不同生产部门的成本价格上形成的价格，就是生产价格了。

2. "马克思生产价格谜局"的形成

马克思关于生产价格的科学解答，在五大约束条件存在的情况下才能成立。第一个约束条件是普遍存在商品货币关系，市场经济是一个经济体的主体经济特征；第二个约束条件是企业为利润生产商品，而不是为使用价值生产商品；第三个约束条件是部门内部以及部门之间存在普遍竞争，资本会在不同部门间自由流动；第四个约束条件是价格由市场决定而不是由垄断者确定；第五个约束条件是保护知识产权，允许一定期间的技术垄断以及垄断利润存在。

从马克思以及其后的资本主义社会看，尽管资本主义发生了若干次嬗变，如从自由资本主义到垄断资本主义，直至民主资本主义，但究其实质，马克思关于生产价格成立的五个约束条件都存在，因此马克思的论断也没有问题。

20世纪50～70年代的中国，是不是满足上述生产价格五个约束条件呢？苏联当时也没有给出现成的答案，马克思也没有给出过答案。特别是受斯大林《苏联社会主义经济问题》的影响，当时的主流观点认为商品货币关系被看作逐步消灭的事物，企业生产的目的也不是为利润生产而是为了更好地满足人民群众日益增长的物质文化需要，是为使用价值而生产。受此影响，当时的主导做法也是"一大二公"、"一平二调"、"共产风"，很多企业不搞核算、不计成本等。由此，很多人认为，社会主义社会由于消灭了剥削，还将消灭商品货币关系，价格完全可以按价值确定，不存在马克思讲的"生产价格"问题。或者说，生产价格完全是一个资本主义社会特有的范畴，社会主义不存在其生存的土壤。

由此，"马克思生产价格谜局"正式形成，生产价格也成了研究的禁区。

二、孙冶方麾下三大骁将担纲智破"马克思生产价格谜局"

1. 引子

社会主义到底存不存在生产价格问题？如果存在，自然就要承认利润，就要重新考虑商品定价原则等。20 世纪 60 年代中前期，正是孙冶方主政中国科学院经济研究所时期，也是各种学术活动很多，各种研究成果不断奔涌的时期。据卓元先生回忆，早在 20 世纪 50 年代中后期，冶方先生就在思考生产价格问题，曾经多次在中国科学院经济研究所内部谈到：制定产品价格，要以生产价格（产品部门平均成本加按平均资金利润率确定的利润额），只是因时间紧张以及思考还不成熟，一时之间还没有形成系统性论文（冶方先生的系统性论文形成于 1964 年 8 月，题目是"在社会主义再生产问题座谈会上关于生产价格问题的发言提纲"）发表。

当时对冶方先生提出的社会主义生产价格理论观点，中国科学院经济研究所内部意见并不统一，赞成者有之，反对者也大有人在。此时，冶方先生麾下三大骁将杨坚白[①]、何建章[②]、张卓元分别著文，第一次系统地论证了社会主义生产价格理论，打破了马克思设下的百年谜局。

在冶方先生的鼓励下，坚白先生率先著文，他在《经济研究》1963 年第 12 期发表了《国民经济平衡和生产价格问题》这篇有关生产价格理论的发轫之作。坚白先生的论文很长，约 18000 字。据他的

---

① 杨坚白（1911～2004）：中国当代著名经济学家、统计学家，原中国社会科学院经济所研究员。20 世纪 60 年代任中国科学院经济研究所综合平衡研究组组长。杨坚白是新中国成立以来长期活跃于经济学理论前沿的少数几位著名经济学家之一。其主要学术成就集中在宏观经济理论、统计学理论、生产价格理论和经济改革理论等方面。主要著作有：《统计理论基本问题》、《统计学理论研究》、《国民经济综合平衡的理论和方法论问题》，主编《社会主义社会国民收入的若干理论问题》。

② 何建章（1926～2004）：中国当代著名马克思主义经济学家，曾任中国社会科学院经济研究所和社会学研究所所长。

大弟子杨圣明①先生讲，仅这篇论文，当时坚白先生就获得 600 多元稿费。600 元是个什么概念呢？当时，毛泽东、刘少奇、周恩来、朱德等少数几个党和国家领导人的月薪大约 400 元，一个大学本科毕业生月薪约 50 元。坚白先生拿到这样一大笔稿费，用其中的 200 元请了三大桌客。估计饭菜相当可以，不然圣明先生不会记忆犹新的。

紧接着何建章、张卓元在《经济研究》1964 年第 5 期上发表了《试论社会主义经济中的生产价格》。这篇文章也不短，大约 15000 字，估计稿费也有几百元。不过，这是两个作者平分。何先生与卓元先生大约没有请客，因为至今没人回忆饭菜的味道啊。当时，这篇文章发表后的很长时间内，人们一直以为卓元先生是个小女子，因为他临时改用了"张玲"这个非常女性化的笔名。至于卓元先生为什么使用"张玲"这个名字，我没有细问过，当然更不能臆测。不过，我们知道毛泽东在延安时曾经称赞过一位大名鼎鼎的女士——丁玲②为"昨天文小姐，今日武将军"。卓元先生取名"张玲"是不是也有做"武将军"的豪气呢！

2. 杨坚白文之观点

用坚白先生自己的话讲，"二十年前，我写过一篇有关生产价格问题的文章，发表后遭到广泛批判。……我对价格问题素无研究，当时，只是想从宏观经济的角度对价格形成的基础作一尝试性探讨，看看什么样的价格才符合国民经济综合平衡的要求"。③ 因此，坚白先生的这篇论文是从国民经济平衡需求角度推演出社会主义生产价格的。尽管如此，作为发轫之作，理论价值还是非常高的。坚白先生的论述是从

① 杨圣明（1939～）：中国当代经济学家，中国社会科学院学部委员，曾任中国社会科学院研究生院副院长、中国社会科学院财贸经济研究所所长。主要学术专著有《国民经济有计划按比例发展规律概论》（与张守一合写）、《中国消费结构研究》、《当代中国经济》（与杨坚白、李学曾合写）、《中国式消费模式选择》（独著）等。

② 丁玲（1904～1986）：原名蒋伟，湖南临澧人。中国当代著名作家、社会活动家。代表作为《太阳照在桑干河上》，曾获斯大林文艺奖金。毛泽东 1936 年 12 月曾经为丁玲专门写过一首《临江仙·给丁玲同志》的词，内容为"壁上红旗飘落照，西风漫卷孤城，保安人物一时新。洞中开宴会，招待出牢人。纤笔一枝谁与似？三千毛瑟精兵，阵图开向陇山东。昨天文小姐，今日武将军！"

③ 杨坚白先生关于生产价格的阐述，总共发表过三篇论文，除上述提到的引起巨大争议的论文外，又分别在《经济理论与经济管理》1984 年第 3 期和 1986 年第 2 期上发表了《再论社会主义经济中的生产价格问题》、《三论社会主义经济中的生产价格问题》，合称杨氏三论。上述观点引自第二篇论文。

国民经济平衡的需求和后续求证两个方面展开的。他说——

"在国民经济综合平衡中，必须运用社会总产品和国民收入这样的综合性指标。"

"我个人完全同意这样一种看法：不同的使用价值是不可能直接计量、比较的，惟有借助于货币表现的价值量把单位使用价值间接地反映出来，而不同的单位使用价值的价值量的总和，也就间接地代表着使用价值量的总和。"

"我们的结论是：惟有价格是接近价值的，或者说是接近实际社会劳动消耗的，然后制定出的国民经济平衡计划才可能是准确的；最优计划方案的选定才可能是有科学根据的。当然，价格要接近于价值，以及等价值的交换，都不过是相对的，而且在国民经济平衡中，价格的杠杆作用，也是不容忽视的。"

价格之于国民经济综合平衡如此重要和必要，那么什么的价格才是更符合需要的呢？坚白先生继续说——

"社会主义的产品价格依以确定的价值或社会必要劳动，究竟指的是什么，却有各种不同的认识。如所周知，产品价格由物化劳动消耗、必要劳动消耗和剩余劳动三部分构成。前两部分构成成本价格，这是比较容易确定的。争论的焦点，在于剩余劳动如何分配。概括起来，这种不同认识，可以分为三大类：一种是主张按原始的价值规定价格，即产品成本加按活劳动支出的赢利率计算的利润；一种是主张按成本赢利率规定价格，即产品成本加按成本赢利率计算的利润；另一种是主张按资金赢利率规定价格，即产品成本加按垫支资金赢利率计算的利润，亦即所谓生产价格。此外，还有主张按成本赢利率结合资金赢利率规定价格的，实质上是认为二三两种主张的结合……我是持有第三种主张的。我认为在社会主义社会，只有生产价格才能比较准确地确定国民经济发展的规模、水平、速度和比例，核定经济效果，并正确处理各种经济关系。"

在50年后看这些观点，似乎是平淡无奇或者天经地义的。但在50年前，这些观点无疑于石破天惊。更为重要的是，坚白先生没有简单地把自己停留在一个生产价格需要者或附和者的层面，而是条分缕析地对社会主义生产价格给出相应的证明。

坚白先生强调："社会主义经济是社会化的大规模经济，它是以劳动的高度社会结合、社会分工的深化和社会生产各部门间的紧密联系为特征的。……所有这些，不正是表明以生产价格为依据的价格形成，是内在于社会主义经济本身的客观要求吗？"

3. 何建章、张卓元文之观点

如果说坚白先生的论文打的是"前哨战"，那么建章先生与卓元先生则打的是"攻坚战"。

何、张两位年轻经济学家（当时何建章38岁，张卓元31岁）没有像坚白先生那样迂回和间接，而是直奔主题，展开了对社会主义生产价格缜密而科学的论证。这一点，从论文的题目"试论社会主义经济中的生产价格"就可以一目了然。

卓元先生他们这场攻坚战打得漂亮，字里行间都闪烁着天才思想的光芒。我对这篇论文读过很多遍，总是常读常新，在分享着作者思想快乐的同时，也庆幸中国有这样的经济学家。

《试论社会主义经济中的生产价格》的核心是两部分，第一部分论证的是"社会主义经济中存在生产价格的客观必然性"，第二部分阐述的是"社会主义经济中利用生产价格的积极作用"。

在论文一开始，卓元先生他们就开宗明义，"我们认为，在社会主义制度下，价格应当直接以生产价格为基础。这是由社会主义经济中的物质技术和社会主义生产关系的特点决定的"。

在论证到社会主义经济中存在生产价格的客观必然性时，他们说："社会主义经济中生产价格的形成，是受物质技术条件（主要是对劳动者的物质技术装备程度）在社会主义生产过程中起着日益重要的作用和社会主义社会化大生产的经济条件制约的。"

针对第一假设，卓元先生他们给出了明确的证明：

物质技术条件在社会主义生产过程中的具体作用，主要表现在以下几个方面……在部门内部不同企业之间，物质技术条件的好坏，直接制约着它们的劳动生产率的高低，制约着同量劳动支出所创造的使用价值是较多还是较少；在不同部门之间，对劳动者物质技术装备程度提高的快慢，则直接制约着该部门的劳动生产率的增长速度；从整个国民经济来看，如果物质技术条件较好，那么整个社会劳动生产率水平就较高，如果物质技术条件改善较快，那么整个社会劳动生产率就增长较快。

物质技术条件，表现在价值形式上，就是产品的资金占用量，或单位产品的资金占用系数。……因此，在按价值制定价格的情况下，在不同生产部门之间，物质技术条件对社会经济发展的作用，将不能在经济上得到承认……为了在经济上承认物质技术条件在社会主义经济中的作用，要求价值转化为生产价格，以便通过生产价格使国民经济各部门创造的剩余产品，不是完全按照各部门活劳动耗费的多少，而是按照各部门的物质技术条件，即资金占用量的多少，进行分配。这样，物质技术条件较好、资金占用量较多的部门，将获得较多的利润，体现了社会承认这些部门在提高社会劳动生产率方面的贡献。

针对社会主义社会化大生产对生产价格形成的制约作用这个假设，卓元先生他们的证明同样有理有据。

所谓社会化生产，通常指劳动和生产是在社会范围内组织起来的，在整个国民经济各部门之间，在每一部门内部各生产单位之间，都发生着纵横交错的、千丝万缕的联系。

在社会化大生产条件下，任何产品的社会必要劳动消耗水平，任何部门的必要劳动和剩余劳动的比例，都直接或间接地同其他生产部门的劳动生产率有关；任何产品社会劳动消耗水平的降低，任何部门剩余产品的增加，都是同其他部门产品社会劳动消耗水平的降低有关的；而全社会劳动生产率的提高，产品社会劳动消耗水平的降低，剩余产品率的提高，则是同全社会所有生产部门物质技术基础的提高、基本建设投资的增加分不开的。这就要求社会在通过价格评价各种产品的时候估计到这种情况。

在社会主义经济中，物质技术条件和社会化大生产在生产过程中的作用都要求在价格上得到体现。

卓元先生他们不仅论证了社会主义生产价格的科学性，更难得的是，他们还对其具体作用给出了相应的证明。

在社会主义制度下，生产价格对于整个国民经济的发展具有重要的积极作用。这主要表现在：第一，生产价格有利于扩大再生产的顺利进行；第二，生产价格能够把生产单位的经济效果同社会的经济效果结合起来，从而有助于人们合理地选择生产和投资方案，提高经济效果；第三，生产价格有利于促进企业、部门和整个国民经济采用新技术，从而有利于技术进步，提高劳动生产率；第四，生产价格既然排除了各部门资金有机构成和周转速度上的差别对利润率的影响，保证同额资金获得同额利润，就提供了评比不同部门、不同企业经营管理水平的一个综合性指标——资金利润率，从而有利于正确处理不同部门和不同企业之间的关系；第五，按生产价格定价，以资金利润率为衡量各部门与企业经济活动效果和经营管理水平的综合指标，有利于促进各部门、各企业努力节约劳动耗费，节约占用的生产资金，既关心提高劳动耗费的效果，又关心提高资金占用的效果，力求消耗最少的劳动和占用最少的资金，来取得最大的经济效果。

综上，我们欣喜地看到，关于生产价格在社会主义是否依然存在以及发挥何种作用的"马克思生产价格谜局"被破解了！

三、"重大科研成果"乎？"大毒草"乎？

从坚白先生的前哨战，到何、张的攻坚战，再到冶方先生的收官战，社会主义生产价格理论基本确立，"马克思生产价格谜局"基本告破。然而，在几位经济学家喘息未定之时，一场暴风骤雨式的大辩论和大批判如烈火般在大江南北爆发。从目前查到的文献看，当时很多主流经济学家都参与了辩论或批判，直至"文革"爆发，成果贡献者被打倒，此事才算平息。

辩论和批判主要集中在 1964 年和 1965 年这两年，核心学术期刊主要是《经济研究》、《学术月刊》、《学术研究》、《中国经济问题》、《江汉学报》、《前线》，几乎囊括了当时所有经济学期刊，甚至连《文史哲》这样的非经济学期刊也发文批判，可见一时"盛况空前"。下面，我循着时间脉络，与读者一同回顾一下"重大科研成果"是如何被诬成"大毒草"的过程。①

整个风暴过程可以分为两个阶段，即 1964 年以辩论为主，1965 年则以批判为主。

1. 山雨欲来风满楼：1964 年对生产价格论的大辩论

据我不完全统计，仅 1964 年半年左右的时间，《经济研究》就刊发了五篇辩论性论文和一篇报纸文章摘要，密度之大，极为罕见。

第一篇辩论文章是《生产价格不能成为社会主义价格形成的基础》（《经济研究》1964 年第 4 期）。这篇文章主要是针对坚白先生的文章提出的不同意见，尽管观点和论据难以站得住脚，但基本还是非常学术化的一种讨论。该文不承认社会主义社会存在价值转型问题，自然就不承认生产价格问题，相应的结论认为生产价格是资本主义生产关系的产物，而不是社会化大规模经济条件的产物。对于该文的相关观点，卓元先生他们在其论文中已经做了有力的批驳，不予赘述。

第二篇论文同样发表在《经济研究》（1964 年第 6 期）上，名为《也谈社会主义制度下价格形成的基础问题》。这篇文章虽然仅比何、

---

① 这个时期参与有关生产价格论辩论和批判的反方人士非常多，很多是当时就已经是非常著名的经济学家，也有一些后来成长为著名经济学家的。这些人士按参与时间先后顺序主要包括：（1）戴园晨（1926～）：中国当代著名经济学家，2006 年 8 月被中国社会科学院推选为荣誉学部委员。主要论著有：《过渡时期的国家税收》、《社会主义宏观经济学》、《中国价格问题探索》、《中国经济体制改革的模式研究》、《不宽松的现实与宽松的实现——双重体制下的宏观经济管理》、《经济决策研究》、《并非自由的选择——改革时期的通货膨胀及其对策》、《中国经济新论》等。（2）林兆木（1936～）：中国当代经济学家，曾任国家和发展改革委员会宏观经济研究院副院长。主要著作有：《市场经济体制宏观调控的国际比较》、《跨世纪的发展思路研究》等。（3）吴树青（1932～）：中国当代经济学家，曾经任北京大学校长（1989 年 8 月至 1996 年 8 月）。主要著作有：《经济改革名词解释》（副主编，1981～1985）、《政治经济学常识》（1981）、《政治经济学入门》（主编，1982）、《社会主义经济理论专题讲座》（参加编写，1982）、《中国社会主义建设》（1986）、《略论股份经济》（1986）、《模式·运行·调控》（主编，1987）。（4）王亚南（1901～1969）：中国当代著名的经济学家和教育家，中国《资本论》首译者，长期担任厦门大学校长，中国马克思主义经济学史开拓者，一生著译 41 部，文章 300 余篇，有着广泛而深远的影响。（5）漆琪生（1904～1986）：中国当代著名经济学家，曾经担任复旦大学经济研究所所长，经济系主任。主要著作有：《我国过渡到社会主义社会的步骤问题》、《社会主义基本经济规律在我国过渡时期的作用》、《资本的循环和周转》等。（6）张培刚（1913～2011）：中国当代著名经济学家，发展经济学的奠基人。主要著作有：《清苑的农家经济》、《广西粮食问题》、《农业与工业化》、《宏观经济学和微观经济学》（合著）、《发展经济学通论第一卷 农业国工业化问题》、《新发展经济学》（主编）、《发展经济学与中国经济发展》（主编）、《微观经济学的产生与发展》、《中国粮食经济》等。（7）胡昌暖（1930～1992）：中国当代经济学家，主要著作有：《价格学》、《生产领域价格概论》、《价格学原理》等。其中，《价格学》是我国第一部深入系统地阐述社会主义价格理论和价格政策的著作，奠定了价格学体系基础，出版后即引起较大影响，成为许多高校和物价部门的教材，对推动价格理论的发展起了重大作用。

张的论文滞后一期，但针对性非常强，并直接把批驳的对象定位为杨坚白、何建章、张玲（即张卓元）。这篇文章几乎逐一批判了杨、何、张的观点，只是没有什么新意，无外乎是"社会主义制度下价格形成的基础是商品的社会价值，也就是商品的部门平均价值"；"生产价格是资本主义制度的特有产物，不是社会化大生产的产物"；"把生产价格作为社会主义制度下价格形成的基础，是不符合社会主义经济发展的客观要求的"；等等。

第三篇论文是《评生产价格和平均资金利润率论》（《经济研究》1964 年第 9 期）。该文开篇就说："生产价格和平均利润率，本来是资本主义经济中资本剥削劳动和盲目竞争的产物。现在，杨坚白等同志却提出了社会主义经济中还存在生产价格和平均利润的论点，提出了社会主义经济还需要使生产价格和平均资金利润率起作用。这不能不使人感到奇怪。"又说：在社会主义制度下，"资金和利润并无内在联系，资金利润率不是评价企业先进落后的合理标志"，"社会主义国家和企业的关系，是计划管理和计划考核，不能是利润评价"，"社会主义生产关系不能使价值转化成为生产价格，按生产价格定价与国家价格政策相抵触"（这似乎已经不是理论研究了——笔者注），"个别企业的赢利和整个社会的需要不能等同，计划经济和自动调节器无从并存"。当然，文中也说："我们认为，社会主义企业的赢利是重要的，但是，那必须是社会主义的赢利原则。"

第四篇论文是《生产价格的实质是取消计划经济》（《经济研究》1964 年第 10 期）。这篇文章已经有了批判的味道，开篇第一句话就是"近几年来，在我国经济学界出现了一种奇怪的'理论'：主张以利润作为考核企业经营管理的中心指标，并建议彻底改造现行价格体系，按照资本主义经济所固有的生产价格来制订价格"。文章接着说："第一个写文章公开全面论述社会主义经济中存在着生产价格范畴，并积极主张按生产价格改造现行价格体系的是杨坚白同志……1964 年何建章、张卓元（张玲）同志更把这意思加以发挥，进一步鼓吹在国民经济中采用平均资金利润率作为衡量不同部门、企业的经济活动效果和经营管理水平的综合指标并要求按生产价格订价。"文章最后说，"总之，这些同志的生产价格论是一种经济自由化的思想，因此，不能把生产价格论简单地看作是价格形成问题的一种观点，而必须彻底揭露它的实质"（开始上纲上线了——笔者注）。

第五篇文章是《社会主义经济不存在什么生产价格》（《经济研究》1964年第11期）。该文说，"社会主义生产价格理论根本就没有客观依据，完全是人为臆想的产物"，而且认为杨、何、张提出的生产价格作为价格的基础，"可以最准确地反映劳动消耗，有利于经济核算，能更好地评价部门之间的经济效果，有利于计算投资效果，节约资金等"都是捏造的，"完全违反了马克思的价值论，是对马克思价值论的公然修改，宣扬了庸俗经济学的价值理论"。

第六篇文章是《不能把平均利润和生产价格硬塞到社会主义经济中来》（该文最初发表在1964年10月12日《光明日报》，《经济研究》1964年第11期做了摘编）。文章完全否定了生产价格论的合理性和相应价值，而且指出，"社会主义制度下是否存在平均利润和生产价格的争论，是关系到能不能以利润作为社会主义生产目的和经济发展的动力这样一个重大原则问题"。

在《经济研究》批驳逐步升级的过程中，其他学术期刊也热闹异常。《中国经济问题》连发两篇重磅文章。

首先是《当前政治经济学战线上的所谓生产价格派与价值派间的理论斗争》（《中国经济问题》1964年第11期）。文章说："所谓生产价格派与价值派的分歧实质上是马克思主义观点和非马克思主义观点的对立"；"包含着平均利润的生产价格，体现了资本主义经济的基本特质，它是资产阶级法权的最充分的表现"；"把生产价格范畴引进社会主义经济中，必然会倾向于用资产阶级的各种庸俗论点，造成曲解和有害于社会主义经济的不良后果"。

接着在《中国经济问题》1964年第12期又刊出了《资本主义经济和社会主义经济不容混淆》。文章火药味十足，一上来就指责生产价格论的观点是"对马克思生产价格理论的歪曲"，由于"平均利润率自身是在某些完全确定的历史生产关系下进行的社会生活过程的一个产物、一个结果"，所以"把平均利润率、生产价格引入社会主义社会，是企图实行资本主义的利润剥削，取消社会主义的计划经济"。总之，杨、何、张"主张的东西，实际上是资本主义的，不是社会主义的。真的照着做去，一定会使社会主义公有制、计划经济变质，最后蜕变为资本主义"。

1964 年 11 月、12 月，《学术月刊》也连发两篇文章批驳生产价格论。《资金平均利润率是评价社会主义经济活动的合理标准吗》中连续用了三个"不是"否定生产价格论，即："资金平均利润率不是评价社会主义企业经营成绩和经济效果的综合指标"，"资金平均利润率不是评价社会主义投资效果的合理标准"，"资金平均利润率不是正确处理社会主义各部门、各企业相互关系的准则"。《平均利润和生产价格不是社会主义的经济范畴》更是直截了当地对生产价格论进行了否定。

在北京、华东相继热闹之时，中南和华南也积极行动起来，《武汉大学学报》（人文科学版）1964 年第 4 期发表了《社会主义经济中不存在平均利润率》，广东经济学界则连续举行了三次讨论会，批判生产价格论（会议纪要发表在《学术研究》1964 年第 6 期）。

至此，辩论和批驳生产价格论的活动已经在全国展开。

2. 无可奈何花落去：1965 年对生产价格论的大批判

如果说，1964 年对生产价格论的围攻，还主要集中在研究圈子，更多地体现的是学术争鸣，那么到了 1965 年，则出现了超越学术的可怕的东西。

1965 年新年伊始，《学术月刊》就在其第 1 期刊发《实际工作者批驳生产价格论和利润挂帅论》。这是一组文章包括：《坚决反对把生产价格论运用到社会主义的价格工作中来》、《生产价格对于社会主义经济有百害而无一利》、《社会主义社会的价格决定决不能以生产价格为基础》。仅从文章标题，大家就能明白，这是一些口号多于说理、漫骂甚于思辨的文章。当然，这些文章的出现，更主要的风向标志是生产价格论要被政治化。正如该组文章的"编者按"所说："座谈会的发言表明，生产价格论不但在理论工作者中间通不过，而且在实际工作者中间也是完全通不过的。"

《学术研究》则更为叫绝，在 1965 年第 1 期同时刊发了《驳生产价格论者的一个论点》和《生产价格的基本理论依据的虚构性》这两篇文章，一实一虚，很有欺骗性，但实际内容并无新意。

最让人感到诡异的是一向不刊发经济学文章的《文史哲》也在 1965 年第 1 期发表了《从我国实际情况透视生产价格》。这篇文章没有什么主流观点，但其动向表明一个经济学问题已经开始跨越学科，将成为重大的社会问题和焦点。

进入 1965 年春节后，形势急转直下，原来的"重大科研成果"逐渐被诬蔑成了"大毒草"。《中国经济问题》发表了《生产价格论同党的价格政策原则不相容》，明确把学术问题政治化。

接着，来自两个经济学重镇天津和武汉的一些重要经济学家的批判，成为了"压死骆驼的最后一根稻草"。我在《经济研究》1965 年第 2 期看到了《南开大学经济研究所批判"生产价格论"》一文，里面提到南开大学经济研究所于 1964 年底至 1965 年初，先后举行了九次会议，批判生产价格论。具体结论包括："生产价格对社会主义经济没有什么积极作用"，"生产价格论是彻头彻尾的资本主义货色"。几乎与此同时，《江汉学报》1965 年第 2 期刊发了《两种根本对立的利润观》的座谈纪要。从今天存世的会议纪要看，其结论相当恐怖，最后这五人都认为："两种利润观的对立和斗争是两个阶级、两条道路斗争的反映"。此外，《前线》1965 年第 3 期发表了《计划经济和生产价格论是根本对立的》。

有了如上的"高级待遇"，杨坚白、何建章、张卓元以及他们的掌舵人孙冶方还能逃过"文革"劫难吗？

附件：

张卓元谈生产价格论的遭遇

关于生产价格这篇重要论文，卓元先生曾经在其《经济理论与经济改革：我的九个主张》(《北京日报》2012 年 8 月 13 日) 中有过回忆，我也将其作为附件供读者品评。

中国经济学界 1963～1965 年展开了关于主张和反对"生产价格论"的大讨论。我和何建章在《经济研究》1964 年第 5 期联名（我当时用笔名张玲）发表《试论社会主义经济中的生产价格》一文，从理论上系统地论述了社会主义经济中存在生产价格范畴的客观必然性，实行以生产价格为基础定价的重要意义和积极作用，支持孙冶方的主张（孙冶方那时没有写出和发表系统性论文，只在经济研究所内讲过他主张"生产价格论"，他的系统性论文形成于 1964 年 8 月，题目是"在社会主义再生产问题座谈会上关于生产价格问题的发言提纲"）和杨坚白的观点（杨坚白在《经济研究》1963 年第 12 期发表文章主张"生产价格论"，但随即遭到一些经济学家著文批评），对反对"生产价格论"的批评进行反批评，由此引发了一场更为广泛的争论。在争论中，我和孙冶方、杨坚白、何建章一起成为主张"生产价格论"的代表人物。"生产价格论"实际上是对传统的无视资金运用效果的计划经济体制的挑战，也是对传统的否定"利润"、"资金利润率"概念的社会主义经济理论的挑战。在"文革"中，"生产价格论"被诬为主张"利润挂帅"反对政治挂帅的"大毒草"，遭到无情的批判。现在看来，"生产价格论"的提出和讨论，实际上是对传统的经济体制、价格体制和传统的价格理论的一个冲击，一次前哨战，对帮助人们从传统的理论观念禁锢中逐步解脱出来有一定的启迪作用。

第八章 四叩价值：发掘冶方思想遗产①

☯一个人的伟大，未必都把自己的名字镌刻在自己的墓志铭上。有很多人，从不掠人之美，但其美德已经远远地超越了历史的天空。

我们今天依然能够吟诵《论语》的警句，并享受其中的悟道之美，不仅要感谢伟大的孔丘先生，还要特别感谢子路、仲由等记录、提炼夫子言论的诸位弟子；我们今天依然能够听到佛教的梵音和或高深、或悠长的佛祖经典，不仅要感谢旷世不二的佛祖，还要感谢他的不为更多人所知的弟子——伽难②，没有他的博文强记和数十年的回忆、整理，恐怕佛祖的智慧早已淹没在丛林、黄沙之中；我们今天依然能够看到千古巨著《资本论》全本，不仅要铭记千年第一的马克思，还要深深地感谢他的战友——恩格斯，是他放下手里所有的急务，全身心地整理、加工，甚至是重写了马克思那些或完整、或片断的文稿，最终我们不只是拥有《资本论》第一卷，而是庆幸地有了第二

---

① 很多好奇的读者一定会注意到：为什么没有专门写"文革"时期卓元先生的学术活动和学术贡献？就此做三点说明：一是整个"文革"期间，中国没有产生一篇或一部有理论价值和实际价值的经济学作品，卓元先生同样被迫封笔。在这个时期，首先是孙冶方和卓元先生他们关于价值的一些观点被当作了"反革命修正主义"大受批判；其次是许多马克思主义基本经济观点都遭到了批判，如按劳分配、价值规律等；最后是搞了一个上海版的《社会主义政治经济学》，内容至为荒唐。二是整个"文革"期间，卓元先生开始是陪着孙冶方一起接受各种类型的批斗、批判，其后则是同当时很多人一样被下放到河南省"五七"干校进行劳动改造。在此期间，卓元先生的桥牌技艺大为精进，但依然看不到学术的曙光。三是已经有很多作品都描述过了"文革"期间的种种，我就不再做狗尾续貂之事了。尽管每个人在"文革"期间扮演的角色不同，但实际都是一场悲剧，是全民族的悲剧。如果说经济上的损失还能弥补，那么文化上造成的断代则永远无法弥合。仅就我个人的观点看，中国经济学虽然停滞不前，但毕竟世界经济学还在不断发展，所以改革开放后我们仍然有学习的对象，可中华文化的浩劫所产生的影响及恶果，只有我们整个国家和民族慢慢吞咽了。

② 传说伽难是个超级记忆者，他在跟随释迦牟尼的岁月里几乎记住了佛祖所有的讲话，在佛祖圆寂后，正是他凭着记忆，一点一点地把佛祖的话语实现了"编码化"。

卷、第三卷。真的，我们不能假设只有孔子、释迦牟尼、马克思，而没有子路、伽难、恩格斯，因为那样人类将会在黑暗中不知还要摸索多久。

同样，我们今天依然能够阅读孙冶方的经济理论，分享他的智慧，不仅要感谢在那个近乎疯狂的时代，还有冶方先生这样的清醒者、探索者，还要感谢那些记录、加工、整理、提升冶方先生思想的人们。如果说冶方先生留下的更多是社会主义经济理论的片段甚至碎片，那么卓元先生和他的战友们就是这些片段或碎片的补缀者。补缀者虽众，但卓元先生是其中最积极者之一。行文至此，我可谓感慨良多，遂赋小诗一首，以表卓元先生之功，即："多少智慧付流水，惟有竹帛存其真；冶方智慧能出新，岭南张郎首功臣。"

依我看来，卓元先生对冶方先生经济理论体系的系统化整理，其功效在某种程度上是超越《一叩价值》、《二叩价值》和《三叩价值》的。因此，本章确定为《四叩价值》应该是最恰当不过的，卓元先生也应该享受这份殊荣。

一、"补天工程"第一步：冶方先生经济理论的系统化、规范化

限于种种原因，冶方先生一生述多著少，非身边人无缘得以聆听，所以，在1983年2月22日猝别后，给中国经济学界留下了无尽的遗憾。

由于冶方先生的经济理论涉及社会主义经济的方方面面，要想把他留下的那些片段化的理论节点补缀起来，真是一个大工程。不幸中确有万幸，此时的卓元先生毅然放下自己手中的研究任务，披阅三载，与他的战友们终于系统化地还原了冶方先生的社会主义经济理论体系，特别是价值理论。

1983年《经济研究》第1期和1983年《中国社会科学》第3期刊发了卓元先生等的补天工程第一期成果——《试论孙冶方的社会主义经济理论体系》（该文作者包括孙尚清、吴敬琏、张卓元、林青

松①、冒天启②、霍俊超，以下简称《试论》），几乎同时，《经济科学》1983 年第 2 期又刊出了卓元先生单独撰写的《对传统的社会主义经济理论的严重挑战——评介孙冶方的社会主义经济理论体系》（以下简称《挑战》）。这两篇文章，实际上是第一次对冶方先生社会主义经济理论的系统化总结，也是我们后来者真正了解和理解冶方先生精深思想的导引。

　　大家知道，冶方先生的经济理论，不是很好学习——一是他所处的时代与今天有着巨大区别；二是他的理论既要解释现实的中国，又要不断适应变动的中国；三是他既要从正面阐明自己的观点，还要兼顾和其他学者或某些观点的论战。因此，如何剥茧抽丝，把冶方先生的社会主义经济理论框架与核心观点提炼出来，让更多人比较容易地理解和了解他的思想和理论，的确是非常必要和重要的。《试论》和《挑战》确实完成了这"补天工程"的第一步。从《试论》和《挑战》的归纳中，我们可以清晰地看到冶方先生的社会主义经济理论体系。

　　——价值理论是孙冶方社会主义经济理论的基石。这一概括是特别准确而精当的，"我们知道，传统的社会主义经济理论体系以苏联本世纪（20 世纪——作者注）20 年代以来数十年的经济学论著为代表，排斥价值和价值规律的观点可谓根深蒂固"，"在传统社会主义经济理论的影响下，把价值规律同社会主义经济的有计划发展的关系看作有你无我、有我无你、此消彼长、此长彼消的'太极图'"。"面对着上述多年来人们奉为经典的论点，孙冶方以巨大的理论勇气，对传统社会主义经济理论提出了庄严的挑战。1956 年，他在《经济研究》发表题为《把计划和统计放在价值规律基础上》的著名文章。"

　　计划、统计都放在价值规律基础上，还有什么经济工作不放在价值规律基础上呢？显然是找不到的。为证明自己的观点，孙冶方在

---

　　① 林青松：中国社会科学院经济研究所研究员，曾经师从孙冶方，重点研究领域为中国乡镇经济。

　　② 冒天启（1942～）：中国社会科学院经济研究所研究员，原副所长，曾师从孙冶方先生，中国社会科学院经济研究所研究员、清华大学兼职教授、博士生导师，著名经济学家，研究领域为向市场经济转型和发展的理论及其国际比较研究。主要著述有：《转型期中国经济关系研究》、《经济转型和社会发展》、《五十年巨变：从集权计划经济到现代市场经济》等。

1959 年又发表了《论价值》的长文，指出：价值是一直贯穿社会主义直接生产过程、流通过程和社会主义生产总过程中的。正如《试论》归纳的，"'价值这个概念'不论在社会主义政治经济学甚至共产主义政治经济学的任何一篇中也是少不了的。少了它是不成其为政治经济学，且也不成其为经济的"。

——节约社会劳动理论是孙冶方社会主义经济理论的核心。如今我们都知道经济学的两个基本假设，即稀缺和资源配置，而在冶方先生那个时代，这些基本问题都已经变得模糊不清了，很多社会主义政治经济学都把所有制问题作为社会主义经济理论的核心，如于光远、苏星①主编的《社会主义政治经济学》以及关梦觉、蒋学模等主编的《社会主义政治经济学》，大抵都是如此，即使像薛暮桥这样的经济学家，也没有能够跳出"所有制的窠臼"。冶方先生从其价值基石出发，"在其主持的《社会主义经济论》初稿中，坚持以讲求经济效果作为全书的红线。他说：'政治经济学教科书要讲经济。而什么是经济呢？就是以最小的耗费，取得最大的效果'"。

——流通理论是孙冶方社会主义经济理论的主要支柱。《试论》和《挑战》都提到，"传统的经济理论既然否定存在社会分工，否认企业是独立核算单位，否认企业之间通过产品交换劳动的必要性，也否认社会主义经济中存在流通"。冶方先生基于其价值论，奋起批判"无流通论"。他指出，"无流通论混淆了交换和分配这两种经济过程的不同的职能，用分配代替了交换。其实，没有交换和流通，就没有社会化大生产；不发展交换和流通，就不能发展社会化大生产"。

——利润理论是孙冶方社会主义经济理论的另一支柱。《挑战》说，传统的社会主义经济理论把利润当作资本主义范畴，所以在实际经济工作中，通常以产品指标来考核或核算生产单位的成效，而孙冶方从其价值论出发，认为"产量指标不是推动不断改善企业管理的很

① 苏星（1926～2008）：中国著名经济学家，曾任中共中央党校副校长兼《求是》杂志社总编辑，中共中央党校学术委员会副主任，《中共中央党校学报》编委会主任，中共中央党校教授、博士生导师，中央马克思主义理论研究与建设工程咨询委员会委员等。著有《全民所有制经济内部交换的生产资料也是商品》、《马克思的价值理论及其发展》、《社会主义再生产的理论与实践》、《在改革开放中建设和发展各具特色的小城市》、《马克思主义基本理论概述》等。

好的综合指标，不能成为带动其他一切指标的中心指标；只有利润才能成为这样的指标。因此，他形象地批评传统的以产品产量指标为中心指标的管理方法是'抬牛腿'，而主张牵住利润这个'牛鼻子'"。20 世纪 70 年代后期，冶方先生曾经写过一篇文章，题目就是《要理直气壮地抓社会主义利润》。

——生产价格理论是孙冶方社会主义经济理论的第三大支柱。由于传统社会主义经济理论认为资本是追逐剩余价值的罪恶之源，资本家是资本的人格化化身，所以社会主义绝对不能有资本，更不能追求利润，以致在实际经济工作中，资本变成了资金，利润变成了产量，一切生产要素都无法进行价值化衡量，而产品的最终价格确定也直接以劳动消耗确定。这样做的结果，一是技术进步缓慢，"复制古董"成风；二是资金使用不计成本；三是产品只考虑生产不考虑市场实现。冶方先生与杨坚白、何建章、张卓元共同创立的社会主义生产价格理论，至今仍然是社会主义市场经济的重要理论支柱。

冶方先生从来就不是一个纯粹的书斋型经济学家，他时时刻刻都在考虑着理论对实践的指导和引导作用。尽管 20 世纪 50～70 年代，他都没有机会实现自己对国家经济实践的有效影响，但他在 1979～1982 年短短的几个春秋中，还是为中国的经济改革和经济建设提供了宝贵建议，包括他在病重期间发表的《二十年翻两番不仅有政治保证而且有技术经济保证——兼论"技术大，速度低"不是规律》都体现了他一以贯之的精神。因此，在基本厘清冶方先生经济理论的同时，卓元先生等也把冶方先生的经济改革设想和经济政策建议厘定。这就是发表在《经济研究》1983 年第 2 期的《评孙冶方的经济改革设想和经济政策建议》（该文作者与《试论》相同，以下简称《建议》）。

《建议》理出的冶方先生经济改革设想，已经初步具有体系模样，包括：①改变那种把价值规律排除在社会主义计划管理之外的做法，在价值规律已经不再是自发调节者的条件下，把社会主义计划管理建立在价值规律的基础上，以充分发挥价值规律的作用和社会主义计划管理的效能，用最小的劳动消耗取得最大的有用效果。②建立合理的财经体制的核心，在于正确处理国家和企业的权责关系。改变传统的经济管理体制权力过分集中的状况，在国家继续保留资金价值量的扩大再生产，即新投资的权限前提下，给企业以资金价值量简单再生产范围内的经营自主权，使企业成为一个相对独立的经济核算单位。③在价格体系合理、企业执行国家计划和遵守国家方针政策的前提下，用资金利润率来评价企业经济活动的效果，高于平均资金利润率的为先进企业，低于平均资金利润率的为落后企业。④改变由国家统一调拨和分配生产资料的物资供应体制，把全民所有制经济内部的生产资料供应纳入流通渠道。⑤改变不合理的价格体系，实行按生产价格定价原则。逐步缩小工农业产品价格剪刀差、轻工业和重工业的差价以及粮食作物与经济作物的差价等。

二、"补天工程"第二步：丰富和完善了冶方先生的社会主义流通理论

从冶方先生病重，到冶方先生病逝，他的很多同事、弟子都纷纷撰文以纪念或怀念这位中国当代经济学的教父，但多数人很快又回到自己的工作岗位上忙碌着自己的工作。而在 1983～1985 这三年期间，卓元先生除了整理冶方先生的文稿，还单独发表六篇①有关孙冶方社会主义经济理论的专论或评论。

在这诸多文章中，卓元先生有一项创造性贡献——丰富和完善了冶方先生的社会主义流通理论，最终完成了冶方先生留下的"补天工程"第二步。

在冶方先生的社会主义经济理论中，流通理论是最具闪光的理论之一，也是我们后来者经常提到的重要理论之一。但是，很多读者并不清楚，在冶方先生的著述中，流通理论是不完善的，很多地方只有

---

① 这六篇文章分别是《对传统的社会主义经济理论的严重挑战——评介孙冶方的社会主义经济理论体系》（《经济科学》1983 年第 2 期）、《卓越的理论贡献 深邃的思想启迪——孙冶方社会主义流通理论评介》（《财贸经济》1983 年第 7 期）、《社会主义流通是独立的经济过程——孙冶方关于社会主义流通概念研究》（《财贸经济》1984 年第 6 期）、《社会主义流通理论研究面临新的重大课题》（《财贸经济》1984 年第 12 期）、《加强社会主义流通理论研究——孙冶方社会主义流通理论讨论会开幕词》（《财贸经济》1985 年第 1 期）和《社会主义政治经济学的新篇章——读孙冶方著《社会主义经济论稿》（《经济研究》1985 年第 8 期）。

只言片语。从已知文献看，冶方先生比较系统讲流通的作品只有1963年在中国人民大学经济系的讲课稿——《流通过程》，其他文献都是间接论述或相关论述。当然，这也是在特定历史条件下造成的缺憾，假如给予冶方先生足够的时间，或许就是另一番景象了。

文献匮乏，当事人仙逝，卓元先生只能砥砺前行。经过三年的深入学习和思考，我们终于看到了一个丰富而完善的孙冶方社会主义流通理论。文行至此，我不得不再说到恩格斯整理马克思《资本论》第二卷、第三卷的事情——如果不是恩格斯倾注心血，马克思的那些卡片会成为经典吗？如果恩格斯在上面写上马克思、恩格斯合著，又会有谁提出疑义呢？可是，恩格斯没有这样做，我们的卓元先生同样没有这样做。

经过卓元先生创造性整理后的冶方先生的社会主义流通理论，清晰地展现在读者面前。

——社会主义价值论是在流通过程中得以展开的，社会主义流通是指"整个资金循环，它是把社会主义千千万万的企业组织好，以自觉的、有计划的物质代谢过程去代替盲目的、自发的流通过程"。

——孙冶方的社会主义流通概念四个基本点。卓元先生在《社会主义流通是独立的经济过程》一文中总结道：我体会，孙冶方的社会主义流通概念，包括：

第一，流通不应只限于商品流通，而应包括产品流通。关于冶方先生这个观点，曾经有一些学者提出过疑义，为尊者讳的人认为这样说表明冶方先生还不是一个社会主义市场经济论者。客观地说，冶方先生本来就不是社会主义市场经济论者，他的价值规律是对计划、统计也发挥作用的。卓元先生整理和理解的这个观点，一是真正尊重了冶方思想的内核，二是也很好地解释了"物流、商流"有合、有分的实践。

第二，社会主义个别资金的流通和社会资金的流通是以产品和商品交换为主体的。有些学者在研究冶方先生的流通理论时，往往望文生义或断章取义，总把流通的概念局限在产品和商品交换上，而把资金的流通排除在外。卓元先生明确说道："孙冶方的流通概念当然不是指狭义的只限于商品流通的流通，而是广义的流通，即包括个别资金的循环和周转，和整个社会资金的再生产和流通在内的流通。"这个理解，既有重要的理论价值，在后来的中国改革开放政策制定中发挥了巨大的积极作用。包括资金流通在内的大流通概念，为后来包括资金等要素的市场化配置提供重要的理论依据。

第三，社会主义流通是同直接生产过程和分配过程不同的独立的经济过程。这个观点是孙冶方流通理论的精髓，也是卓元先生最着笔墨的地方。卓元先生说：与"宽派"认为社会主义流通包括从生产到消费的全部经济过程的观点不同，孙冶方认为，流通具有与生产和分配所不同的职能，是同直接生产过程和分配过程不同的独立的经济过程。流通过程主要包括两个方面的内容：产品价值的补偿和产品使用价值的物质代谢。也许正是因为有了如此清晰的流通理论，才有了20世纪80年代以来商业形态、金融形态的发展和演进。

第四，社会主义流通中等价交换具有两种不同的涵义，即体现核算和进行经济比较要求的等价交换和体现经济利害关系的等价交换。我们知道，冶方先生说的等价交换不是一般人理解的等价格交换，而是等价值或其转化形态生产价格的交换。所以，卓元先生特别指出：孙冶方引证恩格斯的话说，就是在将来消灭商品生产以后，"社会也必须知道，每一种消费品的生产需要多少劳动。它必须按照生产资料，其中特别是劳动力，来安排生产计划。各种消费品的效用最后决定这一计划"。换言之，社会主义流通中等价交换的两种涵义仍将长期存在并发挥着积极作用。

——孙冶方的社会主义流通理论同样存在缺陷或不足。卓元先生是"爱吾师更爱真理"的学者，他并没有完全停留在冶方先生的已有结论中，对其流通理论的不足也给予了中肯的批评。

卓元先生说："我不同意说他（孙冶方）的产品流通论是脱离马克思主义的杜撰，也不同意说他的产品流通论同他的产品、商品、价值论是矛盾的。我认为，他的流通理论的不周全处主要表现在对社会主义产品流通的地位和作用估计过高而对商品流通的地位和作用则估计过低，其根源，则在于他对社会主义经济的商品性、商品价值规律的作用、利用市场机制（包括利用价格同价值的背离）等看得轻了一些，而对社会主义经济的产品性、产品价值规律的作用、自觉地利用价格和价值或生产价格的一致来调节社会经济活动，则看得重了一些。"

理论总是灰色的，只有实践之树常青。我们不能用后世的观点，苛求前人为我们做得更完美一些。卓元先生对冶方先生社会主义流通理论的丰富和完善，同此后 20 年中国进入"世界贸易俱乐部"（WTO）和"世界货币组织"（IMF），出现了大生产、大流通、大分配和大消费的社会化生产景象的实践进程是一致的。

三、"补天工程"第三步："放下"孙冶方社会主义经济理论体系的构建

1. 五十年还没有完成的任务

"自主创新"并不是始自《2006～2020 中国科学技术发展规划纲要》，更不局限在自然科学界。其实，早在 20 世纪 50 年代，中国经济学界就在酝酿并开始实施其"自主创新"计划。

1955 年，薛暮桥时任中央统计局局长，于光远时任中宣部理论处处长，孙冶方任中央统计局副局长。本来三个人的工作各有侧重，也有所不同，但是，1955 年发生的一件事改变了他们三个人甚至很多人的一生。

1955 年，时任中宣部部长的陆定一遵照毛泽东的指示，受周恩来指派，具体组织中国版的《社会主义政治经济学》编写工作。该项工作绝对不是哪个人的心血来潮，而是有着深刻的历史背景和现实要求的。从历史背景看，中国的政治经济学基本照搬了苏联的政治经济学，中国共产党在经济上成了一个没有自己理论指导的政党。列宁说的那句"没有革命的理论，就没有革命的实践"，让当时的党和国家领导人备感屈辱，刘少奇甚至说："不懂政治经济学是要垮台的，政治经济学是党纲的理论基础。"从现实需要看，中国革命和苏联革命的路径完全不同，我们是农村包围城市最终夺取政权，但执政后农村仍是主要人口和经济活动中心，而苏联则是通过城市革命并最终实现工业化的，

苏联的政治经济学指导中国的经济实践，总有很多不符合实际的地方。

由于事涉重大，一般的经济学家不能担当此任，所以经过中宣部的反复掂量和选择，最终确定了党性坚定、业务过硬的薛暮桥、孙冶方、于光远担纲编写中国版的《社会主义政治经济学》教科书。由此，拉开了长达半个世纪的中国社会主义政治经济学的创作过程。

薛暮桥基本上单兵作战，其基本思路是从中国经济现实出发，力图以归纳的方法形成中国的社会主义政治经济学。结果，直至2005年去世，归纳工作也没有完成，倒是其"副产品"《中国社会主义经济问题研究》成了名著，影响了两三代人。

于光远基本沿袭了苏联社会主义政治经济学的分析框架，从所有制入手，强调生产关系。他和冯兰瑞是该项工作的主力，苏星也参与其中，1961年出版的于光远、苏星主编的《政治经济学（资本主义部分）》在社会上广为流行，但未写出社会主义部分。于光远工作组至今也没有完成这项巨大工程，于光远本人最后以七本《政治经济学社会主义部分探索》作为成果。

孙冶方最初是在中央统计局自己思考，1957年调到中国科学院经济研究所后，则是组织了一个30~40人的大班子，到1961年写出了约110万字的素材稿，即《社会主义经济论》初稿。其后，大家都熟知的是孙冶方在狱中对《社会主义经济论》打了85遍腹稿。孙冶方的社会主义政治经济学体系，是马克思的《资本论》体系，从剩余产品开始入手，并把"以最少的社会劳动消耗，有计划地生产最多的满足社会需要的产品"作为全书的红线。实际上，孙冶方也没有完成陆定一交办的任务。

2. 放下，也是一种伟大

薛暮桥、孙冶方、于光远都没有完成的任务，是不是后人就不能完成了呢？作为冶方先生的嫡传弟子，最初的想法就是一定要完成冶方先生的宿愿，建立起真正属于我们自己的社会主义政治经济学体系。

于是，包括刘国光、张卓元、吴敬琏、冒天启等人在内，开始了对冶方先生《社会主义经济论》的研究和整理工作。当前两步工程完成后，卓元先生突然痛苦地发现：马克思之所以能够写出《资本论》，是因为资本主义已经有了完整的形态和充分的实践，而社会主义，特别是中国的社会主义只有短短的 30 年历史，如果再去掉胡折腾的"文革"十年，实在难以找到确定的东西来支撑整个体系。与此同时，孙冶方社会主义经济理论中的一些局限也逐渐凸显出来，此时面临的将是整个理论体系的大调整。

痛定思痛，既然社会主义实践还远不成熟，既然现在还不能抽象出构建社会主义政治经济学体系所需要的众多部件，"放下"同样是一种选择。经过再三研究，卓元先生他们还是放下了这个历史重任。

是的，有时"拿得起"是一种好的品格，而有时"放得下"更是难得一见的善举！

1979 年张卓元先生与孙尚清合影

1980 年张卓元先生（后排左一）与中国社会科学院经济所同仁合影

附件1：

中国当代经济学家的教父

——孙冶方传略

孙冶方先生到底是个什么样的人？为什么生前、死后都享有如此声望？卓元先生为什么愿奉其衣钵终生不悔？我在《在大师身边》虽有过一点简要叙述，但还不足以展示冶方先生对中国经济学的影响力。因此，我在综括多种史料和访谈材料基础上，给冶方先生特别立一传略，尽可能还原一个真实的孙冶方。

一、定格：1957 年的孙冶方

孙冶方主政中国科学院（含后来的中国社会科学院）经济研究所主要分为两段时间，一是 1957～1964 年，二是 1979～1983 年。我们先从第一段说起。

1957 年，是中国"反右"斗争如火如荼的一年，中央爆发了庐山会议，中国科学院经济研究所则爆发了"党支部"与"共青团"的激烈斗争。无论是大环境使然，还是小环境必然，总之，这场研究所内部的斗争，最终导致了时任研究所所长的狄超白以及《经济研究》常务编委林里夫分别被打成反党分子和极右分子，经济研究所领导班子瘫痪。

在此情况下，党中央决定选派一批干部到经济研究所工作。孙冶方就是在这种情况下，由国家统计局副局长之位空降到经济研究所任代所长、所长的。这次空降，既成为冶方先生职业生涯的转折点——从官员转变为职业经济理论研究者，也成为中国科学院经济研究所转折点——从注重历史研究转变为注重现实经济问题研究。

进入经济研究所工作后，他首先不是去理政治，而是把瘫痪的研究工作快速地抓了起来。正是他的到来，使彷徨无措的20多个年轻人迈上了经济学理论研究的终身之路，更为中国的改革开放提供理论依据和人才储备。当时冶方先生的理想，是写出一部中国版的《政治经济学》，把中国经验总结到教科书里，这就是后来终其一生也没有完成的《社会主义经济论》。

关于冶方先生初到经济研究所的情形，已经有多个版本的传记描述，我也不想重复史料，在此仅以张卓元、赵人伟①、冒天启三位先生的回忆做历史的定格。

——卓元先生说："当时孙冶方是救火队长，是代理经济研究所所长，大家也没有想到他会一直干下来，更没有想到他的见解是那么深邃，工作是那么勤勉。真没想到，他一来，就'运动'交给别人分管，而他直奔业务去了。"

——赵人伟先生回忆到："当时他会上说，一天到晚搞运动，经济所都不搞研究，那怎么叫经济所？所以会上他就讲了，应该想办法给每个研究人员，要找到他应该做的工作。"

——卓元先生补充说："当时经济研究所最出色的学科是中国近代经济史，但是经济史，你想想，随着现代化建设，它并不是特别的重要，对现实问题呢，我们来的时候还不行。"

——冒天启跟随冶方先生多年，后来也听冶方先生讲到："到经济研究所不久，他就发现中国理论经济学已经远远地落后于实践了，唯心主义、唯意志论已经成为障碍中国理论经济学的大问题。"

为了尽快拨正经济研究所的航船，冶方先生开始了大刀阔斧式的改革。除了卓元先生等的讲述外，我也从冶方先生遗作——《周恩来同志和李富春同志的关怀永远鼓舞着经济研究者前进——纪念周总理

---

① 赵人伟（1933～）：浙江金华人，中国当代著名经济学家，曾任中国社会科学院经济研究所副所长、所长、《经济研究》杂志主编等职务。他长期从事政治经济学的研究，并且因为计划和市场问题的研究而获得1984年孙冶方经济学奖；因为收入分配问题的研究而分别获得1986年和1994年孙冶方经济学奖。

八十一诞辰》① 也得到了许多印证。

据冶方先生文中所讲，"根据周恩来总理的指示精神，在 1957 年 11 月间，李富春同志向周恩来同志提出了一个关于加强经济研究所工作的报告。周恩来同志看后，立即做了批示：'予以同意'。同时，还对如何落实经济研究所的方针任务、机构设置和干部配备等方面，都作了具体安排"。冶方先生遂被周恩来、李富春选中，主政经济研究所工作。

到经济研究所后，冶方先生一方面拨乱反正，一方面着手机构组织建设、队伍建设和学科建设。

关于组织建设，冶方先生说：周恩来指示，"关于经济研究所的'组织关系拟在国务院常委会讨论一次；干部配备，请书记处讨论一次，并由安子文同志负责解决'"。最后，在周恩来安排下，"经济研究所归中国科学院和国家计委双重领导，由国家计委代表国家经委、国家统计局等经济机关，领导经济研究所工作"。

关于队伍建设，冶方先生一方面发挥老同志、专家的积极作用，更重要的是大胆起用年轻人员。1957 年，23 岁的桂世镛、24 岁的张卓元、24 岁的赵人伟、25 岁的乌家培、26 岁的黄范章、27 岁的孙尚清、27 岁的吴敬琏、28 岁的周叔莲等后来群星闪耀的年轻人，都被冶方先生委以重任。

关于学科建设，卓元先生说："最重要的一个业务就是组织大家写《社会主义经济论》，以任务带学科发展，建立中国的经济学体系。"另外，冶方先生非常重视定性分析和定量分析相结合，为此还专门派乌家培、黄范章到中国科技大学学数学。

总之，冶方先生这次空降，后来成为中国经济学史上最重要事件之一，也是卓元先生与冶方先生深厚友情的开始。

---

① 该文是孙冶方在 1979 年为纪念周恩来总理诞辰八十一周年写的一篇回忆录，生前未发表，后来《经济研究》1985 年第 1 期为纪念冶方先生逝世三周年刊出。真是造化弄人，纪念别人的文章成了纪念自己的文章，正有如莫扎特为别人作的《安魂曲》最后成了自己的《安魂曲》一样。

二、回望：1925～1957 年的孙冶方

冶方先生在 1957 年前是个怎样的人，为什么会被周恩来、李富春最终选定为中国科学院经济研究所的新掌门人？这一切还要从 1925 年说起。

按年代划分，我把冶方先生 1925～1957 年这段细分为三个小阶段，即：经济思想启蒙期的孙冶方（1925～1933 年）；研究中国农村社会性质的孙冶方（1933～1937 年）和从军从政的孙冶方（1938～1957 年）。

大家已经知道，孙冶方原名薛萼果，1908 年出生于江苏无锡。1925 年，受上海地下党的委派，17 岁的孙冶方从上海出发，前往莫斯科中山大学留学，这是一所为第一次国共合作的中国大革命培养政治理论骨干的特殊学校，以军事训练为主要学习内容，孙冶方为中大第二期学员。一起去的人，有蒋经国、杨尚昆、王明、乌兰夫等共计300 多人。

冶方先生虽然只有高小文化程度，但学习刻苦用功，加之又足够聪明，所以他很快就适应了中山大学的学习气氛，除了军事训练以外，对俄文以及政治、经济理论也学得非常棒。1927 年夏天，孙冶方毕业，他被分配到东方大学（中国班），担任苏联著名经济学家列昂节夫的讲堂翻译。这个列昂节夫就是卓元先生高中读到的那本《政治经济学》教材的作者。知道都有谁在台下听课吗？邓小平、杨尚昆都是这个班的学员，而中文翻译就只有冶方先生与乌兰夫两个人。

从冶方经济思想脉络看，苏联时期可能是其最初的形成期。这一点从他《把计划和统计工作建立在价值规律基础上》的矛盾性表述，或许能体会到某些理论渊源相互撕裂的征候。

1933 年，孙冶方回到中国。在上海，孙冶方先生在陈翰笙的帮助下，参加了中央研究院社会科学研究所开展的中国农村经济调查，这时中国国内关于农村社会性质的讨论日渐高涨。

钱俊瑞、薛暮桥、陈翰笙、孙冶方、骆耕漠共同认为，中国还是个半殖民地半封建的社会，主要问题不是资本和生产技术问题，而是

土地所有制问题，只有把全部土地分给农民，消灭封建制度的经济基础，才是解决中国一切社会问题的关键。这些研究成果，对后来实行的土地改革的指导意义重大。

用卓元先生的说法，20世纪30年代时的冶方先生，就已经是中国理论战线上很活跃的人物了。

在抗日战争和解放战争时期，孙冶方辗转各地从事文化工作，出任江苏省文委主任，在新四军皖南军部党校做教学工作，与刘少奇一唱一和，讨论革命队伍中理论学习的重要性。1949年以后孙冶方在上海先后出任华东军政委员会工业部副部长，上海财经学院院长，并于1954年调入国家统计局，与堂兄薛暮桥一起共同主持新中国统计工作。

三、"文革"浊流中的孙冶方

1957年，甚至更早一些时间，冶方先生关于社会主义经济理论的独特见解就已经影响巨大。1956年之后，他相继发表了《把计划和统计建立在价值规律基础上》、《社会主义计划经济管理体制中的利润指标》、《论价值》等。这些成果给他带来巨大悟道快慰的同时，也埋下了深深的人生灾变根源。他开始是因利润挂帅问题被批判为中国的利比尔曼，接着又因支持生产价格论被批为中国最大的修正主义者。1965年《红旗》杂志的主编陈伯达以"内部未定稿"形式印出孙冶方《利润报告》以及《论价值》等四篇文章，针对文章中提出的"社会主义经济应该以利润带动一切，国营企业应该独立自治"等观点，陈伯达说他是"中国最大的修正主义者"，孙冶方被停职反省。

当然，除了学术观点之外，还有两件事成了冶方先生"文革"磨难的推手。一是冶方先生与康生在苏联时期的个人恩怨；二是接纳并重用了庐山会议被贬官的张闻天，以及右派分子顾准等。前一件事缘起冶方先生在苏联东方大学请几个同乡吃饭，结果被康生等诬蔑为反党组织——江浙同乡会；后一件事缘起于张闻天被孙冶方加以重用，违背了毛泽东的指示。

基于上述种种，冶方先生"文革"中的命运就可想而知了。1965

年秋，由于孙冶方"态度恶劣"，被撤销经济研究所所长职务，下放周口店"劳动改造"，同时在报纸上宣布他是"中国经济学界最大的修正主义者"。半年后，"文化大革命"爆发，他又被召回北京继续参加批斗。1967年4月4日，孙冶方被捕入狱，送往秦城监狱，罪名是"苏修特务""里通外国"。在监狱里，穿着没有腰带的大免裆棉裤，吃的是窝头白菜汤。老伴洪克平不知孙冶方去了哪里，直到6年后突然被通知可以到秦城监狱探视。

入狱后的孙冶方不能与人交流，但从未停止过思考。他心中依然念念不忘他的《社会主义经济论》。由于牢房里没有笔也没有纸，他开始了艰难的"腹稿"创作。为创作《社会主义经济论》，又怕忘记已经想好的内容，7年共计85个月，冶方先生竟然打了85遍腹稿，基本是每个月过一次。

四、倒在春天里的中国"但丁"

"出师未捷身先死，长使英雄泪满襟"，这两句词用在冶方先生身上非常贴切。曾记得，冶方先生在其名作《论价值》中曾经引用马克思在《"政治经济学"序言》中的话：

"在科学的入口处，好比地狱的入口处一样，必须提出这样的要求：

在这里意志必须坚定，

在这里不能让恐惧来做顾问。"

其实，冶方先生就是中国的"但丁"，就是中国的经济学教父！

1975年4月，68岁的孙冶方被批准出狱，在汽车上，驻所工宣队队长警告孙冶方要"老实做人"，他当即表示："我是一不改志，二不改行，三不改变自己的观点。"8个月后，一手策划关押孙冶方的康生病逝于北京。1976年10月，"四人帮"被粉碎，在好友陈修良家暂住的孙冶方喜出望外。

孙冶方等待着胜利曙光的出现，更期待着美好时光的到来，同时也加紧了为迎接美好时光的准备工作。刚刚出狱不久，他这个俄文通又开始了德语的学习，他要认真看看德文版的《资本论》原著是怎么说的；他开始下基层调研，广西、甘肃、贵州这些当时还很偏僻的省份他都去了，他要全面了解中国的实际情况，生怕出现以偏概全、以点带面的误判；他开始与中国经济学的老伙计们座谈，开始与手下众弟子们深谈。在经过一系列身体、精神、队伍准备后，1979年全国第二次经济理论研讨会在无锡召开，此时，距离第一次价值规律大讨论已经整整过去了20年。

两个无锡人，一对堂兄弟，共同主持一次中国经济理论界的盛会，至今让人津津乐道。开幕式上，薛暮桥讲了"三不主义"——不抓辫子，不打棍子，不戴帽子，孙冶方讲了"五不怕"——不怕受批评，不怕撤职，不怕开除党籍，不怕离婚，不怕杀头。会议结束时，薛暮桥强调理论与实际相结合，而孙冶方强调还要继续提高理论水平，讲完后两人相视而笑。这次会议被称为经济学界的"解冻大会"，会后，孙冶方和薛暮桥将会议上的主要观点归纳成篇，提交国家计委、社会科学院党组等部门。几个月后，十一届三中全会召开，中国经济翻开新的一页。

这阶段，冶方先生活力四射，创造力惊人。《论作为政治经济学对象的生产关系》（《经济研究》1979年第8期）、《关于价值规律的内因论和外因论》（《经济研究》1979年第12期）、《关于生产劳动和非生产劳动：国民收入和国民生产总值的讨论》（《经济研究》1981年第8期）相继发表。与此同时，《社会主义经济论》也正在由"腹稿"转为"实稿"的进程中。

可是，天不佑我中华，在给了我们如此优秀的儿子同时，却又让他长期身陷囹圄，而刚脱牢狱，病魔又接踵而至。终于，在1983年2月，为理想、为中国的经济理论奋斗了一生的冶方先生走了。尽管走的不是很突然，卓元先生以及所有关心冶方先生的人都潸然泪下。冶方先生带着无尽的遗憾和不舍，走完了他伟大、光辉的人生，最后的遗言更让人泪奔不止。他说："我死后，我的尸体交医院作医学解剖，不举行遗体告别仪式，不留骨灰，不开追悼会。但不反对经济所的老同事对我的经济学观点举行一次评论会或批判会。"

作为一个经济学晚辈，我不敢也无法贴切地评价冶方先生之于中国经济学的贡献。这里仅谈谈我的感受——从 1957 年到 1982 年，冶方先生犹如逆风飞扬的大鹏，在阻力重重难以远飞的时候，却无意中创造了逆流升高的新高度，才使后来的中国经济学走出了计划或市场的泥沼。这种逆风飞扬，使冶方先生看得更远，看得更透，当然也使他更加痛苦。试想，他如果像燕雀一样，只做一个谨慎的贴地飞行者，他个人的命运不知要好上多少。若用一句话概括冶方先生这种憾别，此时我能想到的就是"大著虽未成，大径已洞悉"。

附件 2：

孙冶方：最后的微笑

著名新闻记者李辉，在 2005 年 9 月 28 日曾经写过一篇短文——《孙冶方：最后的微笑》。这可能是迄今为止，为数不多的一个近距离接触过冶方先生最后岁月并被深深震撼的局外人。我不认识李辉，也没有李辉那样幸运，但是李辉记述的正是我想说的，也是我作为一个经济学人感激他的。所以，他的这篇文章，就有十分的必要留在这里了。

文章这样写到：

我喜欢逛旧书摊。两年前，意外地在潘家园摊主处搜集到一张旧表格，它属于"文革"期间中国科学院哲学社会学部——今天的中国社会科学院。表格题为：《北京卫戍区和公安部逮捕的人》，系手写，填写表格者为"中国人民解放军驻原学部毛泽东思想宣传队指挥部"，时间在 1970 年。

据这份表格，哲学社会学部在"文革"开始后共有 21 人被捕。在 21 人的名单中，我发现有两位著名人物：哲学家杨献珍、经济学家孙冶方。表格中注明年龄：杨献珍 75 岁，孙冶方 53 岁；家庭出身：杨献珍为小手工业，孙冶方为小土地出租；本人成份：杨献珍为自由职业，孙冶方为职员……

早就知道他们的历史故事。当代史上，杨献珍因主张"合二为一"的哲学观点，孙冶方因强调经济规律和利润的经济学观点，在 20 世纪 60 年代分别招致批判。他们是历史旋涡中的大人物。

对孙冶方并无研究，但因一次偶然的机会，在他去世前的一个月，我亲历了一个难得的场景——他与陆定一最后的见面。

那是在 1982 年，我刚刚当记者不久。一次去北京医院，和中国青年艺术剧院的导演和演员一起去探望剧作家阳翰笙，请他就即将重新上演的《草莽英雄》谈当年的创作体会。大家正谈着，陆定一走进了病房，来看望他的老朋友。他们谈得很投机，很愉快地和导演、演员们合影。当与阳翰笙告别时，陆定一说要再去看看孙冶方，因为听说他病重，将不久于人世。

我久仰孙冶方大名，却一直无缘相见。从报章上了解到他如何顶住各种各样的压力坚持自己的经济思想，从而被学术界视为一位最值得敬重的经济学家。不仅在于他的理论体系，也在于他的正直、执拗、坚毅。我不愿意放过这样一次难得的机会，并且直觉到陆定一和他的会面，应该是很有意义的。于是，征得陆定一的同意，我随着他走进了孙冶方的病房。

孙冶方已经不能坐起来，只能躺在床上与人握手交谈。他很瘦，眼睛却很有神。陆定一非常热情地走过去，握住他的手，然后在他病榻前坐下。他们谈了些什么，我已记不起来，但照片上的他们，显然谈得非常投机，非常开心。一张照片上，陆定一笑容满面，而孙冶方也流露出愉快的神情。整个谈话过程中，他们的手一直紧紧握在一起。

这张照片无疑记录下一个难得的历史瞬间：陆定一"文革"前长期担任中宣部部长，主持意识形态工作，对孙冶方经济理论的批判也正发生于他主政期间。他当年所做的关于"双百"方针的重要报告，曾令多少人欢欣鼓舞过。但由于历史原因，这并没有使孙冶方的经济理论在20世纪60年代和"文革"中免遭一次次的批判。只是到改革开放后的时代，人们才认识到，孙冶方早就提出的经济建设应该注重价值规律的理论是正确的，历史终于接受了他。

现在再看这张照片和这张表格，突然间意识到他们这次见面的历史分量。

一张表格、几张照片摆放在一起，让人有异样的感觉。表格无情也无语，但简略的文字留下巨大的历史空白。大大小小的格子，闪动着历史的影子。影子中，还有孙冶方睿智的目光与微笑。如今，中国已经实践的市场经济，恐怕早已超出了孙冶方的想象，但过来人却不应忘记他，而应永远感怀那些在经济学理论上筚路蓝缕、满身创伤的先行者。

孙冶方经济思想的重要现实意义

——纪念孙冶方百年诞辰

张卓元

2008 年 10 月 24 日，是中国著名经济学家、改革开放先驱孙冶方百年诞辰纪念日。孙冶方离开我们已 25 年了。他亲眼目睹改革开放只有四年多，但从 1979 年下半年起即已重病缠身。他对传统社会主义经济体制的批判、提出改革中国经济体制的主张，主要是在 20 世纪 50 年代后半期到 60 年代初期的 8～9 年间，且正是"左"的思潮和政策逐步泛滥的时期。孙冶方以马克思主义经济学家的大无畏精神，冒着很大的政治风险，仗义执言，标新立异，对传统社会主义经济理论和体制发起一次又一次挑战，在"文革"前夕即被扣上"中国最大修正主义者"的政治帽子，"文革"中更被投入监牢 7 年多。1975 年 4 月 10 日，在邓小平复出并主持中央日常工作期间，孙冶方出狱了。

他出狱后在汽车上说的第一句话是："我是一不改志，二不改行，三不改变自己的观点。"这充分表现出他的铮铮铁骨和献身科学的精神。孙冶方永远是中国经济学家的楷模和学习榜样。中国实行改革开放至今已 30 年，改革开放使中国经济迅速腾飞，目前已跻身世界经济大国行列。改革开放是在经济理论与时俱进、不断创新带动下不断深化和发展的。一系列马克思主义中国化的创新成果的不断出现，已经超越了孙冶方等老一辈经济学家在 20 世纪 50、60 年代甚至 70、80 年代的设想和理论概念。但是，如果我们仔细研究孙冶方的一系列论著，就不难发现，孙冶方几十年前提出的重要理论观点，显现的天才的闪耀，至今有不少仍具有重要现实意义，我们还可以从他的论著中吸取深化改革开放的力量。这也是本文准备论述的主题。

一、"千规律，万规律，价值规律第一条"至今仍有现实指导意义

"千规律，万规律，价值规律第一条"，是孙冶方1964年在一次批判他的经济学观点时回答批判者质问时冲口说出的一句话，此话一出，在座的不论是批判者还是陪同的被批判者（陪同的被批判者有杨坚白、邝日安、何建章、我等）都为之震惊不已。批判者认为又抓住了孙冶方的一个大把柄，陪同的被批判者为孙冶方又捏了一把汗。实际上，这句话是孙冶方经济理论体系的核心和概括。14年后，1978年，孙冶方在《光明日报》撰文，以此为标题系统地阐述了他的经济理论观点，说："我这句话虽然是在激动中脱口而说出的，然而这是符合我多少年来长期坚持的思想的。"在我看来，孙冶方这句一鸣惊人的话，不但具有非凡的理论价值，而且具有深远的实用价值，应看作是我国经济改革的一个重要指导思想。

"千规律，万规律，价值规律第一条"，在我国30年的经济体制改革实践中，得到了越来越有力的验证。特别是1992年10月党的十四大确定我国经济体制改革的目标是建立社会主义市场经济体制以后，孙冶方的上述理论概括，其现实意义就更大了。

第一，马克思主义经济学原理历来认为，价值规律是商品经济和市场经济的基本规律，是支配商品经济和市场经济活动的最根本的法则。现在我们要在社会主义条件下发展市场经济，就要按市场经济规律办事，首先是要按价值规律办事，即价值规律的确是社会主义市场经济的首要的经济规律。对价值规律的任何违反，都是破坏市场经济法则的，都会阻碍市场经济的顺利发展。所以，确立社会主义市场经济论，就直接意味着确认"千规律，万规律，价值规律第一条"，就要重新认识和估价价值规律在社会主义建设中的重大作用，以便使我们比较自觉地按客观经济规律办事。

第二，在孙冶方的论述中，价值规律的涵义是比较广泛的，既包括商品价值由生产商品的社会必要劳动时间决定，商品交换由等价值量交换规范，也包括价格机制等在内，这样，价值规律自然是商品市场经济（包括社会主义市场经济）的生产和流通的调节者，经济资源配

置的调节者。这也就是我们经常说的使市场在资源配置中发挥基础性作用。所以，尊重价值规律的作用，就是要更好地发挥市场在资源配置中的基础性作用。但是，我们要冷静地看到，时至今日，尽管改革开放已搞了30年，市场已开始在资源配置中发挥基础性作用，可是还有许多不足之处，主要是政府拥有的资源过多，配置资源的权力过大，挤压了市场配置资源的基础性作用。也就是说，到现在，价值规律调节资源配置、调节生产和流通的作用，还受到相当程度的干扰。所以，按价值规律办事，充分发挥市场在资源配置中的基础性作用，仍是今后深化改革的重要任务。可见孙冶方的价值规律理论至今仍有重要现实意义。

第三，从政治经济学的发展角度看，多少年来，经济学家们在创建社会主义政治经济学体系时，总离不开规律排队，并且总是把所谓社会主义基本经济规律、有计划发展规律置于首位，以贬低和排斥价值规律的作用。在20世纪80年代初，还有人拿社会主义经济中基本经济规律和有计划发展规律起主要作用来反对社会主义经济也是一种商品经济。可是，早在40多年前，孙冶方就已提出在社会主义政治经济学中，价值规律第一。这就是说，要以价值规律为基础、为中心来阐述社会主义经济规律体系。只有这样，才比较符合社会主义经济的本性和特征。所以，从政治经济学学科建设来说，孙冶方的论述，时至今日，也仍有重大意义。

二、价格政策不应以价格背离价值为特征

孙冶方特别重视价值规律，偏爱价值规律，因此强调在各项经济活动中要坚持等价交换原则。他说的等价交换是指等价值交换。20世纪60年代，在一次讨论会上，国务院财贸办公室一位同志说等价交换是等价格交换时，孙冶方立即反驳说，等价交换是等价值交换，而不是等价格交换。那时价格是国家制订的，不能认为只要按国家制定的价格交换就算等价交换，因为国家制定价格时，常常违背价值规律的要求，甚至有意地使价格背离价值，通过不等价（值）交换增加国家财政收入。与此相联系，孙冶方还竭力反对所谓没有价格背离价值就没有价格政策的苏式教条（这句话是苏联著名经济学家斯特鲁米林院士讲

的），强调价格符合价值应是国家价格政策的基础和出发点，并且是检验国家价格政策是否正确的标准。现在看得很清楚，在实行政府定价的体制下，必然出现价格关系扭曲，价格结构畸形，破坏等价交换原则。靠国家调整价格是无法理顺价格关系的。所以，孙冶方反对把等价交换说成是等价格交换是非常正确的，是对传统的社会主义经济体制和价格体制的弊病有深刻洞察力的表现。

孙冶方的上述观点，至今有很强的生命力。目前，我国已初步建立社会主义市场经济体制，商品和服务价格绝大部分已经放开由市场调节。与此同时，一些生产要素和重要商品（特别是资源性商品）的价格仍受政府管制，而且长期以来价格偏低。地价低、粮价低、能源价格低、水价低、资金价格低、污染环境不付费等，实际上鼓励粗放扩张，使经济增长付出的资源环境代价过大。党的十七大报告提出，要完善反映市场供求关系、资源稀缺程度、环境损害成本的生产要素和资源价格形成机制，这同孙冶方一直主张的使价格符合价值的看法是一致的，这也是实现经济发展方式转变促进经济又好又快发展的最重要的一个条件。这说明，深化价格改革，对完善社会主义市场经济体制至今仍具有重大意义。

在实践中，深化价格改革，实行正确的有利于科学发展的价格政策，也不是一件简单的事情。虽然从理论上原则上认识到理顺价格关系最有利于经济的健康发展，但是一碰到一些具体困难，或牵涉到局部利益受损时，又常常把理顺价格关系放在一旁，满足于保障眼前的短期的效益。比如，2005 年、2006 年，CPI 上涨率只有 1.8% 和 1.5%，本是理顺资源产品价格的大好时机，经济学家和有关部门也提出抓住良好机遇，尽快调整已严重偏低的资源产品价格的建议，但可能是怕提高资源产品价格会增加企业产品成本、影响经济增速，而没有及时出台调价措施，丧失了难得的机遇。当前，成品油、天然气价格、电力价格、粮食收购价格均严重偏低，很不利于增加供给和节约资源，但是碍于物价上涨率已经较高了（2008 年上半年 CPI 上涨率为 7.9%），不敢及时提高价格，理顺价格关系。

实际上，越来越多的人已认识到，不理顺价格关系，对经济的长远的健康的发展极其不利，只是把矛盾往后移直至积重难返。在这种情况下，我认为我们重温孙冶方 40 多年前的观点和论述，一点也没有过时，对深化价格改革、完善价格政策，仍有重要的现实针对性。

三、社会主义国家经济体制的核心问题是处理好国家与企业的关系

1961 年 6 月 2 日，孙冶方写了一份内部研究报告，题目是《关于全民所有制经济内部的财经体制问题》。报告明确提出，社会主义国家经济体制的核心问题是处理好国家与企业的关系，而不是多年来人们实际奉行的中央与地方的关系。他说："财经管理体制的中心问题是作为独立核算单位的企业的权力、责任和它们同国家的关系问题，也即是企业的经营管理权问题。至于体制中的其他问题，如中央与地方的关系、条条与块块的关系等，在企业的职权问题解决以后，是容易解决的。"

同年 10 月，他在南京经济学会上发表讲话时，又说："现在一般人研究经济管理体制，总是强调中央与地方的关系。我认为财政经济管理体制，首先不是中央与地方的体制问题，那是属于国家政体的问题，那是法学家管的问题，是从民主集中制组织原则的角度考虑的问题。从政治经济学上来考虑，所谓管理体制，首先是作为国民经济的细胞，作为独立核算单位的企业的管理体制。这就是，作为一个独立核算企业它应有多大责任，国家才能调动其积极因素，全面地把国家交给它的担子挑起来"。

那时，孙冶方还提出了划分国家"大权"与企业"小权"的数量界限，即在资金价值量简单再生产范围内属企业"小权"，国家不要去管；而在资金价值量扩大再生产（即新投资）范围内的事，则属需要国家管的"大权"。这种划分对大家研究问题也是有启发的。重要的是，孙冶方提出的处理国家与企业关系是财政经济管理体制的核心的崭新观点和思路，为我国经济体制改革指明了正确的方向，也为 18 年后中国开始的经济改革实践证明是正确的。

值得特别提出来的是，孙冶方 40 多年前提出的要正确划分和处理国家和企业的关系，特别是要尊重企业自主权的观点和主张，至今仍

未完全落实和解决。1993 年，党的十四届三中全会提出国有企业改革的方向是建立现代企业制度，现代企业制度的基本特征是：产权清晰、权责明确、政企分开和管理科学。目前，现代企业制度已较普遍建立起来，但是还很不完善。突出的问题是，不少企业，政企还未很好职责分开，政府还经常干预企业自主经营的权利。政府往往通过项目审批、土地批租、信贷干预、封锁市场、税收征管、市场准入等，干预微观经济活动。还有，在实现政资分开上，也还有待完善。至今有的地方，还实行地方政府直接持股，尽管那里国资委已经建立。在国资委作为政府代表履行出资人职责人时，如何做到只当"老板"，不当"婆婆"，尊重企业法人财产权，不代替公司董事会进行生产经营决策，以及真正做到所有者到位，防止"内部人控制"，等等，也有许多问题要很好研究和解决。这些都说明，孙冶方关于处理好国家与企业关系的观点和主张，仍是我国今后深化改革的一项重要任务，仍有重要现实意义。

四、提高经济效果是经济体制改革的根本出发点

孙冶方经济理论体系的中心或红线，是用最小的劳动消耗，取得最大的有用效果。据此，他从 20 世纪 50 年代起就倡导经济体制改革，其根本出发点就是提高经济效果。也就是我们今天说的提高整个经济活动的效益。

孙冶方从 20 世纪 50 年代开始，就不断抨击传统的高度集中的经济体制的种种弊端，他指出：由于"否定或是低估了价值规律的作用，'不惜工本'，似乎是社会主义建设应有气魄"。对"价值"概念的否定，是不可能引出重视经济效果，重视劳动时间节约的结论来的。由于过去大多数经济学者把未来社会的经济看作是自然经济，所以投资效果也在很长一个时期内被看作是资本主义经济范畴。这是最荒谬不过了。资本家使用资本时，很讲究经济效果和投资效果。我们为了同资本家的资本划清界限，把"资本"改称"资金"了，把两个不同的概念在文字上划清界限是有好处的；但是把"投资效果"也跟"资本"一道给否定掉了，这是大不应该的。实际工作中对于投资效果的

忽视，理论工作者是要负责的。

孙冶方从必须重视经济效果出发，早在1963年，他不顾好心人劝说，写了一个研究报告叫《社会主义计划经济管理体制中的利润指标》上报，文中说："我的意见，我们应该提高利润指标在计划经济管理体制中的地位，应该表扬那些努力降低成本、增加利润的先进企业，批评那些不关心和由于主观不努力而不能为国家创造利润的企业。利润的多少是反映企业技术水平和经营管理好坏的最综合的指标。社会平均资金利润率是每个企业必须达到的水平，超过平均资金利润率水平的就是先进企业，达不到这水平的就是落后企业。"

这些现在从市场经济的角度看很平常的观点和主张，在很长一段时间内，却被斥为提倡"利润挂帅"的修正主义"大毒草"。这也充分反映出传统社会主义经济理论和体制对经济效益采取何等排斥的态度。所以，到了20世纪80年代初，孙冶方确信，对传统的旧体制，必须进行重大改革。他说："我们不能满足于对旧的经济体制包括计划、财政体制修修补补，而要进行重大改革，以充分适应生产力发展的需要。"

孙冶方一贯主张的建立在尊重价值规律基础上的新经济体制，其本质特征是讲求经济效益。他说："社会主义经济更注重经济核算，更注重劳动生产率，更注重以最小的劳动消耗取得最大的经济效果，这是价值规律的核心问题。'不惜工本'是违背价值规律的。"

孙冶方的上述观点和主张，至今仍有指导价值。我们在生产和投资活动中，不讲求经济效益、浪费现象时有发生，"形象工程"往往不惜工本，"豆腐渣"工程更是贻害无穷。严格说来，高投入、高消耗、高污染、低效益的粗放型增长方式，实际上是不讲求经济增长的质量和效益，同劳动时间节约规律大相径庭。我们今天要求转变经济发展方式，建设资源节约型环境友好型社会，形成节地、节能、节水、节材的生产方式和消费模式，重温孙冶方的一系列精彩论述，仍是大有教益的。

——原载于《经济研究》2008年第10期

第二篇 直击改革

《战国策·赵策一》曰：士为知己者死，女为悦己者容。

时间到了1983年，50岁的卓元先生迎来了人生的重要转折点——7月份晋升为中国社会科学院财贸经济研究所所长，同时从《经济研究》编辑部主任直接提升为中国社会科学院研究员，自此，他开始了作为改革经济学家的全新时代。

1984年，他是「价格改革是经济体制成败关键」这一重大判断的坚持者；1987年，他成为「稳中求进」思路和「稳健派」改革理论的主要代表人物；1992年，他是社会主义市场经济论的积极倡导者；1993年，他又是「国有企业」改革的理论家；2000年后，又是他提出了「转方式必须先转政府职能」的宏论。

因此，本篇将用五章内容，展现一个新中国第二代经济学家的理论贡献。

第九章　价格改革是关键

㊣科学研究有时就像开门，不是敲击的次数越多，敲击的时间越久，门就一定被敲开了，而是要找到科学的方法、科学的路径，最好是找到开门的钥匙。因此，古汉语里钥匙又被称为"关键"，找到"关键"，难题自然会消解过半。

古人认为，知识分子的终极职能是"治国、齐家、平天下"，因而"学得文武艺，货予帝王家"是一个普遍的价值取向和实际行动。今天，国家是人民的共同家园，不再是哪个家族的私产，但不变的是知识分子的作为，一个优秀的知识分子绝对不是坐而论道，不问世间冷暖的人。经过 30 年的积累和积淀，卓元先生被历史性地推上了改革谋者的位置。卓元先生未踏入改革殿堂前，已经谋划出了改革的关键之举在价格。

一、价格改革：打响中国城市经济改革"第一枪"

如众所知，中国经济体制改革的微观突破是从农村集体所有制关系开始的，即率先由安徽凤阳小岗村的家庭联产承包责任制开始的，集体的土地转包给农户长期使用。所有制关系的变革，的确使中国农村的生产力得到了极大释放，长期被压抑的农民劳动积极性很快被调动起来。于是，一些经济学家或政治家，开始考虑在中国城市经济中复制这种经验。

事实很快证明，对一个国有经济占绝对地位，计划经济控制力极强的城市经济，做"大卸八块"式的所有制改革，无疑是断送成功的可能性。20 世纪 80 年代初期的中国，国有制观念依然根深蒂固，国有经济仍然是国家经济的绝对主力，任何一点风吹草动，都可能引起巨大的震荡。

如果说改革是"找死"，那么不改革无疑于是在"等死"。既然所有制改革风险巨大，那么有没有既能推进改革，又可控制风险的突破口呢？卓元先生经过审慎的研究和思考，明确提出了"价格改革是关键"的主张。

由于当时很多建议都是通过内部呈送或通过内部讨论的方式形成的，所以今天查找相关文献变得有些困难。不过，我还真找到了一份弥足珍贵的关于价格改革的重要文献——卓元先生与何建章1981年9月3日发表在国家计委经济研究所主办的内部资料《计划经济研究》上的《计划 市场 价格》。这篇文章首次提出了"对物价管理体制和价格体系要进行根本改革"的主张，可以认为是打响中国宏观经济改革的"一枪"。

看似偶然，实则必然。张卓元、何建章1964年联袂发表的《试论社会主义经济中的生产价格》早已震动经济学界，这次再度联手，更是理论与逻辑的使然，也是铁肩担道义的责任感使然。《计划 市场 价格》一文是关于价格改革的开山之作，其历史功绩以及艰难背景已经淹没在历史红尘之中，后世很多人早已熟悉了一些鼓噪者的自我藻饰。为还原历史本真，我们不妨走进那个时代，深入那篇檄文。

1981年，中国绝大多数的经济理论研究者还在考虑改革开放是对还是错，是应对之策还是长久大计，更年轻的一批经济学者还在学习经济学的ABC，尚没有弄清经济的基本规律，政治决策者们则更多地考虑计划与市场到底是一种什么样的关系，如对立关系、主辅关系、平等关系、基础与上层关系等。这个时候，能够提出价格改革的人，一定是对社会主义价值、价值规律有深入研究和认识的人。唯有如此，才可能有此胆识和谋略。如我们在《第二篇 叩问价值》中所看到的那样，卓元先生已经浸染此领域研究快30年矣。因此，由卓元先生与何先生提出价格改革就不足为怪了。

《计划 市场 价格》除明确提出对物价管理体制和价格体系进行根本改革外，还重点强调"要打破所有商品价格都由国家统一规定和调整的老框框，赋予企业一定的订价和调价权"。

《计划 市场 价格》对如何实现这一思路，也给出了破中有立的温良"药方"——"从价格形式来说，打破单一的固定价格体系，实行固定价格、浮动价格、自由价格等多种形式"。

——固定价格是国家统一规定而只在必要时加以调整的价格。凡属直接计划分配的商品一般都要由国家规定固定价格。在国民经济基本比例失调的状况还没有根本扭转以前，这类价格的范围大一些。随着国民经济比例关系的逐步协调和产业结构的逐步合理，随着财政、信贷、物资、外汇平衡的实现，计划分配商品的范围将逐渐缩小，固定价格的范围也将随着缩小。

——浮动价格也是国家计划规定的价格，但是国家只规定浮动的上限或下限，赋予企业根据市场情况而在这个范围内自行订价和调价的权力。浮动价格是计划调节与市场调节相结合的一种形式。它能够比较灵敏地反映市场供求和商品生产的劳动消耗的变化，促使企业及时按照市场需要调整自己的产供销计划和改善经营管理。

——自由价格是完全由市场供求变化而自然形成的，国家一般不直接进行干预，必要时可通过国营供销机构进行吞吐调剂，以避免价格的激烈波动而损害消费者和生产者的利益。

掩卷思之，在1981年能有这样的设想并不容易。目标、路径、手段、过渡措施，几乎都涵盖在这篇并不长的内部报告之中了。这篇报告没有华丽的辞藻，也没有大段的引证文献，更没有很多人引以为豪的数学模型，它是用中医"辨症施治"的办法，对中国经济体制改革开出的"良方"。

二、价格改革仍然是经济体制改革成败的关键

1. 价格改革主张"飞入"中南海

经过卓元先生等人的努力，价格改革逐渐被当时的中央决策层接受和认同，最直接的体现是在1984年10月通过的《中共中央关于经济体制改革的决定》中，直截了当地提出："价格体系的改革是经济体制改革成败的关键。"

在经济学学术领域，一批雄心勃勃、干劲十足的少壮派，在吸收

了当代一些经济研究成果后，很多人同样为国家经济体制改革出谋划策。这些少壮派的主体是"文革"后接受研究生教育的一批人，他们或单独、或集体地开始撰文阐述自己的价格改革观点，比较有代表性的文章包括楼继伟和周小川[1][2] 1984 年在《经济研究》上发表的《论我国价格体系改革方向及其有关的模型方法》，郭树清[3] 1985 年发表在《中国社会科学院研究生院学报》上的《关于中国价格体制改革的目标模式》、张维迎[4] 1985 年在《经济研究参考资料》上发表的《关于价格改革中以"放"为主的思路》、华生[5]等人于 1985 年在《经济研究》上发表的《论具有中国特色的价格改革道路》等。

价格改革为何会成为中南海决策者们的首选呢？看似很复杂，其实很简单。从邓小平 1979 年会见《简明不列颠百科全书》主编关于市场经济的表述看，早在那时他就有了市场化改革的构想。要搞市场化，价格当然是灵魂，只有当价格能够正确反映价值并受价值规律作用时，其他的经济关系才能理顺，国民经济各种失调的比例才能被市场力量逐步纠正过来。当时具体负责改革工作的是时任中共中央总书记的胡耀邦和时任国务院总理的赵紫阳，他们焉能不知道邓小平的改革主张？因此，当一批经济学家提出价格改革方案之后，可谓正解胡、赵燃眉之急。

2. "价格改革优先论"争议骤起

1985 年全社会物价出现大幅度上升，绝迹多年的通货膨胀重新进入寻常百姓家，而大家直接和直观的反应就是先搞价格改革是错误的，改革的第一优先者应该是所有制改革。

关于价格改革在整体经济体制改革中的地位和作用的诸多争议，

---

① 楼继伟（1950～）：中国当代著名经济学家，政府官员，曾任财政部副部长、国务院副秘书长、中国投资有限责任公司董事、中央汇金投资有限责任公司董事长，掌管资金达 2000 亿美元的主权财富基金，现为国家财政部部长。

② 周小川（1948～）：中国当代著名经济学家，政府官员，曾任中国建设银行行长、中国证监会主席，现为全国政协副主席，兼中国人民银行行长、党委书记。

③ 郭树清（1956～）：中国当代著名经济学家，政府官员，曾任贵州省副省长、中国建设银行董事长、中国证监会主席、中国人民银行货币政策委员会委员，现为山东省委副书记、山东省省长。

④ 张维迎（1959～）：中国当代著名经济学家，北京大学光华管理学院经济学教授。主要著作有《企业的企业家—契约理论》、《博弈论与信息经济学》、《企业理论与中国企业改革》等。

⑤ 华生（1953～）：中国当代经济学家，现任燕京华侨大学校长，曾经着力推动价格双轨制改革。

卓元先生 1987 年发表在《中南财经大学学报》第 4 期的评论文章——《评近年来关于价格改革若干问题的争论》，有精彩的点评。

——非关键论。持非关键论的经济学家认为不能对价格改革的地位和作用估计过高，价格改革只是经济体制改革的重要组成部分，而不是关键。说它关键，就是对价格改革期望过高、过大、过急，孤军突出，反而影响价格改革的效果，也不利于整个经济体制改革的进行。

在非关键论中，厉以宁[①]的观点最具有代表性。厉以宁在 1986 年 11 月 3 日《世界经济导报》上发表了《先改价格还是先改所有制选择哪个思路》，后来在其专著《体制、目标、人》中又重申了他的主要观点。

归纳起来，我们可以看到厉以宁的观点是在批驳价格改革优先论的基础上立论的。他认为，与所有制改革相比较，价格改革有十大弊端，即：①价格改革给人们带来的是负心理效应，人们一听到价格改革，首先想到会失去什么，不可能积极配合价格改革；②价格改革对企业是被动的，企业采取"磨"与"混"的态度，进而影响改革效率；③地方政府对价格改革顾虑重重，似乎也不切实际；④价格改革的结果是不确定的，无法预测；⑤价格改革不能解决根本性问题，它还不能调动积极性，充其量只能创造一个环境；⑥价格改革是不能试点的，当它迈出一步后是不可逆的；⑦价格改革成本很大、收益较小；⑧价格改革一经实施，其他改革就要停下来；⑨价格改革不能和政治体制改革、文化改革配套，而是孤零零的改革；⑩价格改革层次很低，不触及人际关系。

——关键论。持这种见解的经济学家认为价格改革是整个经济体制改革成败的关键。因为经济体制改革是要改产品经济为有计划的商品经济，而商品经济的基本特点是实行等价交换。所以，使商品经济的基本特征体现出来的价格改革，就始终成为整个经济体制改革成败

---

① 厉以宁（1930～）：中国当代著名经济学家，现为北京大学社会科学学部主任，北京大学光华管理学院名誉院长、博士生导师，中国民生研究院学术委员会主任。第七、第八、第九届全国人大常委，第七届全国人大法律委员会副主任，第八、第九届财经委员会副主任，第十、第十一、第十二届全国政协常委，第十、第十一届全国政协经济委员会副主任。因论证倡导我国股份制改革，被尊称"厉股份"。

的关键。当然这并不是说价格改革是经济体制改革的唯一内容，经济体制改革要奏"交响乐"，不能只让价格改革"独奏"。

在关键论中，还有人强调价格改革是整个经济体制转轨成败的关键，不加快价格改革，就有可能导致传统体制"反水"。

在关键论中，卓元先生的观点最具有代表性。在《评近年来关于价格改革若干问题的争论》中，他认为，价格改革和所有制改革是经济体制改革的两条主线，前者是经济运行机制的转轨，后者是微观所有制基础的调整和重新构造。"我们改革传统的经济体制，是要实现向有计划的商品经济的转化。而在有计划的商品经济的运行中，价格的导向作用将具有决定性的意义。这样，建立合理的价格体系，就成为建立合理的生产和消费模式、实现社会经济效益最大化的关键。正是在这个意义上，实行价格改革，以便建立合理的价格体系，自然就成为整个经济体制改革的关键。"

一时之间，关于中国经济体制改革是所有制关键、优先，还是价格改革关键、优先，出现以厉以宁为代表的所有制关键改革派和以张卓元为代表的价格改革关键派，双方的争论焦点，可以从卓元先生与边勇壮[①]合作的《价格改革仍然是经济体制改革的关键——兼与厉以宁同志商榷》（《商业研究》1987年第2期）中窥见一斑。

三、价格理论为价格改革撑起一片蓝天

理论来源于实践，实践是对理论的再检验。卓元先生为中国早期的经济体制改革开出的价格关键论药方，已被实践证明是一大良谋。

其实，卓元先生之所以能够精准地找到"价格改革"这个关键，根源还在于他对价格理论的深度研究。1986～1989年，卓元先生先后发表了《社会主义价格理论与价格管理体制改革》（《管理世界》1986年第1期）、《论价格体制从直接管理向间接管理转变》（《财贸经济》1986年第7期）、《价格改革规律性探索》（《江汉论坛》1987年第8

---

① 边勇壮（1954～ ）：卓元先生首个入室弟子，师从卓元先生读完硕士、博士，20世纪80年代是非常活跃并颇有建树的年轻经济学家，其后转行从商，现为无锡新江南实业有限公司总经理、大恒新纪元股份有限公司董事长。

期)、《价格理论突破有力推动着价格改革前进》（《财贸经济》1989年第1期）论文和专著《社会主义价格理论与价格改革》（专著，中国社会科学出版社1987年版）。这四篇关于价格理论的论文和一本专著，既是对价格改革实践的总结，也是对原有价格理论的升华。

卓元先生的价格理论体系，是对中国经济体制改革理论的重要贡献，也是改革经济学或转轨经济学的重要组成部分。综括上述几篇论著，我们可以清晰地看出卓元先生的社会主义价格理论构成。

——理论基点。卓元先生明确提出，"社会主义理论价格，就是生产价格，即相当于产品成本加上按平均资金盈利率确定的利润额。在社会主义有计划的商品经济中，生产价格决不是人们的主观杜撰，或者某种理想化的愿望，而是不以人们的主观意志为转移的宏观经济过程的内在要求和产物。生产价格是社会主义商品价值的转化形态"。因此，价格形成一定要回到市场交换中去，而不是人为确定。1987年，他在专著中明确表态，价格改革目标模式倾向于"以自由价格为主，部分产品仍实行国家统一定价和浮动价"。

——制度条件。卓元先生说，社会主义价格理论是基于社会主义有计划商品经济形成的，商品生产和商品交换是价格理论存在的制度条件。

——地位作用。卓元先生把价格的地位和作用归纳为相互关联的三部分内容：一是价格是评价各项经济活动效果的标准；二是价格及其变动是价值规律对社会主义经济活动实现调节作用的表现形式；三是价格具有国家组织、引导和调节社会经济活动的重要杠杆作用。换言之，价格要从核算工具转变为最重要的调节手段。

——价格管理。卓元先生认为，社会主义商品经济条件下，国家的价格管理要从直接管理向间接管理转变，用市场定价体制代替行政定价体制。国家间接管理的主要内容集中在三个方面，即控制物价总水平、影响某些产品的相对价格水平、控制某些重要产品价格的变动。

与此相对，卓元先生还对价格改革的规律进行单独探索，在1987年就总结出了六个方面的内容：①价格改革包括价格体系改革和价格管理体制改革两大方面，这两方面改革要配套进行，并且要善于通过价格管理体制的改革推动价格体系的合理化。②社会主义有计划商品经济模式要求有计划控制宏观价格（包括控制物价总水平、主要比价关系和战略性价格）和放活微观价格，价格改革在总体上要符合这一本质要求。③价格体系的改革要逐步进行，一般包括三个阶段：调整价格，使各行业能够得到大致相同的利润水平；放开价格，使价格能充分反映市场供求关系；同国际市场价格挂钩。④理顺价格关系，要分步骤和配套进行，首先要理顺基础产品价格，基础产品价格理顺了，就能促进整个价格体系的合理化。⑤价格改革的难度和主要矛盾在于理顺价格和稳定价格的关系，价格改革能迈多大的步子，其进程和成效有多大，均取决于改革所带来的物价上涨率能否为国家、企业和人民群众所承受。⑥要为价格改革创造比较良好的经济环境，其中最主要的是经济协调发展，总供给和总需求及其主要结构的平衡，货币供应量的增长同经济发展和经济货币化需要相适应，即使出现超前增长，其增长幅度也要控制在5%以内。

卓元先生对价格理论的提炼是持续不断地进行的，几乎每年都有新作推出。在其1992年发表在《经济学家》第3期的《建立和健全市场价格体制》中，卓元先生已经给我提出了一个完整的市场价格体制。

1985年时的张卓元先生

——"我们所要建立的市场价格体制，并不是完全放任自流的，而是有计划指导和宏观控制的市场价格制度。第一，这种价格制度并不是把全部商品价格放开，而是把大部分商品和劳务价格放开，少数自然垄断产品、公共产品、关系国计民生而又长期短缺的产品的价格，仍需实行国家定价。第二，对放开的价格也不是完全放任自流，还要用反映商品交换规律的市场交易法规，包括反垄断、保护竞争加以约束，在特定条件下还可作临时的行政干预。第三，国家对宏观价格，首先是物价总水平，以及一些战略性价格如利息、工资、汇率等，主要运用经济手段进行调节和控制，力求避免价格总水平的变动幅度太大，影响经济稳定。"

第十章 "稳中求进"成大道

☯危险并不总是来自停滞不前，更不是来自稳健推进，有时不讲条件地一味求快，可能会导致更大的风险。当风险越积越多时，一旦处置不当，一个微小的因素，都可能引起山崩地裂般的崩溃。

孔夫子曾说："天下国家可均也，爵禄可辞也，白刃可蹈也，中庸不可能也。"可见要达至"中庸"之境界，难于治国、取爵禄、蹈刀山矣①。

尽管如此，以家国为己任的一代又一代中国知识分子，还是不遗余力地践行着一个士人的职责。国难时如此，国盛时如此，每个时代，都是因为有了他们，才有了持续的发展和文明的延续。发端于20世纪70年代末期并持续至今的中国经济体制改革，同样是一批又一批知识分子不断实现理想的舞台。至今已经取得的巨大经济成就和国际声望，都饱含着中国经济学家的智慧和汗水。

本章截取的是卓元先生作为"稳健派"代表人物之一，企求推动中国经济体制改革和发展稳中求进的事迹。

一、1987 年：中国经济学界的"华山论剑"

时间到了 1987 年秋，中国的市场取向改革已经有点踟蹰不前了——容易做的已经做过了，经济调节手段也出现了"计划调节为主，市场调节为辅"的格局；不容易做的还不知道怎么做。

社会上对改革的评价，也逐渐从热烈欢迎到有褒有贬，"端起碗来吃肉，放下筷子骂娘"越来越成为很多人的行为常态。中央高层领导

---

① 此语典出孔子之孙子思著《中庸》。"中庸"不是折中，"中庸"之"中"谓之"好"，"中庸"之"庸"谓之"有效"，合起来就是"又好又管用"。

对改革的意见也不尽相同，有的老同志认为市场因素在国民经济中的作用已经足够多了，再增加下去恐怕就和资本主义没有区别了。而坚持市场取向改革的人感到是改革的滞后影响了经济发展的效率，发展必须依靠改革的力量才能实现。经济学界的主张，"左派"有声音，但不占主流，这些人基本上是抱着马克思信条的本本主义，真正的分歧是在于如何处理国民经济遇到的问题以及采取何种改革策略的问题。

为破解各界之愁怀，1987年10月，当时的国家经济体制改革委员会委托并组织有关经济主管部门、科研机构、高等院校以及部分地方政府体改部门，对未来八年（1988～1995年）的经济体制改革分头进行了综合规划和专项设计，俗称"三五八"①，又称"中国经济体制中期改革规划纲要"。于是，不久后各路"名医"纷纷开出了自己的药方，卓元先生作为中国经济体制改革"稳健派"代表之一的雅号就缘起这项任务，其后改革之路径证明了"稳中求进"是经济体制改革的正道、大道。

中国经济体制改革方案"大比拼"。1987年，对于中国的经济体制改革来说，真的有点"乍暖还寒"的意味——传统经济大一统的格局已经被打破，但依然占据主导地位，新经济体制尚未确立，经常出现这样或那样的"反水"，有些所谓改革实际是只有"破"没有立。面对如此困境，退回去死路一条，前进又有许多无法预知的风险，不退不进更是一个糟糕的选项。

此时，中国经济体制改革的掌舵者们，再次用上了邓小平的妙法——"摸着石头过河"。

谁去摸这些"石头"呢？自己摸吗？好像摸了很久，仍然没有找到那些"石头"。同时，由于经济体制改革逐渐进入"深水区"，不仅"石头"越来越难摸，即使摸着了也无法支撑起大部队的集体过河。于是，国家经济体制改革委员会奉决策层指示，遍招各界专家会诊，既摸"石头"，查看"水情"，又进行"渡河"方案设计。由此，我们看到了以刘国光、张卓元领衔的中国社会科学院方案、以吴敬琏领衔

---

① 所谓"三五八"是对1988～1995年八年期间经济体制改革任务的规划以及实施的时间安排，其中，前三年（1988～1990年）为一段，后五年（1991～1995年）为一段。

的课题组方案、以厉以宁领衔的北京大学方案、以吴树青领衔的中国人民大学课题组方案、以杨启先①领衔的国家体制改革委员会方案、以王珏②领衔的中共中央党校方案等。

我虽未直接参与到这项工作中，但也是局中人。回忆当时的情况以及参考留存下来的诸多文件，我们可以比较清晰地还原那段时光以及那段时光取得的成果。

（1）任务描述。国家体制改革委员会为做好这次"改革中期规划纲要"前的战略研究，特别对前来应征的各路"勤王之师"发布"任务指南"。该"任务指南"简单地说，就是"两点两线一配套"。"两点"是指对起点或现状的判断，对终点或规划期内要实现的目标的确定；"两线"是指对改革路径的选择，对改革主线的选择。

（2）"起点"的共识与分歧。改革开放后，中国的第一轮大的通货膨胀起自1985年，到1988年达到峰值，所以各路"神仙"首先对"中期改革规划纲要"的起点进行"对表"。大家比较一致地认为，经过10年改革③，传统体制受到巨大冲击，已非铁板一块；同时许多新体制因素被引入经济活动，但新体制因素又未能有机地联结起来发挥整体功能，新体制的主导地位尚未确立。因此，目前新、旧两种体制处在相持、对峙、胶着、并存的特殊状态（参见斯路：《经济体制中期改革方案的综述》，《改革》1988年第6期）。按此共识，大家对"中期规划"起点的判断，实际不是以某个时间为节点，而是以新旧体制力量对比状态为分界。由于大家对不同领域新旧力量对比状态的判断存在分歧，所以给出的"起点"也是有差异的。如北京大学厉以宁课题组认为，"中国经济体制改革的失败，可能在于价格改革的失败，而

---

① 杨启先（1927～）：中国当代著名经济学家，曾任国家体改委综合规划局局长、专职委员，并曾兼任国务院经济体制改革方案研讨办公室副主任，现为中国经济体制改革研究会副会长、中国市场经济研究会副会长，研究员、教授。主要著作有：《国民经济计划概论》、《中国市场经济大趋势》、《中国企业改革的主要模式研究》、《中国国有企业改革的基本出路》、《中国的道路——经济改革15年经验总结》和《中国经济的"软着陆"》等。

② 王珏（1926～）：原名邹绍臣，中国当代著名经济学家，中共中央党校特级教授、中国市场经济研究会会长。已出版和发表的著作和论文约1300万字。其中代表性论著有《王珏选集》、《重读〈资本论〉》（三卷本）、《论现代公有制》、《经济体制改革规划纲要（1988～1995）》等。

③ 这个说法是指1976年"四人帮"被打倒，"文革"结束，故1977～1987年已经10年。其后，有关改革10年的计算方法，也有用1979～1989年的。

它的成功，必须取决于所有制改革的成功"。

（3）终点或目标的共识与分歧。实际上，在1987年那个时点，无论是政治家们，还是理论家们，还没有形成社会主义市场经济体制的共识，特别是随着改革进程的胶着，正能量开始下降，负能量开始增长，对旧体制怀念、对新体制怀疑的声音不绝于耳。故此，当时各路"大仙"提出的方案，基本立论点是在有计划商品经济体制这个框架下进行的。比较有共识性的观点是：中期改革的目标，应该是通过新、旧体制的转轨，确立社会主义商品经济新体制的主导地位。这种新经济体制的基本框架是"政府调控市场，市场引导企业"，理想化的状态是实现"经济运行市场化，企业形态公司化，宏观调控间接化。"中期改革的终点或目标点在哪呢？有提出3年期限的，有提出5年期限的，比较多的是8年期限。以今天的眼光看，"主导地位"的确立，基本是在5年期限内实现了，而"三化"至今还有相当大的差距。

（4）"路线"的共识与差异。1987年的中国，直面经济稳定、经济发展、体制改革三大相互缠绕的难题。稳定经济是在发展中稳定，还是在停滞中稳定；经济发展是在改革中发展，还是在不改革中发展，是摆在当时决策者面前的难题。从大的思路上看，各家方案没有不同，都认为"只有把稳定、发展与改革有机地结合起来，才可能保证在规划期内顺利地完成经济体制转轨的任务，因为，一方面，改革的根本目的在于实现经济持续、稳定、高效率的发展；另一方面，无论是在严重的通货膨胀环境中，还是在经济停滞的情况下，改革都不可能取得突破性进展。因此，稳定与改革、发展与改革都必须'双向协同'"。但是，在具体路径安排上，各方案之间还是有明显差异的，有的突出发展速度，以速度带动改革进程；有的突出稳定，为改革创造一个比较好的环境。

（5）"主线"的共识与差异。中国经济体制改革伊始，就出现了改革的主线之争，这次在"中期改革规划"中又重新形成了大的分歧。以厉以宁为代表的北京大学方案，明确提出企业改革是主线，"要以创建现代企业制度为中心，以国有大中型企业为重点，全面配套地推进改革，更为具体地说就是把实施股份制作为全部经济改革的中心线索"。以吴敬琏、周小川为代表的课题组提出了"市场—价格改革中心"论。以刘国光、张卓元为代表的中国社会科学院方案，则提出"市场—价格改革和企业—所有制改革"双线配套推进的主张。以后世的观点看，这三种观点实际是一个问题的两个方面，市场主体（企业等）的形成与市场关系的确立，同为市场经济体制的要件，缺一不可。实际的经济体制改革实践，确也同时采纳了这几种观点。

（6）"一配套"的共识与差异。说是"一配套"，实际这个"一"是个无穷大。所以，观察各个方案就会看到明显的差异。提出的"配套"有大配套、中配套和小配套之分。"大配套"不仅仅提出了经济领域的改革，而且对政治体制也提出了要求；"中配套"基本局限在经济领域的改革，特别是宏观经济信号、经济秩序等；"小配套"基本控制在减少行政干预和行政管制上。

二、"稳健派"为何最终成"大道"？

中医治病讲求"标本兼治"，"治标"是控制病情继续恶化，"治本"是杜绝病情复发之根。1987 年之中国经济，既有通货膨胀等新表象，又有体制掣肘老顽疾，谁的"药方"才是"标本兼治"的呢？时间过去了 26 年，我们更能够客观、公正地对此做出评判。依我看来，刘国光和张卓元领衔完成的"中国经济体制中期（1988～1995 年）改革设想"最具有生命力和针对性。事实上，后来的《中国经济体制中期改革纲要》也基本上是以其为基调，结合其他报告而成的。也正因为有卓元先生他们的这份坚持和这份贡献，中国的经济体制改革才没有出现像戈尔巴乔夫"新思维"①的那种亡党亡国的悲剧，也没有出现像南斯拉夫、匈牙利那样因改革停滞导致的国家崩溃、经济发展萎缩的惨象。

① 米哈伊尔·谢尔盖耶维奇·戈尔巴乔夫（1931～）：苏联末代苏共中央总书记（1985～1991）、唯一一位苏联总统（1990～1991）。他推出的"改革与新思维"试图从根本上重建社会主义的价值观念和政治体制，彻底摈弃斯大林主义留下的政治体制遗产，建立人道的、民主的社会主义。但骤然放开的舆论氛围使公众茫然不知所措，最终导致苏联解体，苏共下台。其改革内容主要是：指导思想搞多元化；政治上搞多党制和议会政治；经济上搞私有化；军队建设上搞非党化、非政治化。

由卓元先生与刘国光先生①领衔的中国社会科学院"经济体制改革中期纲要"课题组，可谓人才济济，除两位领军人物久负盛名之外，成员中的戴园晨、沈立人②、陈东琪③、周叔莲、陈吉元、马家驹④、周明俊、杜海燕、杨仲伟、黄小祥⑤、陈佳贵⑥、刘纪鹏⑦、李庆曾、蔡昉⑧、刘溶沧⑨、宋则⑩也都是个个了得的角色。

翻开旧档案，还能看到新文章。这就是我重新阅读卓元先生他们这份报告的实际感受，一种历史的厚重与重重山水过后的庆幸都会不同程度地交织在每个重温那个时代的人的心里。

确切地说，卓元先生他们提出的《中国经济体制改革纲要》（下称《社科版纲要》），核心思想就是"稳中求进"，意境可比"治大国

---

① 刘国光（1923～）：中国当代最具影响力的经济学家之一，曾任中国社会科学院经济研究所所长、中国社会科学院副院长，著有《社会主义再生产问题》、《经济改革与经济调整》，主编有《国民经济综合平衡的若干理论问题》、《中国经济发展战略问题研究》等。

② 沈立人（1927～）：中国当代知名经济学家，1980～1986年曾经在中国社会科学院经济研究所工作，其后一直在江苏省社会科学院工作。先后出版专著和合著、主编和副主编各20多部，连同上千篇文章。

③ 陈东琪（1956～）：中国当代经济学家，国家发改委宏观经济研究院副院长，主要学术专长是宏观经济学，长期从事经济学研究。已发表200多万字的论文和研究报告，曾获1988年度、1992年度孙冶方经济学奖。因与卓元先生、国光先生等共同提出"稳中求进"的经济政策而出名。

④ 马家驹（1927～）：中国当代经济学家，长期在中国社会科学院经济研究所和马克思列宁主义研究所从事经济学研究工作，主要研究领域为政治经济学，代表作为《〈资本论〉的方法和政治经济学社会主义部分的研究》。

⑤ 黄小祥（1956～）：20世纪80年代曾经是比较活跃的青年经济学家，后从政之后著作渐少，曾任四川省副省长，现为全国工商联党组副书记、专职副主席。

⑥ 陈佳贵（1944～2013）：中国当代著名经济学家，中国社会科学院学部委员，曾任中国社会科学院工业经济研究所所长，中国社会科学院副院长。重点研究领域为企业管理和产业经济，代表性著作为《企业学》、《现代大中型企业的经营与发展》、《现代企业管理理论与实践的新发展》等。

⑦ 刘纪鹏：中国股份制和公司问题专家，当时任职于中国社会科学院工业经济研究所，现为中国政法大学资本研究中心主任，著有《大道无形——公司法人制度探索》、《路径选择——中国资本市场发展之路》、《股份公司指南》等。

⑧ 蔡昉（1956～）：中国当代经济学家，中国社会科学院学部委员，现任中国社会科学院人口研究所所长，著有《中国的二元经济与劳动力转移——理论分析与政策建议》、《十字路口的抉择——深化农业经济体制改革的思考》、《穷人的经济学》和《中国劳动力市场发育与转型》等。

⑨ 刘溶沧（1942～2002）：中国财政学专家，曾任中国社会科学院财贸经济研究所所长，主要学术专长是财政金融与宏观经济管理。主要代表作有：《社会主义资金使用效益研究》、《财政体制改革与财政政策》、《投资体制改革探索》等。

⑩ 宋则（1951～）：商业经济学专家，现为中国社会科学院研究员，主要代表作有：《中国经济改革的市场》（专著）、《生产资料流通新论》（专著）、《社会主义市场模式研究》（合著）（副主编）、《中国社会主义市场体系发展评述》（论文）、《论中国经济改革的战略决战》（论文）。

2003 年张卓元先生在刘国光 80 寿诞上

若烹小鲜"。以下，就让我们回到《社科版纲要》，认真品评一番吧。

——第一章：诊断。世界上没有普遍适用的药方，必须针对特定的"病人"和特定的"病情"设计特定的"药方"。经济体制改革与治病的道理几近相同，故而诊断是一切的前提。为此，《社科版纲要》首先对当时的中国经济环境和改革条件做了全面诊断和评估——"当前我们的经济潜伏着某种特殊形式的'滞胀'隐患"。具体包括三个显在因素：一是"近三年来，农业生产增长缓慢，粮食生产至今未及1984 年水平"；二是"工业生产效益无大改善，工业产品实际增长小于名义增长"；三是"连续几年接近两位数的通货膨胀率，恶化了发展和改革的环境，增加了改革的难度和阻力，引起了一定的社会震动和对改革的逆反心理"。

据此，卓元先生他们指出，"我们面临的是一个虽有好转但仍比较严峻的形势。对此，需要头脑冷静、稳妥行事。在设计下步改革蓝图时，不能操之过急。要在继续整顿和校正宏观政策指导思想的基础上，考虑改革措施出台的问题"。

——第二章：主治思路。重病常需慢调理，《社科版纲要》的主治思路就充分体现了这个基本原理。卓元先生等明确提出"下步改革的思路应当是：稳中求进。一是稳定经济，特别是治理通货膨胀，实现经济的稳定和协调发展；二是深化体制改革"。"稳定经济，应该是我国改革时期的一个长期方针……从现在起，这种环境治理工作大约要花两到三年时间。""近期稳定经济，治理环境，应当达到三个目的：第一，加快农业生产发展速度，克服农业生产落后于工业和国民经济发展的比例失调现象；第二，控制工业发展的速度，比如降到7%~8%；第三，治理通货膨胀，实现物价的基本稳定（年上涨率控制在3%左右的幅度内）"。为此，要从加强需求控制和改善供给管理两方面入手，形成"双管齐下"的应对之策。

换言之，在"三年稳定时期，改革走小步，以稳为主；此后五年为推进时期，改革走较大步伐，以进为主。之后，再争取用5~8年基本实现体制模式根本性转换"。

——第三章：处方配置。依据主治思路，卓元先生他们为中国中期经济体制改革开具了两大处方，一个管前三年（1988~1990年），一个管后五年（1991~1995年）。

"三年处方"明显是以调理为主，目的就是为后续大步改革创造环境。这从"七味主药"即可以看出：①加快土地改革；②推进乡镇企业改革；③深化城市国有企业改革；④适当推进市场发育；⑤加快改革试点工作；⑥加速调控机制改革；⑦配套进行其他方面改革。

"五年处方"则明显是以治理为主，目的就是实现转轨，确立新体制。这个阶段已经少了那些温补的药，增加了打通关键环节的重药和猛药。比如：①分两小步改变"双轨制"价格体制；②梯次推进市场体系的构造；③推进大中型国有企业股份制；④在更高层次上完成宏观调控机制的转换。

由上可见，治国还真与治病有很多相像之处。首先，已经生病的身体，往往不宜直接做大手术，而应该先做一定的调理，否则就可能下不了手术台；经济体制改革也需要在一个相对宽松的环境下展开，否则措施过快、过猛，就有可能导致翻车。其次，调理要适可而止，该手术的必须手术，耽搁久了就是养痈遗患；经济调整同样要适可而止，否则改革的窗口期就会错过。卓元先生们的主张，恰好符合这些基本规律，最后成为大道和王道也就不足为奇了。

三、"稳进性"改革理论的形成

如果说《社科版纲要》提出的"稳中求进"还只是一个中国经济体制改革的总体思路，那么，经过卓元先生的持续打磨，到1992年的时候，已经形成了"稳进性"改革理论。

这期间，卓元先生持续深化研究，取得了一系列研究成果，先后发表了《稳定经济和深化改革的双向协同构想》（与刘溶沧合作，《财贸经济》1988年第2期）、《稳中求进还是改中求进》（《数量经济技术经济研究》1989年第2期）、《当前治理通货膨胀中的矛盾和对策设想》（《财贸经济》1989年第5期）、《优先稳定经济 加快改革步伐》（《改革》1991年第2期）、《继续实施稳健的宏观经济政策》（《经济研究》1992年第1期）。

卓元先生的"稳进性"改革理论是对中国经济学理论的又一贡献。我个人体会，该理论体系由四个模块组成。

——研究对象：转轨过程中的社会主义大国经济体制改革。这里面有三个重要内容：一是转轨过程中，即改革已经启动一段时间，改革要素在一些领域已经开始发挥作用；二是社会主义大国，即国家政治和经济制度是社会主义，经济体量和纵横空间足够大，人口规模也足够多；三是经济体制改革，即改革的内容限定为经济领域，不包括政治体制、文化体制、国防军事体制等。

——研究方法：趋势归纳与比较归纳并行。卓元先生的"稳进性"改革理论应用最多的是趋势归纳法，即从各种经济变量和政策变量引致的一系列后果中进行剥茧抽丝，逐步找出规律性的东西。同时，卓元先生还大量使用了比较归纳法，通过不同经济体改革的经验验证，通过同一经济体不同时期的经验比对，逐步找到问题点。

——立论主线：分阶段确定主要矛盾。大国经济体制改革，本身更像一场马拉松，最难的就是途中跑。这个阶段，各种矛盾不断凸显，主要矛盾与次要矛盾常常交织在一起，甚至有时无法看清哪个是主要矛盾，哪个是次要矛盾。卓元先生的理论体系非常好地解决了这个问题，他先把整个大阶段拆分成若干相互衔接的子阶段，这样子阶段的主要矛盾就很容易辨识。这种方法很像积分求解，面对一个复杂的不规则图形，先将其拆分为无限小的单元，这些小的单元到一定程度后就近似为正方形、长方形、直角三角形等常规图形，问题自然也就变得简单了。

——改革参数：6%左右的物价上涨率和9%左右的经济增长率是较佳结合点。经过一系列研究推演，1994年，卓元先生在《中国工业经济》发表的文章提出了中期经济体制改革过程中的上述两个参数——物价上涨率和经济增长率。当物价上涨率控制在6%范围内，经济体制改革就可以适当加快进行，因为6%左右的物价上涨率，是消费者可以承受的，再高就难以承受，更不用说推出新政了，过低又无法加快经济的货币化进程，并直接影响经济增长和社会发展。与此相应的是经济增长率要达到9%左右，没有这样一个比较高的增长率，经济发展中的各项矛盾就难以被增长因素消化，社会的稳定也大受影响。

不服气不行啊！伪理论最怕实践的检验，而真理论最喜实践的验证。1978～2007年，中国GDP年均增速9.8%，CPI年均上涨率5.7%，而这个时期正是中国改革启动、中期改革完成时期。可以想象，如果物价上涨率和经济增长率不是处在比较理想的条件下，中国是很难完成如此复杂而庞大的经济体制转轨的。正如卓元先生自己所讲："改革开放三十年的实践表明，稳中求进是中国改革发展进程中一条比较现实可行的路子。"

第十一章　市场经济论乃国之根本

⚛国学大师王国维说："古今之成大事业、大学问者，必经过三种之境界。'昨夜西风凋碧树，独上高楼，望尽天涯路'，此第一境也；'衣带渐宽终不悔，为伊消得人憔悴'，此第二境也；'众里寻他千百度，蓦然回首，那人却在灯火阑珊处'，此第三境也"①。

　　当我们回望走过的路程时，有时我们自己都会难以置信：很多复杂的道路竟然是用简简单单的办法过来的，而非常简单的道路却用了最复杂的办法过来的。回观市场经济在新中国的实践过程，用繁复异常恐怕也不为过。从1957年顾准在其《试论社会主义制度下的商品经济和价值规律》中第一次提出社会主义条件下实行市场经济，到1992年中共中央将市场经济明确写入十四大报告，确定中国经济体制改革的目标是建立社会主义市场经济体制，前后经过了35年两代人的历程。

　　在这纷繁的35年中，有一个人从没有放下探索的脚步，即使是在市场经济地位得以确定后，他仍然孜孜不倦地探索，为健全和完善它做着持之以恒的努力，并于2008年又提出了"社会主义市场经济论是中国改革开放的主要理论支柱"的重要论断。这个人就是我的恩师——张卓元先生。在卓元先生1954～2013年的60年经济学学术生涯中，市场经济研究几乎涵盖了所有时段。他是第一代（1950～1970年）市场经济探索集体的骁将，是第二代（1980～1990年）市场经济探索集体的代表人物之一，是第三代（2000年至今）市场经济探索集体的积极参与者。

---

　　① 王国维（1877～1927），字伯隅、静安，号观堂、永观，浙江海宁盐官镇人。我国近现代在文学、美学、史学、哲学、古文字学、考古学等各方面成就卓著的学术巨子，国学大师。

本章所展现和评价的正是卓元先生在社会主义市场经济论形成过程中的表现。

一、国本之争：社会主义中国是计划经济还是市场经济

1949 年 10 月 1 日，中华人民共和国宣布成立，中国共产党从此走上了执政党的位置。以毛泽东为首的第一代党和国家领导人，雄心勃勃，豪情万丈，决心把积贫积弱的旧中国在较短时间内建设成一个繁荣、富强的新中国。

建国当然要确立国本。指导思想是不需要争论的，自然是马克思列宁主义和毛泽东思想；政治体制也不需要太多争论，中国共产党领导下的多党民主协商；文化体制也不需要过多争论，社会主义精神文明统领整个意识形态。但是，国家的经济体制或者国之经济制度，该如何呢？

马克思对资本主义经济制度分析得非常透彻，而且预言资本主义必将因其生产关系无法容纳生产力的发展而导致灭亡，可对社会主义经济制度的分析却语焉不详。列宁时期开始实行高度集中的计划经济，但在遭遇经济困境后，不得不实行"新经济政策"，有节制地向市场经济要效率，要贡献，可"新经济政策"毕竟是权宜之计，经济形势刚刚好转，市场要素很快就被赶出经济活动的大门。斯大林时期，苏联实行了高度集权的计划经济体制，成就了 20 世纪 30 年代的苏联工业化强国梦想，尽管市场经济要素在一定时段和范围存在，但基本上是属于不断消亡的事物。

中国共产党取得政权后的 20 世纪 50 年代初期，中国面临的经济形势非常严峻。一方面物资极为短缺，另一方面商人囤积居奇，市场物价飞涨。在此情况下，中共中央决定在用加大市场供给的方式整顿市场外，开始对物资供应实行数量化管制，将军队时期实行的配给制移植到了普通百姓的经济生活当中。经过几年的整顿和治理，国民经济逐步恢复，市场再次活跃，由此出现了不同程度的贫富差距，在农村甚至出现了一些富裕户雇佣短工的情况。于是，领导层和理论界开始怀疑，这种允许市场发挥作用的结果会不会导致资本主义泛滥。

正是在上述国际、国内背景下，20 世纪 50 年代中后期开始了有关新中国经济国本之争。没有想到，这一争就争了 35 年，整整三代政治家和经济学家全都置身其中。卓元先生对共和国的经济国本之争曾经专门撰文详述过（参见张卓元：《"社会主义市场经济论"形成始末》，《北京日报》2009 年 9 月 10 日）。

第一次争论的焦点是社会主义制度下，价值规律还起不起作用，以及如何发挥作用的问题，主要时间段是 1956～1964 年，最大成果是形成了尊重价值规律的"社会主义经济论"。

这个时期，经济理论界主张发挥价值规律作用、甚至主张市场经济的代表人物是薛暮桥、孙冶方、顾准等。1956 年 10 月 28 日，时任中央统计局局长的经济学家薛暮桥，在《人民日报》发表了《计划经济与价值规律》，首开中国经济学界经济制度国本之争。紧接着是时任中央统计局副局长的经济学家孙冶方，于 1956 年在《经济研究》第 6 期发表了《把计划和统计放在价值规律基础上》。特别是到了 1957 年，顾准发表了他的《试论社会主义制度下的商品经济和价值规律》，已经开始出现了中国要实行社会主义市场经济制度的主张。

这个时期，国家领导人主张发挥价值规律作用的代表人物是陈云、毛泽东、刘少奇。陈云在打击上海资本家囤积居奇的经济战中，就是充分利用市场的方式，利用价值规律作用的方式取得巨大成功的，所以在进入社会主义经济建设时期后，他于 1956 年明确提出了社会主义经济中要有市场调节作为补充。陈云的这个主张，基本贯穿在他新中国成立后的各个时期，特别著名的"计划经济为主，市场调节为辅"就是这一主张的经典概括。毛泽东在经过长期思考并总结"三面红旗"正反经验、教训的时候，开始认识到价值规律对社会主义经济的作用，1959 年他提出了价值规律"是一个伟大的学校，只有利用它，才有可能教会我们的几千万干部和几万万人民，才有可能建设我们的社会主义和共产主义。否则一切都不可能"。刘少奇对价值规律作用的认识，应该更为彻底，他主政期间提出"三自一包"、"四大自由"①，在相当程度上就是 1979 年后中国农村经济改革的试验版。

到了 20 世纪 60 年代，经济学界的讨论已经逐步深入，各种新的理论成果不断涌现。1959 年，孙冶方在《经济研究》上发表了《论价值》长文，卓元先生则先后发表了《对"价值是生产费用对效用的关系"的初步探讨》（1962 年）和《试论社会主义经济中的生产价格》等。至此，孙冶方领导下的中国科学院经济研究所开始形成以价值规律为核心的《社会主义经济论》初稿。

不过，从当时党和国家领导人的认识以及经济理论的认识看，这个阶段只有极个别人主张中国实行社会主义市场经济，主流观点还是坚持计划经济，孙冶方只是要把"计划、统计工作放到价值规律基础上"。

第二次争论的焦点是计划调节与市场调节谁为主、谁为辅问题，主要时间段是 1979~1984 年，最大的理论成果是形成了"有计划商品经济论"。

这个时期，"文革"刚刚结束，极"左"路线被纠正，经济制度的国本之争再次热烈起来。政治上的标志性事件是 1978 年召开的中共中央十一届三中全会。全会公报指出，"应该坚决实行按经济规律办事，重视价值规律的作用，注意把思想政治工作和经济手段结合起来，充分调动干部和劳动者的生产积极性"。经济学界的标志性事件是 1979 年 4 月在江苏无锡市举行了全国第二次经济理论研讨会，其主题也是探讨社会主义制度下价值规律的作用。

因为政治上的清明，经济理论界的努力，市场机制开始被引入到经济活动之中。市场机制的作用，首先在农村改革中显示出巨大的活力，大幅度地提高了农业生产率，原来一直短缺的粮食、经济作物，在技术水平基本没变的情况下，出现了翻番式的增长，"价值规律"这个"伟大的学校"开始真正发挥作用。

---

① "三自一包"、"四大自由"是指刘少奇 1959 年 4 月 18 日经人大推举并选举当选国家主席之后，行使国家主席行政权推出的农村经济政策。"三自一包"中的"三自"即"自留地、自由市场、自负盈亏"，"一包"即"包产到户"，"四大自由"即土地租佃自由、土地买卖自由、借贷自由、贸易自由。

卓元先生曾经在《"社会主义市场经济论"形成始末》中重点提到了这个时期争论的具体焦点——社会主义经济是不是商品经济。

卓元先生回忆到——早在 20 世纪 70 年代末 80 年代初，中国经济学界就有一批人写文章主张社会主义经济也是一种商品经济，价值规律在社会经济活动中起调节作用。但是，也有一些经济学家持反对态度，争论是蛮激烈的。比如，1982 年，在党的十二大报告起草过程中，参加起草工作的袁木同志等五人给当时主管意识形态工作的胡乔木同志写了一封信，信中针对近几年在经济理论界占主流地位的强调市场调节作用、认为社会主义经济是商品经济的主张提出批判。信中说："在我国，尽管还存在着商品生产和商品交换，但是绝不能把我们的经济概括为商品经济。如果作这样的概括，那就会把社会主义条件下人们之间共同占有、联合劳动的关系，说成是商品等价物交换的关系；就会认定支配我们经济活动的，主要是价值规律，而不是社会主义的基本经济规律和有计划发展规律。这样就势必模糊有计划发展的社会主义经济和无政府状态的资本主义经济之间的界限，模糊社会主义经济和资本主义经济的本质区别。"1982 年 8 月，胡乔木同志批转了这封信。自那以后，大概有一年左右的时间，在论坛上出现了不少批判社会主义经济是商品经济的文章，而主张社会主义经济也是一种商品经济的文章销声匿迹。但是，真理的声音是压不下去的。经济体制改革的实践，冲垮了上述理论框框。1983 年以后，社会主义商品经济论以其更强烈的现实背景、更充分的理论论证，重新登上中国的论坛，吸引着千百万人的注意。1984 年 10 月，中国共产党十二届三中全会，对我国经济界和理论界多年的争论作了总结，以党的决议的形式肯定了我国社会主义经济是公有制基础上的有计划的商品经济。这就使我们的研究和讨论进入一个崭新的阶段。

第三次争论的焦点是"市场取向"还是"计划取向"问题，主要时间段是 1987～1992 年，最大的理论成果是形成了"社会主义市场经济论"。

有计划商品经济在国本之争中大大地向市场经济体制靠近了一步，但也提出了另外一个问题：未来是市场向计划靠拢，还是计划向市场靠拢？经济运行机制的基础是市场还是计划？

关于这个问题，早在 20 世纪 30 年代就有争论。如首届诺贝尔经济奖获得者丁伯根①论证的结果，一定是计划经济逐渐向市场经济靠拢，并最终实现全球经济一体化，而兰格②等人则坚持认为计算机可以取代市场解开经济运行的巨大联立方程，计划与市场完全可以合二为一。

国内经济理论界的争论，也基本分为两派。1987 年前后，一些经济学家明确提出了市场取向改革，简称市场化改革。另一批人则对市场取向改革表示怀疑或否定，主张从"市场取向"转为"计划取向"，调子最高的是，"市场经济，就是取消公有制，这就是说，是否定共产党的领导，否定社会主义制度，搞资本主义"③。

这场争论实际上主要集中在两个阶段，1984～1989 年"市场取向"的主张更为主流，而 1989～1991 年"计划取向"更为主流。最终平息这场争论并广为人知的是 1992 年春，中国改革开放的总设计师邓小平在南方讲话中，进一步阐发了他对计划和市场问题的看法和同年 9 月，中共十四大报告把中国经济体制改革的目标模式确定为建立社会主义市场经济体制，使市场在资源配置中发挥基础性作用。不广为人知的是 1991 年时任国家主席、中央总书记的江泽民部署召开的 11 次专家座谈会（后面将展开叙述）。

---

① 丁伯根法则（Tinbergen's Rule）是由丁伯根（荷兰经济学家丁伯根——首届诺贝尔经济学奖得主）提出的关于国家经济调节政策和经济调节目标之间关系的法则。其基本内容是：政策工具的数量或控制变量数至少要等于目标变量的数量；而且这些政策工具必须是相互独立（线性无关）的。

② 奥斯卡·兰格（Lange, Oskar, 1904～1965）：波兰经济学家，政治家，外交家。兰格对经济学理论作出过多方面的重要贡献。他把货币引入均衡理论的分析，认为货币的引入是提供了解经济均衡以及不均衡过程的关键；他把市场机制引入社会主义经济运行的理论模式研究之中，在此基础上，提出了兰格模式，即实现资源合理配置、充分利用高效率增长的经济运行模式。他还把现代科学知识的研究成果应用于社会主义的计划管理活动中，把计划的科学化看成是社会主义经济运行理论的主题，形成了现代的科学计划理论。兰格的经济理论，对观察和研究社会主义经济关系，探讨现代社会主义经济运行理论都具有十分重要的意义。兰格一生著述颇多，最有影响的有《社会主义经济理论》、《价格弹性和就业》、《经济计量学导论》、《社会主义政治经济学》、《政治经济学》、《最优决策》和《经济控制论导论》等。

③ 《经济研究》1991 年第 6 期发表的《中国共产党关于经济体制改革的理论与实践》一文，明确提出"坚持计划经济与市场调节相结合，批判削弱和全盘否定计划经济，实行完全的市场经济的企图"。

二、卓元先生关于社会主义市场经济论形成的脉络

品尝果实总是收获之后的事，收获之前的事情是谁做的呢？回溯社会主义市场经济论形成的 35 年历程，政治家的贡献自不用说，经济学界的理论贡献也堪称伟大。我初步统计，新中国成立后以"市场经济"为主题的论文大约 50 万篇，其中 95% 集中在 1992 年之后。在构建社会主义市场经济论体系过程中，体现真知灼见的代表性论文 1000 篇左右，这其中就有卓元先生 50 篇左右的论文或报告。其中，1980 年前 20 篇左右，1980 年后 30 篇左右。

我认为，卓元先生对"社会主义市场经济论"的理论贡献是贯穿在整个理论探索进程中的，正如他在 1992 年发表在《财贸经济》第 11 期的《中国经济改革理论三步曲：商品经济论、市场取向论、市场经济论》所展现的那样，市场经济论的最终完成是一个接力过程，是一个由浅入深的过程。

如果系统地回顾这个过程，我们就会发现：卓元先生是少有的几个、至多是一二十个对社会主义市场经济论做出持续贡献的经济学家。在近 60 年的学术生涯中，卓元先生完全践行了冶方先生的"一不改志，二不改行，三不改变观点"。观察一下当代中国经济学界，有多少人因环境或个人原因，不但改变了志向，而且是不断地改，改得他们自己都有些不认识自己了。改行的就更多了，有些很好的经济学家或很有潜质的青年才俊，"研而优则仕"了，政府多了一个经常喝酒的官员，经济学界少了一个经常思考的学者。还有一些人为个人赚钱去了，市场上多了一些蹩脚的商人，经济学界失去了一些深思、慎思的智慧谋者。至于改变观点的，则是不计其数，当然有因认识上的变化而改变的，可也有很多属于"跟风式"的改变，或者是"骑墙式"的改变。对于前者，我们无可厚非，但是后两者就有点学术不端的意味了。

我一边阅读着中国当代经济学浩瀚的文献，一边思考着市场经济论在中国的艰难进程，心下越发体会到卓元先生理论贡献之处了。

——对社会主义经济论的贡献。这个时期是青年张卓元的思想创

造期，我们在《第二篇　叩问价值》中已经做过详细描述。卓元先生对"恩格斯猜想"的破解，首先揭示了社会主义制度下价值形成和价值决定的基本问题，为核算价值，节约社会必要劳动提供了强有力的理论依据；对"价值规律"谜题的巧解，为商品经济的确立搬开了最重要的一块巨石；对"生产价格"的破译，已经敲击到商品经济的门扉，价值转型与利润等内容已经呼之欲出；对冶方先生遗产的深度发掘，既总结和归纳了冶方遗产的精华，又规避了遗产中的局限，为市场经济论的更深入研究提供了非常大的思想空间。

　　——对社会主义商品经济论的贡献。受历史条件的局限，冶方先生并不是一个彻底的商品经济论者，他认为未来将是产品经济，只是在产品经济阶段，价值规律仍然发挥重要作用。卓元先生没有停留在原来的研究结论上，而是在 20 世纪 80 年代深入细致地展开了对社会主义商品经济的研究。20 世纪 70 年代末，卓元先生就明确提出"社会主义条件下不仅要保留和发展商品货币关系，而且社会主义经济就是商品经济，价值规律起调节作用，竞争是社会主义经济的内在机制"。1984 年提出的"价格改革是关键"是商品经济运行的基本要素，没有市场定价机制哪里会是商品经济。1987 年提出的坚持"市场取向"、"稳中求进"即"稳进性改革理论"则是对商品经济体制的设计。

　　——对社会主义市场经济论的直接理论贡献。时间到 1989 年，改革开放的巨大成就正被其带来的负面问题吞噬[1]，在胡耀邦病逝不久，中国爆发了"文革"以后规模最大的群众运动，即后来的"六四事件"。关于当时中国经济遇到的问题，一种意见将其归结为过度市场化的结果，认为必须扭转市场化进程，坚持计划经济的控制；另一种意见将其归结为改革停滞导致的问题积累，认为必须加快市场化进程，以改革促发展[2]。实际上，关于加快市场化改革进程的呼声一直没有停止过，卓元先生不但自己身体力行，还特别支持当时中国社会科学院

---

[1]　参见房汉廷：《面向市场改革的难点与对策》，《财贸经济》1989 年第 10 期。
[2]　参见李晓西、宋则、房汉廷：《弱增长与强改革——摆脱困境的战略选择》，《经济学周报》1989 年 5 月 28 日。

财贸经济研究所的年轻研究人员解放思想，其中李晓西[①]、宋则的《从双轨制到市场化》（《财贸经济》1987年第10期）颇具代表性，文章明确指出：双轨制可以破旧，但不足以立新，市场化改革思路是深化改革的唯一选择。

在双方观点针锋相对而政治环境又颇为诡异的时候，卓元先生以科学精神进一步求解了社会主义市场经济论。他把社会主义经济论划分为三个问题，即"为什么要发展社会主义市场经济"、"为什么我们要发展的是社会主义的市场经济"、"社会主义市场经济包括哪些重要组成部分"。

针对第一个问题，卓元先生指出：发展社会主义市场经济，第一可以确定市场是资源配置的主要方式，可以大幅度提高国民经济活动的效率；第二意味着社会经济活动要以市场调节为主；第三意味着进一步明确要以放开价格为主建立市场价格机制。

针对第二个问题，卓元先生指出：市场经济是全人类共有的财富，不是资本主义所特有的，所以市场经济既不姓"资"，也不姓"社"，不是区分社会制度的标志。

针对第三个问题，卓元先生指出：社会主义市场经济主要包括四大要件，一是运行机制的市场化，所有生产要素都必须由市场定价或以市场为基础定价；二是以公有制为主体的多元化所有制，使各种类型的经济主体成为真正的市场主体；三是以市场为基础的科学的宏观调控体系，通过财政政策、货币政策、收入分配政策、产业政策等，调控经济运行，实现协调性发展；四是依法规范市场经济活动，保障市场经济健康运行。

三、社会主义市场经济论是中国改革开放的主要理论柱石

拥有核武器，只能说明具备了"核打击"能力，未必真正形成

---

① 李晓西（1949～）：中国当代著名经济学家，现任北京师范大学校学术委员会副主任，经济与资源管理研究院名誉院长，教授、博士生导师。他是卓元先生带出的第一批博士生之一。同一届卓元先生的博士生有李晓西、边勇壮、石小抗，他们经常以"李石边"、"边石李"或"石边李"的笔名联合发表文章。

"核打击"效果。1992 年，我们终于成为拥有市场经济的"有核"国家，但是我们还经常在犹豫是否要大力发展"核"力量，是否确定市场经济论的柱石地位。

针对中国政界、经济学界的这种"世纪犹豫"，卓元先生的市场经济论再次深化，他再撰雄文，明确提出"社会主义市场经济论是中国改革开放的主要理论支柱"，是它改变了中国，使其从百年积弱到世界经济大国。

2008 年，全球爆发了 1929～1933 年以来最严重的经济危机，全球各主要经济体都遭遇重创，只有中国这个后发经济体展现出巨大的抗风险能力——不但没有出现严重衰退，反而出现了逆成长，甚至在某些方面形成了"弯道超车"的能力。这种特异的现象，引来了全球经济学家的关注，也得出了多种多样的结论——有人认为这是中国经济还没有真正融入全球经济的反映，特别是中国还有大量的农村人口处在"二元经济"的另一端；有人认为中国经济只是短暂的繁荣，很快就会和其他经济体一样，只不过是"海啸"的波浪还没有波及到而已；有人认为中国具有独特的制度优势，具有综合的抗风险能力，可以快速决策；更有人认为是中国的市场化不足拯救了中国，特别是有人类比了 1929～1933 年西方经济大危机时，苏联高度集权的计划经济反而取得了巨大成功。

当然，这种情况也引起了卓元先生的忧思，是市场经济的力量不足使我们侥幸没有走入大危机的深渊，还是市场经济的巨大动力使我们越过了大危机的深渊？卓元先生长思之后，得出了重要而正确的结论：是社会主义市场经济的巨大动力和能量积累，使我们有能力化解和应对大危机！这就是他的著名论断：社会主义市场经济论是中国改革开放的主要理论柱石。

这篇发表在 2008 年 12 月 7 日《光明日报》上的雄文，虽然只有6000 多字，但字字珠玑，字字千金，为相继的中央决策提供了重要理论支撑和信心支撑。卓元先生开篇写到："30 年来之所以能够取得令世人瞩目的辉煌成就，主要是坚持了市场取向改革，为国民经济不断注入新的活力。而社会主义市场经济理论，则是这一成功改革的主要理论支柱。"

卓元先生条分缕析地进行了新中国成立以来，特别是改革开放以来各方面的成败分析后，得出了令人折服的结论：中国改革开放全面大步展开是确立社会主义市场经济论后发生的！

卓元先生说：1993年，是确立社会主义市场经济论、明确社会主义经济体制是我国经济体制改革的目标后的第二年，党的十四届三中全会作出《关于建立社会主义市场经济体制若干问题的决定》，对怎样建立社会主义市场经济体制作出了具体部署。这个决定，是中国第一个有关建立社会主义市场经济体制的顶层设计，也是决定当时中国、今天中国和未来相当长时间内中国命运的基本经济制度，或者说是中国的"市场经济宪法"[①]。有了这部中国的社会主义"市场经济宪法"，中国市场化改革向深层次全方位迅速展开。

——"国有企业改革从过去放权让利转向体制创新，以建立现代企业制度为方向，努力适应市场经济的发展"。经历过1980～1990年国有企业改革的人们都知道，那时改革的重点是在"放权"和"让利"上兜圈圈，政府和企业变成了短期博弈关系，结果是国有企业没有搞活，国有资产倒出现了大量流失。现代企业制度，则从根本上解决了"出资人"、"管理人"和"劳动者"这三者之间的关系，使国有企业通过体制创新后成为了真正的市场主体。今天回头看，现代企业制度这一社会主义市场经济体制的重要部件，不仅是把中国国有企业改革带出困境的重大举措，而且是大幅度提升国有企业国际竞争力的强大动力，美国《财富》杂志发布的2011年世界企业500强中，中国内地就占了70席，其中国有或国有控股企业就占64个，这在20年前是连想也不敢想的事情。国有企业改革的成功，难道不是市场经济论

---

① 《关于建立社会主义市场经济体制若干问题的决定》明确指出："必须坚持以公有制为主体、多种经济成份共同发展的方针，进一步转换国有企业经营机制，建立适应市场经济要求、产权清晰、权责明确、政企分开、管理科学的现代企业制度；建立全国统一开放的市场体系，实现城乡市场紧密结合，国内市场与国际市场相互衔接，促进资源的优化配置；转变政府管理经济的职能，建立间接手段为主的完善的宏观调控体系，保证国民经济的健康运行；建立以按劳分配为主体，效率优先，兼顾公平的收入分配制度，鼓励一部分地区、一部分人先富起来，走共同富裕的道路；建立多层次的社会保障制度，为城乡居民提供同我国国情相适应的社会保障，促进经济发展和社会稳定。这些主要环节是相互联系和相互制约的有机整体，构成社会主义市场经济体制的基本框架。"

的一个很好证明吗？当然！

——"财政体制进行了重大改革"，市场经济体制下的公共财政逐渐形成。熟悉中国财政体制的人们都知道，在1993年以前，我们基本是没有公共财政这个概念或观念的，也没有"纳税人"概念，一切都是围绕着国家任务转。"市场经济宪法"颁布之后的1994年，首先实行了适应我国市场经济发展的分税制改革，即在中央和地方两级财政之间实行分税制，改变原来实行的地方财政包干的办法……这一改革一方面促进了财政收入的快速增长，1993年全国财政收入4348.95亿元，2012年全国公共财政收入117210亿元，是1993年的27倍（名义增长），即使是2012年比2011年增加部分13335亿元，也是1993年的3倍；另一方面是中央财政收入的快速增长，使中央财政有能力进行大规模转移支付，公共服务能力大幅度提高。没有市场经济，这些财富从哪里来？

——2001年11月中国加入世界贸易组织，中国对外开放进入了新阶段。融入世界经济，拥抱全球化，是市场经济的必然。加入世界贸易组织10多年时间，中国从一个世界经济的边缘国变成了核心国，中国的经济总量、对外贸易量、利用外资量、外汇储备量都名列世界前茅。中国在成为世界经济全球化的受益者的同时，也成为对世界经济增长最大的贡献者之一，2000～2012年年均贡献率已经达到20%左右，真正实现毛泽东提出"中国应当为世界做出更大贡献"的愿景。没有市场经济，中国能和平地分享到世界市场吗？

——"个体、私营等非公有制经济大发展"。"市场经济宪法"的颁行，非公有制经济如沐春风，1993年、1994年、1995年私营经济户数年增幅都超过了50%。如今，民营经济已经占据国民经济的半壁江山，它们正在成为创新最活跃、经济最有活力的一个群体，很多企业甚至已经成为国民经济的柱石，如电子信息领域的华为公司、联想集团公司，重工业中的三一重工公司等。不是市场经济，会有这些经济奇迹吗？

——"积极推进社会领域改革"。社会主义市场经济，一方面向市场经济要效率，创造更大的财富量；另一方面向社会主义要公平，实现包容性发展。效率目标是不是实现了呢？显而易见。公平目标是否实现了呢？已经大步推进着。实行了两千多年的农业税被取消了，义务教育阶段学杂费全免了，最低生活保障制度已经从城市扩展至农村，城乡居民养老保障制度已经起航，新型农村合作医疗制度已经推广，城市保障房工程已经全面推开，新农村建设也从点到面地展开。不是市场经济积累起来的巨大财富，我们有能力做这些吗？

——"加快行政管理体制改革，转变政府职能。"尽管现在还有很多议论不满意政府职能，但也要深切地看到政府职能正在转换。首先，国务院政府组成部门已经大幅度削减，从改革之初的100个下降为2013年的25个，政府原来直接管理的若干产业部门基本都实现了市场决定为主，原来的直接管理经济为主已经在相当程度上实现了间接管理为主，经济调节、市场监管、社会管理、公共服务等正在或已经成为政府新的、重要的职能。政府职能的这些转变，没有"市场经济宪法"，有实现的可能吗？

是的！我们必须坚持社会主义市场经济，把社会主义市场经济论作为深化改革开放的理论基石，"社会主义市场经济能够充分发挥社会主义制度的优越性、公有制的优越性，并同市场配置资源的有效性很好地结合起来，使全社会充满改革发展的创造活力。"

张卓元先生在美国迈阿密考察城市经济

分别为：张卓元（左一）、刘国光（左二）、孙尚清（中）、杨冬松（右二）、杨重光（右一）

第十二章　国有企业改革是场攻坚战

☯天下道理至简，究其根本，不外乎至圣先师老子所云："人法地，地法天，天法道，道法自然。"

1933～1993 年，按中国的天干地支纪年，刚好是一甲子。这一年，卓元先生选择了"退休"，他毅然决然地从中国社会科学院财贸经济研究所所长的岗位上退了下来。卸下行政担子，可以更专注地从事学术研究；卸下行政担子，可以更轻松地思考问题；卸下行政担子，可以更自由地发挥自己的专业特长……正当他开始规划设计退休后的生活时，一纸新的任命已经送到——中国社会科学院党组经过认真研究，决定张卓元出任中国社会科学院工业经济研究所所长。

60 岁，到一个新单位，领导一个自己虽熟悉但不是最熟悉的领域的研究工作，的确是一个不小的挑战。卓元先生来不及多想，事情也容不得他多想，很快他就到中国社会科学院工业经济研究所履新了，而且一干就是两年。这两年，对普通人来讲，如白驹过隙般一晃而过，可对卓元先生来讲却弥足珍贵，他一直要深入研究的国有企业改革问题，终于在这期间破题了。卓元先生对国有企业的深邃研究和绵密设计，企求使共和国的柱石更加稳固。

卓元先生研究国有企业改革，并不拘泥于成规，综观其 30 余篇成论，可用"道法自然"概括。

一、建立现代企业制度，是国有企业与市场经济实现兼容的"大道"

1993 年十四届三中全会发布的建立社会主义市场经济体制 50 条，虽然明确了"国有企业改革从过去放权让利转向体制创新，以建立现代企业制度为方向，努力适应市场经济的发展"，但国有企业并没有因此走上"快车道"。究其根本原因，仍然是在"道"的判断上存在着巨大分歧。

"道"之分歧，关键在于公有制是否与市场经济兼容。这种分歧根深蒂固，1992 年前，分歧的关键点在于：保留公有制特别是国有企业的观点认为，国有企业是社会主义的基石，没有了国有企业，社会主义大厦自然也就无从谈起了；而否定公有制特别是国有制的观点认为，国有企业的大量存在，是中国通向社会主义市场经济的最大障碍，这种与市场经济天然不容的经济组织形式必须退出经济舞台，市场经济才能发育、成长。

1992 年之后，分歧的关键点在于：持保留国有企业意见的人认为，国有企业这种经济组织形式，经过一定程度的改革、改造，是可以和市场经济兼容的；持否定国有企业意见的人认为，既然确定了经济体制改革的目标是社会主义市场经济体制，那么就应该构建符合市场经济体制要求的微观所有制基础，对国有企业最好的处置办法就是实行非国有化。

这种争论，时至今日依然广泛存在，也无时无刻不影响着中国社会主义市场经济体制的建设进程。下面是我截取的发表在 1999 年《改革与理论》第 9 期的几个有关国有企业改革"道"争观点，大家窥一斑可知全豹。

——何清涟①：非国有化并不是一种倒退，而是一种提高企业绩效、发展经济的必然选择。一个国家的国有企业不是越多越好，而是应当在国有企业与非国有企业中求得某种平衡。中国的国有企业生于一种特定的政治、经济背景之中，它是国家对经济发展加以调节与控制的产物，并作为国家经济、社会和政治措施的一部分而存在，是"整个社会利益的受托者"，其行为目标与市场经济体制下的企业不同，必须兼顾经济效益和社会效益（其实，公司的社会责任在纯市场经济中也是必需的——笔者注），这是中国国有企业"企业办社会"

---

① 何清涟（1956～）：湖南省邵阳市人，女，1988 年毕业于复旦大学经济系，获经济学硕士学位，曾工作于深圳，供职于某报社，兼中国社会科学院公共政策研究中心特约研究员。

的由来。

从制度方面来说，国有企业也是有缺陷的，包括归属不明的剩余索取权、极高的代理费用（病根在于财产权利的私人化与财产责任的公有化），这些制度性缺陷使国有企业在效率上根本无法与非国有企业竞争。这种体制在整个非市场化环境下运行了将近 20 年后，终于因其亏损累累，再也没有办法运行下去，政府被迫于 1983 年开始将其作为城市经济体制改革的重点。

——蒋学模①：国有企业不仅应在关系国民经济命脉的产业部门占有不同程度的份额，即使在不属于国民经济命脉的部门，……都应站稳脚跟，不要轻易放弃阵地。总之，只要我们坚持走社会主义道路，只要我们的市场经济是社会主义市场经济而不是私有制市场经济，那么，公有制经济的主体地位和国有经济的主导作用便是不可或缺的，国有制、国有企业就不能仅仅局限在提供公共产品和公共服务的部门，而应该不同程度地普及到国民经济的各个部门。

——《中国改革》评论员：国有企业不能构成市场经济的主体，实施非国有化改革，才是根本出路。国有企业不能成为市场经济中有独立利益的市场主体。撇开诸如管理层级多、效率低下、运作成本高以及软约束等派生性质不说，国有企业产权的本质属性——归全体社会成员所有，就决定了它排斥市场交易。因此，在现代市场经济中，国有企业一般只是政府代表社会利益实现某些特定功能的特殊企业，而不可能成为市场主体。

"道"不通，何以可为？国有企业与市场经济体制是否兼容的难题，已经严重拖拽了社会主义市场经济体制建设的"后腿"，特别是市场体系初步建立后，非国有经济在 20 世纪 90 年代获得了突飞猛进式的发展，而国有经济逐渐从"共和国长子"演变成国民经济发展的巨大包袱，到 1998 年前后，国有企业中大约 1/3 亏损，1/3 保本，只

---

① 蒋学模（1918～2008）：浙江省慈溪县人，中国当代著名经济学家、马克思主义理论家、复旦大学经济学院教授、博士生导师、上海市经济学会原名誉会长。在近 70 年的学术生涯中，蒋学模一共出版学术专著 30 余部，主编政治经济学教材和著作 10 余部、文学和经济学译著 10 余部。其中包括连续再版 10 多次、印刷近 2000 万册的高等学校通用教材《政治经济学》。他还是《基度山伯爵》中文版初译者。

有 1/3 左右微利，民营经济则成了财富和民生的最大贡献者。国有企业的衰落和沉疴不起，似乎更加证明了它与市场经济的不兼容性，证明了民营经济与市场经济的天然相容性。一时之间，大规模实行非国有化改革国有企业的呼声甚嚣尘上。即使原来坚持国有经济与市场经济体制兼容的人，也出现转舵，大有一种"无可奈何花落去"的意味。

其实，实践并不等于是短期的测试，或许因为掉入了时空隧道而无法被世人看清事物的本质。卓元先生针对上述诸多情况，于 1998 年前后做出了阐释，认为国有企业不但可以与市场经济体制兼容，而且同样会做得很好（参见《国有企业的公司制改革和资产重组》，《中国社会科学院研究生院学报》1998 年第 2 期）。

卓元先生说：建立现代企业制度是国有企业改革的大"道"。现代企业制度适应社会主义市场经济和社会化大生产的要求。只有建立现代企业制度，才能使国有制同市场经济很好地结合，使国有企业焕发生机和活力。现代企业制度的基本特征是"产权清晰、权责明确、政企分开、管理科学"。在规范的公司制中，国家和企业各自的权利和责任是明确的。国家作为出资人按投入企业的资本额享有所有者权益，即资本受益、重大决策和选择管理者的权利；同时，国家又只以投入企业的资本额对企业的债务承担有限责任。企业享有民事权利，承担民事责任，按照市场需求组织生产和经营，以赢利为目的，照章纳税，对出资者承担资本保值增值责任。政府不再直接干预企业的生产经营活动。这样，就能改变国有资本无人负责的状况，企业不再吃国家的"大锅饭"，也不再搞"内部人控制"，损害所有者权益；同时能够真正实现政企分开，国家不对企业的债务承担无限责任。

如果回顾整个人类社会经济史，还有什么比现代企业制度——股份公司制更伟大的发明吗？它最大的功能，是可以把不同形式、种类的资本组合在一起，形成资本集聚，充分发挥社会资本的力量。连批判资本主义最彻底的马克思，也从来没有否定过现代企业制度，他指出："假如必须等待积累去使某些单个资本增长到能够修建铁路的程度，那么恐怕走到今天，世界上还没有铁路。但是，集中通过股份公司转眼之间就把这件事完成了。"

资本主义市场经济能够充分利用股份制公司，成功地跳出私有制的陷阱，大踏步地进行资本集聚，加快技术进步，促进生产力发展，社会主义市场经济为什么不能充分利用人类社会这一伟大发明呢？我们为什么不能用它帮助我们跳出传统国有制桎梏？难道我们非要避开前人已经照亮的路不走，专挑那些暗黑处摸索呢？

很庆幸，我们还有卓元先生这样的一批唯真、唯实的经济学家，所以我们总算没有坐在铁路道旁，眼睁睁地看着火车飞奔远去；很幸运，我们还有一批肯于倾听真理声音的远见卓识的政治家，才没有把几代人辛苦积累起来的国民财富轻易毁掉，才使我们在 21 世纪世界经济舞台上出现了以国有企业为代表的中国企业群体。

二、准确定位国有经济，是确定国有企业规模的前提条件

中国的国有企业资产，除极少数是没收官僚资本、赎买民族资本形成的外，绝大部分都是通过内部积累逐步形成的，它是人民的财产，是国家的财产。所以，一切改革之法必须以此为前提，任何一种改革方案，都必须考虑到这是几代人积累的结果，不是一分了之或一卖了之，而是要考虑存量盘活与增量保持。

在很多研究者提出的解决方案中，对国有经济的定位忽左忽右。否定国有经济的论者，认为"任何企图维护国有企业在国民经济中主体地位——这正是计划经济体制的物质基础——的所谓改革，不仅不能成功，而且必将阻碍社会主义市场经济体制的建立。合乎逻辑的结论是：对于大多数国有企业来说，按照市场经济的根本要求，其改革的出路只能是非国有化"。而坚持国有经济占绝对地位的观点，则提出国有经济不仅在垄断行业、公益行业、关键行业，直至一般产业都不能轻易放弃阵地。

针对这些极端观点，卓元先生指出："在理论上要研究国有企业在整个国民经济中所占的份额，应当向最有利于市场经济的方向发展。要制定统一的规划，有一个通盘设想，但又不能操之过急。过急容易产生负面影响，也会翻本。"

"在推进国有企业改革的过程中，要着眼于整体上搞好国有经济，对国有企业进行战略性改组。为此，首先要重新认识国有经济的作用，对国有经济恰当定位。总的来说，随着社会主义市场经济的发展，国有经济需要从过于广泛的竞争性行业中逐步退出，集中力量控制国民经济命脉的重要行业和关键领域，以便更好地发挥国有经济的主导作用。"

整体观，就是大局观。卓元先生一语中的，我们对国有企业改革，不是要消灭国有企业，也不是单纯地要保留国有企业，关键是看国有企业在国民经济发展中的短期、中期和长期作用。有些短期可能是包袱，但从中期或长期来看，又是国民经济后劲的动力来源。这样的国有企业不但不能削弱，反而要逆市加强。如国民经济装备业，在1990～2000年陷入了严重的经营困难，如果当时真的都放弃了，恐怕今天我国的工业化实力就会更加受制于人了。还有些企业，短期看经济效益很好，但其与民争利，甚至成为了市场破坏力量，长期看不利于市场经济秩序，这样的国有企业还是要让渡给民营经济。

从我看到的20世纪90年代中后期的各种"药方"，以及中国国有企业改革成功与失败的案例看，卓元先生的见解是有道理的。

他说："在深化国有企业改革过程中，要着眼于从整体上搞好国有经济，对国有企业进行战略性改组。为此，首先要恰当认识国有经济在社会主义市场经济中的作用，对国有经济准确定位。"

"总的看来，随着社会主义市场经济的发展，国有经济需要从过于宽泛的竞争性行业适当退出，集中力量控制国民经济命脉的重要行业和关键领域，以便更好地发挥国有经济的主导作用。应当看到，在1979年以前，由于政策上的超越阶段和急躁冒进，搞'一大二公'和所有制升级，国有经济的范围搞得过火，比重过高，不利于生产力的顺利发展。我们调整和完善所有制结构的一个重要内容，就是要适当收缩国有经济，把资金、技术、人才等集中到控制国民经济命脉的大型骨干企业上面。1996年，国有经济在经济总量（国内生产总值）中的比重仍然达到40.8%，仍然过高，仍然有一定的收缩余地。"

"关系国民经济命脉的重要行业和关键领域，主要是资源垄断性行业（如邮电、通信、石油开采等）和提供最重要公共产品的行业（如铁路、城市公共交通和电力、煤气、自来水供应等），同时也包含一些竞争性行业［如石化、钢铁、粮食（主要是商品粮流通）、金融、外贸、尖端技术等］，这些行业中的大型骨干企业，少数仍需保留国有，大部分需国家控股。这样做，对于保持经济的稳定，推动经济的持续、快速、健康发展，都是至关重要的。有人认为，上述这些行业，大多属基础产业和基础设施，投资大、效益低，如果国家主要对这些行业投资，等于把赚钱多的行业都拱手送给其他经济成份，使自己逐步萎缩。实际上，这不是铁的规律。资源垄断性行业、提供重要公共产品行业和其他命脉部门，投资的确很大，但效益并不注定都很低。除极少数提供重要公共服务的地铁、城市公共交通、福利房建设等外，只要经营得好、价格结构合理，都是可以赢利的，有些赢利水平也可以是相当高的。这几年邮电、通信、金融、外贸、石化等行业赢利不少，就是证明。"

三、实行大公司战略，是国有企业改革的重头戏

有了现代企业制度做保障，有了国有经济的准确定位做边界，接下来就是如何实施国有企业的具体改革了。

在当代市场经济条件下，特别是全球化日益加深的情况下，企业规模经济的标准不断扩大，一些大型跨国公司经济总量或市场估值已经超过了很多主权国家。比如，2008 年全球经济危机爆发前，美国微软公司的市值已经超过了 5000 亿美元，是世界后 40 位国家当年 GDP 的总和。在全球经济危机中，苹果公司的市场估值甚至超过了全俄罗斯的 GDP 总量。包括韩国、芬兰等一些小国，都有如三星、现代、诺基亚这样的巨型公司作为国民经济的支柱。

可是，在国有企业改革之初，世界产业和企业发展的现实，并没有得到充分重视，一些观点甚至是主流观点认为，中国的国有企业即使通过现代企业制度改造后与市场经济兼容了，其规模也都显得过大了，建议对比较大的国有企业进行分拆，对比较小的国有企业实施非国有化改造。

卓元先生不赞成上述主张，著文强调大公司战略。他说："既然国有经济主要是控制国民经济命脉，对关系国民经济命脉的重要行业和关键领域，国有经济必须占支配地位，这就自然要抓大放小，实行大公司战略。发展大企业集团，跻身世界大企业行列。十五大报告指出，要以资本为纽带，通过市场形成具有较强竞争力的跨地区、跨行业、跨所有制和跨国经营的大企业集团。这有重大意义。纵观当今世界，连有的人口只有几百万、千把万的小国，都有世界驰名的有很强竞争力的大企业集团，如荷兰的飞利浦公司、瑞士的雀巢公司等，更不用说美国的通用电气公司、波音公司，日本的丰田汽车公司、索尼公司了。中国拥有12亿多人口，是世界上人口最多的国家，我们要发展经济，搞现代化，就一定要走向国际市场，在国际经济舞台上占有一席之地。这就要靠发展有强大实力和竞争力的世界级的大企业集团。1995年，世界500家最大企业最后一名的年销售额为70多亿美元。我国至今没有一个制造业企业能达到这种规模，但我们要奋起直追，迎头赶上，使自己也拥有在国际市场竞争中的'航空母舰'。要做到这一点，不能用行政办法，而要像十五大报告说的那样，以资本为纽带，通过市场形成，这是市场经济中唯一可行的办法。政府的扶持、引导、帮助是必要的，但是不能搞强迫命令，搞'拉郎配'。在联合和兼并中要努力做到互利，实现双赢，符合市场经济的原则。"

如何实现中国国有企业的大公司战略呢？一向以"稳健"著称的卓元先生，这回却开出了两剂"猛药"。一是鼓励兼并，支持优势企业低成本扩张。他说：我国国有企业数量很大，但资本金不多，很难有规模效益。国有资本这种过于分散的状况，严重损害了现有国有企业竞争能力，必须对国有企业实行战略性改组，以便为实施大企业战略创造条件。在对国有企业实施战略性改组中，要鼓励兼并和资产重组，支持有优势的大企业强化资本经营，实现低成本的迅速扩张。这不但有利于有优势的大企业的发展壮大，也有利于盘活大量国有资产，帮助困难企业走出困境，安置大量职工重新就业。二是发展资本市场，拓宽企业融资渠道。他说：中国资本市场仍需有一个大的发展。目前中国资本市场容量小，1996年中国的证券化率（股票总市值与GDP之比）

只有百分之十几，而美国这一比率为70%左右，法国为130%，韩国近150%，马来西亚近120%。可见，中国股市还有巨大的发展空间。

从今天国有企业的地位和作用，可以观察到卓元先生的"药方"是灵验的。按照现代企业制度改革过的国有企业，大部分重新站立起来，不仅成为国民经济的支柱，而且大大提升了中国企业在国际上的竞争力。比如石油上我们有中石油、中石化、中海油，通信上有中国移动、中国电信、中国联通等，金融上我们有中国工商银行、中国农业银行、中国银行、中国建设银行等，装备制造业上有第一重型、第二重型、东方汽轮机、航天集团等……可想而知，中国如果没有这些叱咤风云的大国有企业，中国实力从何谈起，一万条小舢板不一定能够抵挡得住一艘航母。

四、设计好国有资产管理体制，是保持国有企业制度稳定的重要条件

即使是在20世纪90年代初，中国拥有的国有资产数量也已经非常庞大。但长期以来，有关国有资产管理却一直是个"软肋"，并直接导致了国有企业改革进程迟缓。卓元先生将十六大前的国有资产管理体制主要问题归纳为三点。一是由中央政府作为国有资产出资人的惟一代表，并由多个部门分割行使出资人职能，所谓"五龙治水"的办法，即计委管立项，经贸委管日常运营，劳动与社会保障部门管劳动与工资，财政部管资产登记和处置，组织人事部门和大型企业工委管经营者任免等，如果国有企业要"走出去"对外投资，还要经外经贸部批准，这就变成"六龙治水"了，难以对全部国有资产有效行使出资人职责，也难以对国有资产全面负责。二是由于没有一个机构对国有资产真正负责，国有企业相当普遍地存在所有者缺位现象，"内部人控制"比较严重，国有资产大量流失。三是一些地方仍然存在政企不分，政府仍然干预国有企业的生产经营活动，不尊重企业的法人财产权，使企业不能很好地自主经营、自负盈亏。因此，必须对国有资产管理体制进行改革，完善国有资产管理、监督、营运机制。

如何消弭国有资产管理体制与国有企业发展之间的体制、制度障碍呢？卓元先生说：改革国有资产管理体制，必须解决上述三大问题，明确以下三个目标。一是通过明晰产权，出资人到位，改善治理结构，搞好搞活国有企业，提高竞争力。二是通过对国有经济有进有退的调整和资产重组，使国有经济和国有资产加快向关系国民经济命脉的重要行业和关键领域集中，向大企业集中，即向国有经济能够发挥自己优势的方面集中，实现国有经济布局和结构的战略性调整，从而增强国有经济的竞争力、控制力。三是总体上实现国有资产的保值增值。实现了这三个目标，国有资产管理体制改革可以说是取得了成功。

尽管今天的国有资产管理体制还存在很多不尽如人意的地方，如金融资产与非经营性资产、自然资源资产如何监管，有形资产与无形资产如何统筹，都还没有解决，但我们看到国有资产管理委员会的设立以及实践，基本上构建起了与现代企业制度相匹配的国有工商企业经营性资产管理体制。有了这套体制，国有企业既可以充分参与市场竞争，又可以实现国有资产保值增值的经营目标，还可以比较好地落实公司的社会责任。

五、"大力发展和积极引导非公有制经济"，是搞活国有企业最重要的外部条件

改革国有企业，为什么要大力发展非公有制经济呢？卓元先生认为，第一，社会主义市场经济是由多元化经济主体构成的，非公有制经济本身就是市场经济的重要组成部分；第二，非公有制经济和公有制经济之间，既是竞争关系，又是互补关系，可以相得益彰；第三，非公有制经济也是公有制经济的参照系，非公经济创新的活力和动力，对公有制经济具有强大的压力。

可以想象，如果没有民营经济等非公有制经济的发展和崛起，中国不可能成为世界第二大经济体。经过 30 多年的发展，民营企业在就业、技术创新、财富创造等诸多方面，已经成为国民经济中的核心力量之一。同时，民营企业的快速发展，对国有企业改革也起到了至关重要的"鲶鱼效应"，重新激发了国有企业的活力，重筑了国有经济的强大生命力和竞争力。

掩卷沉思，我们不得不思考这样的问题：如果不是按照1992年以来这样的"中华帖"进行国有企业改革，如今的中华大地会是什么样子呢？是像资本主义国家那样遍地私人资本，结果很可能抛弃了社会主义的公平正义和共同富裕？是像原来那样坚持完全国有经济模式，结果很可能回到过去的计划经济体制？两者之间，你会选择哪一个呢？

第十三章　转方式必须先转政府职能

☯通向天堂的路，往往都是铺满荆棘的，而通向地狱的路，往往都是由鲜花铺成的。是克服困难奔向天堂，还是满足眼前的舒适堕向地狱？的确是个很艰难的选择。

19世纪末，美国康奈尔大学的科学家做过一个著名实验，即"水煮青蛙"。第一种煮法是先把水加热到沸点，然后直接把青蛙扔进去，结果竟然有部分青蛙因受不了突如其来的高温刺激立即奋力从开水中跳出来得以成功逃生；第二种煮法是把青蛙先放入装着冷水的容器中，然后再慢慢加热，开始时青蛙在水中悠然自得，当温度上升到较高时，青蛙感到难受并试图跳出时，结果已经心有余而力不足了，不知不觉被煮死在热水中。

上述实验是不是也适用于中国的经济发展方式呢？我们从1995年开始提出经济增长方式转变，到2012年我们的经济增长方式依然处在"高消耗、高污染、低效率"的"两高一低"之中。是我们没有认识到缓慢加温的危险，还是已经没有能力逃离这种危险处境了呢？

进入21世纪，卓元先生开始把研究的视角和关注的重心，从国有企业改革逐步转移到了中国经济增长方式转变上。从卓元先生参与起草的中共中央重要文件中，到任第九届、第十届全国政协委员的参政议政提案中，再到公开发表的一系列论文、报告中，我们都能清晰地看到一个学者的焦灼目光——经过20多年的高速增长，原有的经济发展模式已经走到了尽头，必须及时转变经济增长方式，从数量扩张转变为注重质量效益，从要素驱动转变为创新驱动，才能够避免"温水煮青蛙"的悲剧。

一、经济增长方式为什么会成为大问题？

1. 经济增长方式到底是个啥问题？

简而言之，经济增长方式就是一个国家或一个地区，甚至一个企业、一个个人创造财富或赚钱的模式。以个人为例，有的人主要靠出卖体力赚钱，如建筑工人、农民等；有的人主要靠出卖脑力赚钱，如设计师、工程师等；有的人主要靠倒买倒卖赚钱，如商人、经纪人等；有的人主要靠卖家产赚钱，如一些人把祖上留下的房产、古董卖出换取金钱等。

如果用标准的经济学术语讲，经济增长方式就是一个国家（或地区）经济增长的实现模式。通过数量扩张达到经济增长目标的一般称为粗放型经济增长方式，通过质量提升达到经济增长目标的一般称为集约型经济增长方式。无论是粗放型经济增长方式，还是集约型经济增长方式，都是生产要素投入规模及组合方式的表现形式。要素投入多而产出少的，通常就是不好的经济增长方式；而投入少产出多的，通常就是好的经济增长方式。

2. 世界上主要有哪些经济增长方式？

目前，对经济增长方式的研究基本上有两个体系，一是马克思概括的外延式扩大再生产与内涵式扩大再生产。显然，前者注重的是数量、规模的扩大，如铺摊子、建新企业等；后者则更加注重在生产规模、结构不变的情况下，如何提升产出能力。二是现代经济学概括的粗放型经济增长和集约型经济增长，前者自然是指在生产要素质量、结构、使用效率和技术水平不变的情况下，依靠生产要素的大量投入和扩张实现经济增长。这种经济增长方式的实质是以数量的增长速度为核心。以这种方式实现经济增长，消耗较高，成本较高，产品质量难以提高，经济效益较低。后者则是指在生产规模不变的基础上，以采用新技术、新工艺，改进机器设备，加大科技含量的方式来增加产量，这种经济增长方式又称内涵型增长方式，其基本特征是依靠提高生产要素的质量和利用效率来实现经济增长。以这种方式实现经济增长，消耗较低，成本较低，产品质量能不断提高，经济效益较高。

其实，上述两种划分方法，都难以表述现实中各类经济体的经济增长方式。我曾经将其归纳为六种具体模式。

第一种是 A 型增长。这种经济增长方式，核心或最大量的要素投入是简单劳动力，利用人口红利为世界其他经济体做代工，并从中进行相应的资本积累和技术积累。大家经常讲到的 20 世纪 80～90 年代的中国经济增长方式和眼下印度、越南的经济增长方式，基本可以归为 A 型增长。这种增长方式的优点是投资少，见效快，缺点是必须要有持续不断的低端劳动力供给，同时要忍受资本的严重剥削。

第二种是 B 型增长。这种经济增长方式，核心或最大量的要素投入是资本，利用自身或引入的资本，快速地投入到基础设施、传统产业等成熟的投资领域，快速地形成生产力。B 型增长方式在大多数工业化国家进程中都出现过，到处是工地，到处建厂房，日本如此，"亚洲四小龙"如此，中国大陆 20 世纪 90 年代至 21 世纪初也是如此。这种经济增长方式的优点是经济总量可以在较短时间内得到扩张，缺点是快速耗尽资源以及造成大规模的产能过剩。

第三种是 C 型增长。这种经济增长方式，核心或最大量的要素投入是资源，利用自身资源或世界资源，快速地发展本地经济。由于世界自然资源分布非常不均衡，资源禀赋差异巨大，只有那些某种或某几种资源富集的经济体，才可以采用这种发展模式。如海湾国家依靠石油、太平洋岛国汤加依靠鸟粪实现经济增长。这种增长方式的优点是简单、快捷，缺点是资源一旦枯竭，经济增长也就结束了。

第四种是 D 型增长。这种经济增长方式，核心或最大量的要素投入是组织创新，利用自身的地缘优势或文化优势，组织、协调其他经济体来发展本经济体，实现经济增长。纯粹的 D 型经济增长方式并不多见，瑞士以及毛里求斯、百慕大等可以归入此类。这种经济增长方式的优点是投入少产出大，缺点是缺乏自己的核心产业竞争力。

第五种是 E 型增长。这种经济增长方式，主要依靠知识、技术创新创造财富，全球大约有 23 个国家属于这类创新型国家，如以色列、芬兰等经济体的经济增长中约 80% 是靠知识、技术及其商业化创造的。这种模式目前被看作是最具持续发展力的一种经济增长方式。

第六种是 F 型增长。这种经济增长方式，核心要素是企业家群体的创造力。如新加坡、中国香港，都是依靠不断涌现的企业家群体去整合全球资源实现地区经济增长的。

3. 中国的经济增长方式不好吗？

由上可见，中国的经济增长方式，基本是 A、B、C 三型的复合体，而美国的经济增长方式基本上是 D、E、F 的复合体，两种经济体增长方式的优劣是显而易见的。

改革开放之初，中国缺资金、缺技术、缺市场，更缺企业家，最富集的生产要素是劳动力和资源。怎么办？要发展经济，实现经济增长和国家富裕，必须有要素的前期投入。因此，当时的中国选择"三来一补"、"两头在外"这种 A、C 复合型经济增长方式，也的确是条件所限。如果没有 A、C 模式，中国不可能实现 20 世纪 80 ~ 90 年代的经济增长。但是，同时也要看到：正是这种经济增长方式，使中国的各类自然资源、能源在相当短的时间内几乎耗尽，同时也造成了几亿农民工的养老困难。

到了 20 世纪 90 年代中后期，中国已经积累到一定资本，同时国际资本涌入速度大幅度加快，中国经济增长方式开始出现 A、B、C 复合征兆，特别是 C 型增长的特征越来越明显，以至于人们戏称中国政府是"GDP 政府"。这种经济增长方式快速地推进工业化，也大大加快了城镇化的进程，但由此造成的资源消耗、环境压力越来越大，有不堪重负之感。所以，眼下连普通民众都开始怀疑经济增长的目的，怀念经济增长不高的年代，甚至有网友提出环保局长如能到某河里游泳愿出 10 万元支持的主张。

真的有"好的 GDP"和"坏的 GDP"吗？恐怕还真有，以环境破坏和人民健康为代价，以断绝子孙后代发展空间为依托产生的 GDP 不仅不好，而且有毒。以环境友好，人民安居乐业，永续发展为前提的 GDP 不仅好用，而且有大效用。以此标准来衡量眼下的中国经济增长方式，恐怕不能不提到转变了吧。

二、可悲、可怜、可叹、可恨的"青蛙"

中国经济增长方式转变问题，比较早的关注者是美国经济学家保罗·克鲁格曼①。他认为类似中国这种依靠高消耗、高污染的经济增长方式，不但不能持续，而且会出现轰然倒塌的悲剧。当然，由此引出的中国崩溃论另当别论。国内经济学家对此问题重视并进行深入研究的时间主要是 2006 年前后，卓元先生的一系列成果大致也是在这个时期。

2005 年，卓元先生针对中国经济增长方式"转而不变"的困局，在《经济研究》第 11 期发表了名篇——《深化改革，推进粗放型经济增长方式转变》（以下简称《转变》）。这是当时有关经济增长方式转变具有震撼力的策论之一，也是一个政府经济学家很少以这样紧张、紧迫的心情来谈经济增长方式转变的案例。

——转变经济增长方式刻不容缓!《转变》开篇即说："粗放型经济扩张已经走到尽头，不转变已经不行了。"紧接着，卓元先生给我们提出了一连串触目惊心的数据。

中国经济和社会经过 26 年（1979～2005 年）的快速发展，"资源瓶颈制约和环境压力不断加大，可持续发展问题日益突出，高投入、高消耗、高污染、低效率的粗放型增长已难以为继"。"从资源投入和产出看，2004 年，我国 GDP 按现行汇率计算占全世界 GDP 的 4%，但消耗了全球 8% 的原油、10% 的电力、19% 的铝、20% 的铜和 31% 的煤炭。"与此同时，环境压力几近极限。2003 年，我国工业和生活废水排放总量为 680 亿吨，化学耗氧量排放 1334 万吨，居世界第 1 位;二氧化硫排放量 2159 万吨，居世界第 1 位，90% 的二氧化硫排放是由于用煤导致的;二氧化碳排放量仅次于美国，居世界第 2 位。全国七大水系 38% 的断面属五类及劣五类水质，90% 流经城市的河段严重污染……2005 年初，瑞士达沃斯世界经济论坛公布了最新的"环境可持续指数"评价，在全球 144 个国家和地区的排序中，中国位居第 133 位。

---

① 保罗·克鲁格曼（1953～）：1991 年获克拉克经济学奖，2008 年获诺贝尔经济学奖，现为普林斯顿大学经济与国际事务教授。克鲁格曼的主要研究领域包括国际贸易、国际金融、货币危机与汇率变化理论。1996 年克鲁格曼出版的《流行国际主义》一书大胆预言了亚洲金融危机，也是在此书中明确提出"东亚无奇迹"的论点。该书在短短两年内重印了 8 次，总印数达 120 万册。

——转方式"转而不变"的困局要因在体制和机制！卓元先生说，"转变经济增长方式，就是实现由主要依靠资金和自然资源支撑经济增长，向主要依靠人力资本投入、劳动力素质提高和技术进步支撑经济增长转变，实现由资源—产品—废弃物流程，向资源—产品—废弃物—再生资源的循环型经济转变"。为什么这么好的理念不能深入人心呢？这么好的发展方式不能成为实际行动呢？卓元先生分析道："我国粗放型经济增长方式难以根本转变，重要原因在于我国现行财税、价格等体制，刺激各地热衷于工业立市和外延式经济扩张。"具体表现在：一是政府用行政权力廉价获得农民土地；二是水资源浪费严重；三是能源价格低廉；四是矿产品价格低廉。这种资源价格低、环境约束差的格局，使各地政府没有动力也没有压力去转变经济增长方式。

当一个人一步一步地走入深渊而自己又浑然不觉时，看的人该是一种何等的心情和心境？最可怕的是，当一个清楚危险处境的人对身处险境的人提出忠告时，后者竟然大声说：少管闲事！

水温真的很高了！相信经历过 2013 年 1 月长达 20 多天，笼罩面积多达 100 万平方公里雾霾的中国民众，是不是已经知道我们就是那只可怜的青蛙呀。

三、转方式难点在政府

对中国经济的组织模式，新加坡资政李光耀曾经说"中国大陆是国家资本主义"，而我们的官方说法则是"政府主导下的社会主义市场经济"。其实，这两种说法阐述的都是一个问题：中国政府对经济运行的干预程度广、深、大。说到"广"，可以看到政府几乎没有不管的经济活动，上到航天飞船，下到针头线脑；而"深"则是指政府作为渗透到了所有经济角落，所有的市场主体都必须围绕政府这个大主体甚至"主人"行动；至于"大"，则是指政府经常性地搞大动作，建个蔬菜大棚都是"大市场"。

我曾经仔细地分析过中国政府在经济领域的主导作用。2010 年底，全国大约有 2856 个县级行政区划单位（其中：853 个市辖区、370 个县级市、1461 个县、117 自治县、49 个旗、3 个自治旗、2 个特区、1个林区），除少数执行特别功能的县外，几乎每个县级单位都是一个经济体，县委书记就是实际的董事长，县长就是实际的总经理。依此类推，333个地级行政区划单位就是相应的集团公司。这样的政府功能，其行为自然决定着经济增长方式的形态。如果2856个县级"公司"都不转，单靠其他公司转，能转变吗？

所以，卓元先生2006年在《经济纵横》第9期又发表《深化政府改革是转变经济增长方式的关键》（以下简称《关键》）一文，将"转而不变"的困局要因直指政府。这篇文章，影响同样很大。如果说看了《转变》一文的人，还以为转变经济增长方式的困局是别人的话，那么这篇文章则直截了当地认为，要转变经济增长方式，关键是深化政府改革。

——《关键》说，"1995年，中国在制订第九个五年计划时，就提出实现经济增长方式根本性转变的任务。11年过去了，但中国经济增长方式并未实现根本性转变。其原因除还存在经济粗放型扩张空间外，主要是中国社会主义社会经济体制还不完善，特别是改革不到位，政府职能没能很好转换。政府机构等虽几经改革，也一再强调要政企分开，但政府仍拥有过多的资源，而且继续充当许多地方经济活动和资源配置的主角，严重抑制了市场在资源配置中基础性作用的发挥。……在2003～2004年经济过热中，政府支配的投资比例竟超过50%"。

何等犀利！这段话，放在2013年3月是不是同样呢？政府主导了市场，而不是政府顺应了市场，反市场的作为太强大了，市场的基础性调节作用自然就被官员的群体行为取代了。

卓元先生说，政府参与资源配置的方式和途径有：一是低价向农民征用土地、违法占地和随意批租土地。……凡是性质严重的土地违法行为，几乎都涉及地方政府和相关领导……从利用卫星遥感监测新增建设使用地情况中，每三亩就有一亩属违法占地。二是审批项目中，通过包括越权化整为零违反环境保护等规定促成大项目上马。三是通过行政垄断来限制竞争，甚至封锁市场，强迫使用或消费本地生产的产品。四是通过信贷干预，迫使当地银行等金融机构为形象工程、政绩工程提供贷款和信贷优惠。五是对生产要素和重要资源产品进行价格管制，压低价格，使市场信号严重扭曲。六是干预微观经济活动，包括干预国有企业和民营企业生产经营活动。

不用再举例了吧？政府这么神通广大，还有什么它做不了的！换言之，只要它想转变经济增长方式，不是很好办吗？非也，关键就是政府自己不想转，还阻碍着别的主体转。

由于政府介入经济活动过深，成为真正的市场活动参与者，使政府应履行的经济调节、市场监管、社会管理和公共服务的职能大大弱化，出现了政府职能的错位、越位和缺位状况。政府为何热衷于充当经济活动的主角，通过粗放型扩张追求 GDP 的高速增长呢？卓元先生剑锋直指——这主要是长期以来我国的干部政绩考核和选拔制度，经常以 GDP 论英雄，GDP 增速快，政绩就好，就能得到提拔。同时，政府每五年换一届，一届的 GDP 冲动刚下降，新一届的 GDP 冲动又起来了。

如此循环，政府不转，经济增长方式很难转吧。

四、还有解救的办法吗？

读过中学语文的人，大都学过韩非子的《扁鹊见蔡桓公》。原文为：扁鹊见蔡桓公，立有间。扁鹊曰："君有疾在腠理，不治将恐深。"桓侯曰："寡人无疾。"扁鹊出，桓侯曰："医之好治不病以为功。"居十日，扁鹊复见，曰："君之病在肌肤，不治将益深。"桓侯不应。扁鹊出，桓侯又不悦。居十日，扁鹊复见，曰："君之病在肠胃，不治将益深。"桓侯又不应。扁鹊出，桓侯又不悦。居十日，扁鹊望桓侯而还走。桓侯故使人问之，扁鹊曰："疾在腠理，汤熨之所及也；在肌肤，针石之所及也；在肠胃，火齐之所及也；在骨髓，司命之所属，无奈何也。今在骨髓，臣是以无请也。"居五日，桓侯体痛，使人索扁鹊，已逃秦矣。桓侯遂死。

我不想做简单的类比，卓元先生不是扁鹊，中国政府也不全是蔡桓公，所以中国经济增长方式应该还是能够转变的吧，至少我们可以期待政府能够认真听取"扁鹊"的建议，把治"疾"时机把握在可治之时。

经过五年的沉淀和思考，2010 年，卓元先生连著雄文《深化改革促进经济转型和发展方式转变》（《人民日报》2010 年 1 月 25 日）和《中国经济需转型：从追求数量扩张转为注重质量效益——未来十年经济走势思考》（《中国流通经济》2010 年第 5 期）。

卓元先生首先对中国经济增长方式积累的问题进行了深入剖析。他认为，由于经济的连年两位数增长，加上国际金融危机袭击下采取强投资应对措施"保增长"，中国经济出现了几个大的失衡或不协调——一是内外需失衡，内需严重不足；二是投资消费失衡，消费严重不足；三是经济高速增长付出的资源环境代价过大，即经济增长和资源环境承受能力失衡；四是区域、城乡发展失衡，居民收入差距过大且未能扭转。在四大失衡中，最主要是投资与消费失衡，或储蓄与消费失衡。

为治疗中国经济失衡症，转变经济增长方式是首要任务。卓元先生认为，为了顺利推进经济转型，今后 5～10 年（2011～2020 年——笔者注）的对策建议有三条：一是适当放缓经济增速，可考虑把经济增长速度控制在 8% 左右；二是致力于调结构，转变经济发展方式，做好需求管理的同时，还要加大新兴产业的培育；三是深化改革，完善社会主义市场经济体制，约束政府权力。

如何转变粗放型的经济增长方式呢？卓元先生认为，关键还在于政府职能的转变，而转变政府职能可以先从一些重要领域和关键环节的改革做起。第一，可以进一步转变政府职能，建设服务型政府，把政府从管经济为主转变到抓民生、管社会、服务经济为主。第二，要深化资源产品价格改革，转换价格形成机制，切断经济粗放扩张的价格通道。第三，要深化财税体制改革，建立和完善公共财政体制，特别是进一步从经济建设型财政向公共财政转型，为广大公众提供更多更好的公共产品和服务，逐步实现基本公共服务均等化。第四，要深化金融体制改革，增强金融服务经济的功能。第五，要深化国有企业改革，继续推进国有经济战略性调整，进一步推动国有经济向关系国民经济命脉的重要行业和关键领域集中。第六，要进一步放宽市场准入，大力发展民营经济，破除民营资本准入的"玻璃门"、"弹簧门"现象。第七，要深化收入分配制度改革，共享改革发展成果，特别是提高一次分配中劳动报酬的比例。

看过卓元先生的治疗方案，我们不能不为其"医者仁心"所感动。2010年，他已经77岁，一般人早就在含饴弄孙，而他仍然为国分忧、解忧、排忧。2012年8月2日，他在接受《上海证券报》记者采访时再次强调：改革需要从打破垄断、收入分配制度改革、政府职能转变三个方面攻坚。何等的执著，何等的坚毅！

第四篇 玉泉山人

如果按政治时段划分，卓元先生的职业生涯可以1992年为界。1992年前的卓元先生更像一个剑客，哪里不平就在哪里拔剑，而且剑剑封喉，这些可以从他《叩问价值》与《直击改革》的多篇雄文中得到充分印证，即使背负极大压力仍然守真守理，据理力争，甚至是抗争。因此，我们感受到那个时期的卓元先生，总是自由发表意见的学者。1992年后的卓元先生则更像一个农人，用自己精心打造的犁杖，细心地耕耘着国家的公田，这些过程似乎并不太为外人所知或所道，我们也鲜有机会窥见他在国家公田里劳作的身影。

2008年9月27日，开达经济学论坛第90次会议讨论的主题是「中国经济学家的历史使命」，而副标题则是六位经济学家75岁华诞学术思想讨论会，卓元先生就是这六人之一。会上，卓元先生的老友吴敬琏先生说道：卓元老当益壮，到了世纪之交，好像变成了「玉泉山人」了。

的确，变成「玉泉山人」何止从世纪之交开始？若从1991年11次座谈会算起，到2008年纪念十一届三中全会主题报告起草止，卓元先生已经12次、18年不知疲倦、不计名利地耕耘在国田上。

1991年，卓元先生是时任中共中央总书记江泽民主持的11次座谈会的全程参加者。

1993年，卓元先生是十四届三中全会重要文件《关于建立社会主义市场经济体制若干问题的决定》的秉笔者。

1997年、1999年、2000年，卓元先生相继成为中共中央十五大主题报告、十五届四中全会《关于国有企业改革和发展若干问题的决定》、十五届五中全会关于制定『十五』计划建议的文件起草组成员。

2002年、2003年、2004年、2005年，卓元先生密集地参与完成了中共中央十六大主题报告、十六届二中全会《关于国务院机构改革建议》、十六届三中全会《关于完善社会主义市场经济体制决定》、十六届四中全会《关于加强党的执政能力建设的决定》、十六届五中全会《关于『十一五』规划的建议》的起草工作。

2007年、2008年，卓元先生以73岁、74岁高龄，再次成为中共中央十七大主题报告、纪念党的十一届三中全会三十周年主题报告的起草组成员。

……

本篇四章内容，时间跨度近20年，展现的既是卓元先生为国鞠躬尽瘁的历史，又是中华民族大国复兴的关键时刻。这个时期卓元先生的活动几乎都是与『玉泉山人』有关。

第十四章　亲历"破茧化蝶"

☯对思想家最大的惩罚，莫过于抱着真理却无法在生前看到真理的光辉；对思想家最大的褒奖，莫过于持之以恒坚持的真理在生前就已经成为公理。

1989～1993 年，是中国经济体制改革的艰难时刻，也是中国经济体制改革的风光时刻。社会主义市场经济体制差一步就要羽化成蝶了，但是，中国大地偏偏爆发了改革开放以来最大的政治风波。所幸的是，寒冬持续得不是太久，发育成熟的蝶蛹只是延迟了化蝶的时间。

在这个过程中，有一批德高望重的经济学家，不仅全程经历了中国社会主义市场经济体制的化蝶过程，而且是这个"蝶变"过程的创造者中的一部分从中共十四大主题报告确定社会主义市场经济体制为中国经济体制改革目标，到十四届三中全会发布《中共中央关于社会主义市场经济体制若干问题的决定》，他们既是智慧谋者，又是秉笔书写历史者。卓元先生就是其中之一。这段历史，卓元先生以前很少讲起，现在也很少有人知道。本章还原的就是 1991～1993 年卓元先生在十四大报告前与参加十四届三中全会中央文件起草的历史。它是卓元先生的历史组成部分，更是共和国历史上浓墨重彩的华章。

一、1989～1991 年：中国经济体制改革的艰难时刻

回溯社会主义市场经济在中国的确立过程，的确有很多生物学的相态变化之意。大家都知道，一个虫卵最后要成为翩翩飞舞的蝴蝶，它一生要经历过三次大的身体形态变化。第一次，要在合适的温、湿度下由卵发育成虫；第二次，要在食物充足、天敌有限的情况下吐丝化蛹；第三次，要经过撕心裂肺般的挣扎，身体从蛹壳中脱离出来，

成为一只真正能飞的蝴蝶。

与此相对应，市场经济在 1976～1978 年的中国，实际上只是一颗虫卵，还没有孵化。那时政治的"极左"得到了一定程度的消解，但经济制度上的束缚并没有过大的松动，新一轮的"洋冒进"① 差点再次把国民经济撕裂成碎片。

1978 年底中共中央召开的十一届三中全会，是中国当代史上最重要的会议之一，它重新确定了以经济建设为中心的基本路线。因此，市场经济在 1979～1984 年的中国，已经长成一只健硕的毛毛虫，它吸收着春阳，舔食着嫩叶，快速地成长着。那个阶段，中国农村基本都实现了"家庭联产承包责任制"，农业连续丰收；城市里个体经济发展迅速，第一批"下海"的人已经挣到了人生的"第一桶金"。这段时间，基本没有大的政策摇摆，市场经济这只幼虫很快就长到了成虫。

随着非国有经济的快速发展，国有经济开始显得步履沉重起来。于是，从 1985 年开始全面推行以价格改革为关键的"市场化"改革，中国的市场经济进入了残酷而无奈的"化蛹期"。这个时间段基本在 1985～1991 年。

"化蛹"成功，未必就能够"化蝶"成功。1988 年，中国开始出现严重的通货膨胀以及官员腐败等诸多情况，社会矛盾顿显尖锐。1988 年秋由中宣部、国家体改委、中国社会科学院在京西宾馆联合召开的"全国经济体制改革研讨会"上，已经反映出问题的严重性，而 1989 年 4 月由中国经济体制改革研究所为主在北京京丰宾馆召开的

---

① 1976～1978 年，中央政府提出了实现一系列"大干快上"的高指标、大口号，由于这些高指标和大口号相当程度上要依赖国际技术，所以后来称之为"洋冒进"。我们今天能看到的"洋冒进"保存下来的最大成果是"宝钢"。"洋冒进"的形成过程大致如下：1977 年 1 月 19 日，提出农业要在 1980 年基本实现机械化；1977 年 4 有 18 日，提出要建十个大庆油田；1977 年 10 月 29 日，提出煤炭要在 1987 年突破 10 亿吨。1977 年 11 月，全国计划会议提出了中国经济发展的长远规划。当时设想，第一阶段，即第五个五年计划时期的后三年，重点是打好农业和燃料、动力、原材料工业这两仗，为第六个五年计划时期"大上"做准备。第二阶段，在第六个五年计划期间，钢要达到 6000 万吨，原油要达到 2.5 亿吨。为实现生产上的高指标，相应地拟订了基建的大计划，提出在工业方面新建和续建 120 个大项目，其中有 30 个大电站、10 个大油气田、10 个大钢铁基地、8 个大型煤炭基地、9 个大有色金属基地、10 个大化纤厂、10 个大石油化工厂、10 多个大化肥厂以及新建续建 6 条铁路干线和几个大港口。第三阶段，在 2000 年以前全面实现四个现代化，使国民经济走在世界的前列。到那个时候，粮食总产量要达到 13000 亿～15000 亿斤，钢产量达到 1.3 亿～1.5 亿吨，农业将成为世界上第一个高产国家，许多省的工业水平将赶上和超过欧洲的某些工业发达国家。

"改革十年：中青年理论研讨会"，更是群情激昂，到 5 月份终于酿成席卷中国大地的巨大"风波"。

"风波"平息之后，中国的市场化经济体制改革完全进入了"冬眠期"——吐丝的毛毛虫不见了，翩翩飞舞的蝴蝶还没有出来。于是，有人以为"蛹"已经死了，中国不再会有市场经济这只美蝴蝶了；有人则认为"化蝶"的时机还没有到，要耐心看护，不可人为"破蛹"。

二、1991 年：江泽民决定重启经济体制改革

如果说要为市场经济在中国找一个准确的"化蝶"时刻，那么最恰当的应该是 1992 年 10 月 12 日上午。这天上午，中国共产党第十四次全国代表大会开幕，时任总书记的江泽民作大会报告，在谈及中国经济体制改革目标时说："实践的发展和认识的深化，要求我们明确提出，我国经济体制改革的目标是建立社会主义市场经济体制。"

我们看到的是"化蝶"时刻，其实"化蝶"过程才是艰苦卓绝的。这就是我要重点讲到的江泽民亲自在中南海主持召开的 11 次专家座谈会。这 11 次专家座谈会，其重要性如何强调都不过分，是它成就了市场经济的"破茧而出"。

据 2012 年 12 月中央文献出版社出版的《江泽民与社会主义市场经济体制的提出——社会主义市场经济 20 年回顾》披露，1989～1991 年，是国际、国内形势特别复杂的时期。1989 年东欧的波兰、罗马尼亚相继发生政治变局，共产党失去了政权，1990 年 3 月、4 月，立陶宛、格鲁吉亚相继脱离苏联独立，1991 年 8 月 19 日苏联解体，苏联共产党失去政权，而 1989 年中国发生的政治风波也带来严重的经济后果，经济增长速度从 1984 年的 15.2% 下降到 1989 年的 4.1% 和 1990 年的 3.8%。面对这种极端复杂的国内、国际环境，江泽民一直在思考的问题是，"即将召开的党的十四大应怎么论述经济体制改革，经济体制改革的目标究竟用什么提法？十四大以后，还要召开十四届三中全会，还要从'提法'进一步发展成'纲领'，要对纲领提出概括性的描述"。

为揭开"斯芬克斯"之谜，1991 年夏天江泽民就开始部署座谈会

的具体内容。在人员方面，参加座谈会的主要是经济专家。在人员选择上，他提出三点要求：一是在思想解放、实事求是方面比较突出，敢于讲话；二是对改革开放的设计、论证和文件起草等工作参与较多；三是找 1~2 名海外学成人员，还要有几个能介绍并讨论资本主义经济和苏东经济的专家。在讨论内容上，江泽民圈定了三个方向：一是分析资本主义为什么"垂而不死"，其体制机制中有哪些值得我们研究的东西；二是对苏联、东欧国家的剧变进行分析，是什么因素导致苏东国家经济和社会发展出现停滞和危机，以至于整个国家遭受重大挫折，发生急剧变化；三是在对前两个问题进行深入分析的基础上，敞开思路，对我国进一步推进改革开放的重大议题作出探讨。

卓元先生是亲历了全部 11 次会议的少数专家之一。据他回忆，参加 11 次座谈会的专家大部分是经济学家，其中有中国社会科学院的刘国光、张卓元、蒋一苇、李琮、陈东琪，国务院发展研究中心的吴敬琏、王慧炯、林毅夫，国家体改委的杨启先、傅丰祥、江春泽，中国银行的周小川，国家计委的郭树清，以及外交部、安全部、中联部的专家等，总共不到 20 人。

11 次座谈会用了 11 个半天，10 月 17 日、18 日上午各召开一次，讨论战后西方资本主义国家发展的现状，为什么资本主义"垂而不死"；12 月 6 日、9 日召开了两天座谈会，讨论苏东演变及其教训；12 月 10 日、12 日、13 日下午以及 14 日全天分别召开座谈会，讨论如何搞好有中国特色的社会主义经济。

11 次座谈会可谓成果辉煌，当然最重要的是出现了"社会主义市场经济"的倾向性提法，为最终确定"社会主义市场经济体制"这一经济体制改革目标吃了"定心丸"。

卓元先生在《记酝酿经济改革重要思想的专家会》（《前线》2012 年第 11 期）中，把 11 次会议的重要成果归纳为两个方面：一是座谈会为我国明确社会主义市场经济体制，明确经济体制改革的目标模式，起到了重要作用。二是座谈会上中央领导的插话和专家发言，为 1993 年党的十四届三中全会《关于建立社会主义市场经济体制若干问题的决定》（俗称"50 条"）的诞生提供了许多重要观点和素材。

关于 11 次座谈会，还有一个让卓元先生记忆犹新的细节——到会专家一律没有桌签，更没有论资排辈或"论官排位"，发言的顺序也不是事前确定的，而是自由发言、畅所欲言式的，全部 11 次会议都是由江泽民同志亲自主持，并不断插话，交流和引导大家的发言。

三、1992 年：党校讲话与十四大报告

经过 11 次座谈会的密集讨论，江泽民坚定了推进市场经济体制改革的决心和信心。与此几乎在同一时间段，中国改革开放的总设计师邓小平，于 1992 年 1 月到中国南方"度假"。这次度假，邓小平发表了最著名的"南方讲话"。该年 3 月 26 日，《深圳特区报》发表了《东风吹来满眼春——邓小平同志在深圳纪实》的报道。特别引人关注的是，他重申道："计划多一点还是市场多一点，不是社会主义与资本主义的本质区别。"

专家座谈会的扎实论证，邓小平一锤定音的讲话，使市场经济终于摆脱了最后的羁绊，将其亮丽的羽翼展露在骄阳下。

"化蝶"后的社会主义市场经济体制，能不能经得起反对者狂风巨浪的吹打呢？其实，连江泽民心里也有些吃不准。于是，他在征求邓小平的意见后，把市场经济的"处女航"放到了中共中央党校省部级干部进修班上。这次讲话安排在 1992 年 6 月 9 日，讲话总题目是《深刻领会和全面贯彻落实邓小平同志的重要谈话精神，把经济建设和改革开放搞得更快更好》，而讲话的核心内容则是《关于在我国建立社会主义市场经济体制》。

这篇讲话，是中国官方最高领导人第一次如此明确地提出建立社会主义市场经济体制。江泽民从商品经济的发展历史、苏东剧变的教训、中国十一届三中全会以来市场的作用等方面阐述了建立社会主义市场经济体制的必要性、重要性和紧迫性。同时，对建立社会主义市场经济新体制，还提出了要抓紧解决好的几个关键性问题。一是转变政府职能，切实实行政企职责分开；二是抓紧企业特别是国有大中型企业经营机制的转换，真正推动企业走上市场，使它们成为市场竞争的主体，成为真正的法人主体；三是适应商品经济和价值规律的要求，

切实更新计划观念，转变计划管理职能和方式，使计划能够真正反映市场的供求变化；四是大力培育和发展市场，建立统一完备的社会主义市场；五是加强经济法规和经济运行所必需的其他基础设施建设。

"处女航"首先在省部级干部进修班获得极大的成功，紧接着社会反响巨大，全社会出现了建立社会主义市场经济体制的巨大正能量。

如果说江泽民的党校演讲算是"社会主义市场经济"的试飞，那么他在十四大上做的报告，则是一场炫舞了。

1992年10月12日上午，江泽民气定神闲、抑扬顿挫地发表了他主政以来最具震撼力的党代会报告。这篇报告全文的题目是《加快改革开放和现代化建设步伐，夺取有中国特色社会主义事业的更大胜利》，而报告的重点是建立中国社会主义市场经济体制。

尽管有了邓小平的南方讲话，尽管有了江泽民的党校"处女航"，十四大报告还是震撼了中国，震撼了世界。

当江泽民讲到"实践的发展和认识的深化，要求我们明确提出，我国经济体制改革的目标是建立社会主义市场经济体制，以利于进一步解放和发展生产力"时，人民大会堂掌声骤起，有些代表眼里闪着泪花。

激动的又何止是会场上的代表？退休在家的邓小平专注地看着电视，他也情不自禁地称赞道："讲得不错，我要为这个报告鼓掌。"

海外媒体更是惊呼：中国不是向左转，也不是向右转，而是甩开历史的羁绊，大步开始向前赶了！

江泽民在十四大上的报告，是党和国家里程碑式的决定。

四、1993年：宏伟蓝图砥砺勾画

善总结过去者，多无覆地之忧；善察未来者，多无飞来之祸。

"社会主义"中国早就有了，"市场经济"外国早就有了，可中国、外国却始终没有社会主义市场经济。因此，1992年中共十四大报告提出的经济体制改革目标是社会主义市场经济体制，无疑于石破天惊，是中国共产党再一次创造性地发展了马克思主义。可是，宣布建立社会主义市场经济体制，不等于就已经有能力、有把握建成社会主义市场经济体制。这一切的一切，还需要细细谋划、策划，为此，十四届三中全会的主基调就是勾画出社会主义市场经济体制的蓝图。

1. 文件起草名单上有张卓元

政治决断是政治家们的特长，但是勾画蓝图就必须要找绘图笔杆子。1993 年 5 月，张卓元接到中办秘书局通知，6 月 1 日到玉泉山报到，参加文件起草工作。

于是，1993 年 6 月 1 日这天，卓元先生开始走进了玉泉山那个知名而神秘的院落。当然，这次任务不比 11 次座谈会，那时只是咨询专家，而这次成了直接的秉笔大员，心里不免有些惴惴，也不免有些激动。

落座之后，发现已经有 20 多人围坐着，首先听江泽民总书记作报告。文件起草小组组长是温家宝同志（时任中央政治局候补委员、中央书记处书记、中央财经领导小组秘书长），曾培炎同志（时任中央财经领导小组副秘书长兼办公室主任）和王维澄同志（时任中央政策研究室主任）作副组长。

时任中共中央总书记的江泽民同志，非常平易、平和，和大家打过招呼后，就像老朋友一样开始了他的报告。说是报告，其实更多的是期望和要求，希望大家不辱使命，做出一个经得住时间和实践考验、检验的东西来。他说，社会主义市场经济体制这条路如果走通了，那么中华民族的伟大复兴事业就有了经济制度上的保障，国际共产主义也将进入一个崭新的阶段。

江泽民的报告是温和的，也是严肃的，社会主义市场经济体制能否建立，这 20 几个人的起草班子干系重大。江泽民走后，温家宝开始部署工作，整个文件起草组分成 10 个单元，每个单元负责一个题目。卓元先生与高尚全、郑新立三个人在一个组，负责"培育和发展市场体系"的起草工作。

2. 蓝图勾画非常难

起草中央重大文件，看似简单实则不然。一要足够深刻，因为党中央的这些重要文件都是纲领性文件，必须对所关注事情讲清讲透；二要足够朴实，因为党中央的这些重要文件不是学者书斋里的论文，可以使用大量专业术语，它是指导全党乃至全国某项工作的指针；三要足够准确，因为党中央的这些重要文件不是艺术作品，来源于生活高于生活，它是国计民生等国家重要事项的提炼，任何歧义都会导致不可估量的后果。所以，即使是学者，第一次拟国策，也是有着相当大难度的。

玉泉山的风光是旖旎的，玉泉山的温泉是滑滑的，起草组的专家们没有闲情赏玩这些，他们都在殚精竭虑地思考着国家的未来，思考着民族的未来，更思考着怎样的一个框架才真正接近社会主义市场经济体制的本质。起草组的专家们讨论着、争论着，有些观点或提法，取得了共识就赶紧保留下来，没有取得共识的就先放一放，实在不行就请教其他专家或实际部门的工作人员。

卓元先生至今仍然清晰地记得当时对每个问题的讨论或争论。他说，这次起草工作最大的成果是基本勾画出了一个社会主义市场经济体制蓝图。这个蓝图就是《中共中央关于建立社会主义市场经济体制若干问题的决定》中的第二条所表述的内容。

翻开这份新中国成立以来中共中央最重要决定之一的文本，第二条赫然写到："社会主义市场经济体制是同社会主义基本制度结合在一起的。建立社会主义市场经济体制，就是要使市场在国家宏观调控下对资源配置起基础性作用。为实现这个目标，必须坚持以公有制为主体、多种经济成份共同发展的方针，进一步转换国有企业经营机制，建立适应市场经济要求，产权清晰、权责明确、政企分开、管理科学的现代企业制度；建立全国统一开放的市场体系，实现城乡市场紧密结合，国内市场与国际市场相互衔接，促进资源的优化配置；转变政府管理经济的职能，建立以间接手段为主的完善的宏观调控体系，保证国民经济的健康运行；建立以按劳分配为主体，效率优先、兼顾公平的收入分配制度，鼓励一部分地区一部分人先富起来，走共同富裕的道路；建立多层次的社会保障制度，为城乡居民提供同我国国情相适应的社会保障，促进经济发展和社会稳定。这些主要环节是相互联系和相互制约的有机整体，构成社会主义市场经济体制的基本框架。必须围绕这些主要环节，建立相应的法律体系，采取切实措施，积极而有步骤地全面推进改革，促进社会生产力的发展。"

大家知道，最后《决定》共有 10 个部分 50 条。第一部分系统地阐述了当时国际、国内复杂的形势和任务，基本上与 11 次座谈会取得的共识差不多。第二部分也是着墨最多的部分，讲的是"转换国有企业经营机制，建立现代企业制度"。第三部分是建立市场经济体制的运行系统，即"培育和发展市场体系"。第四部分则强调的是"转变政府职能，建立健全宏观经济调控体系"。第五部分已经提出了"建立合理的个人收入分配和社会保障制度"。第六部分到第十部分则是有关农村经济体制、对外经贸体制、科教体制、法制建设、改善党的领导等内容。正是这 50 条言简意赅的表述，使我们清晰地看到了"十四大确定的经济体制改革的目标和基本原则"已经完全系统化、具体化，中国建立社会主义市场经济体制的总体规划也跃然纸上，生动而鲜活起来。

3. 我只参与做了"一根半"柱子

我曾经讨教过卓元先生在这次重要文件起草中的特殊作用，先生非常谦虚地表示，个人的力量是绵薄的、不足称道的，这是全党智慧的结晶。卓元先生这种谦逊的风范，似乎是与生俱来的，总是只管耕耘，不问个人是否有何收获。

其实，卓元先生在这次中央文件起草过程中，可是很出力的。他本来与高尚全、郑新立同在"培育和发展市场体系"起草组，做好这一组的工作已然不易，没想到他在第三部分基本框架搭好后，又被"借到"国有企业改革组参与工作。这样，在勾画的社会主义市场经济体制的五大支柱中，卓元先生直接参与的就是"一根半"了。

卓元先生回忆说：十四届三中全会文件的起草是从 1993 年 6 月开始，到 11 月结束，大概有半年时间。1993 年 11 月 11～14 日召开的十四届三中全会通过的《中共中央关于建立社会主义市场经济体制若干问题的决定》，确定了社会主义市场经济体制的基本框架，包括社会主义市场经济体制的五大支柱，即坚持以公有制为主体、多种经济成份共同发展的方针，进一步转换国有企业经营机制，建立适应市场经济要求，产权清晰、权责明确、政企分开、管理科学的现代企业制度；

建立全国统一开放的市场体系，实现城乡市场紧密结合，国内市场与国际市场相互衔接，促进资源的优化配置；转变政府管理经济的职能，建立以间接手段为主的完善的宏观调控体系，保证国民经济的健康运行；建立以按劳分配为主体，效率优先、兼顾公平的收入分配制度，鼓励一部分地区一部分人先富裕起来，走共同富裕的道路；建立多层次的社会保障制度，为城乡居民提供与我国国情相适应的社会保障，促进经济发展和社会稳定。

其中，在起草过程中，当时最难的一个问题是确立企业改革的方向是建立现代企业制度。总的观点大家是一致的，但是现代企业制度有哪几个基本特征这个问题反复讨论了好久，还请原国家经委的一些同志过来一块反复商议，最后才确定了"产权清晰、权责明确、政企分开、管理科学"这十六个字。姑且我们给被"借调"的卓元先生记"半根"吧。

"培育和发展市场体系"这组的内容也很难把握，卓元先生与郑新立、高尚全反复商量、研究，最后形成了《决定》中的第 10 ~ 15条。如第 10 条开门见山就说"发挥市场机制在资源配置中的基础性作用，必须培育和发展市场体系"，第 11 条则强调"推进价格改革，建立主要由市场形成价格的机制"，为市场机制发挥作用创造基本条件；第 12 条强调的是"改革现有商品流通体系，进一步发展商品市场"，第 13 条更是大胆地提出了"当前培育市场体系的重点是，发展金融市场、劳动力市场、房地产市场、技术市场和信息市场等"，特别是劳动力市场的提法鲜明而大胆（卓元先生多次著文提到，党的文件第一次用劳动力市场概念是高尚全同志据理力争的结果），第 14 条则把"发展市场中介组织，发挥其服务、沟通、公证、监督作用"纳入到了一个健康的市场经济体制内部，第 15 条重新界定了政府与市场的关系是"改善和加强对市场的管理和监督"。我想，不用我再多着笔墨了，读过卓元先生著作的人，想必对上述六点内容都很熟悉吧。

五、感慨良多

1993 年 11 月 14 日，中共中央十四届五中全会通过了《中共中央关于社会主义市场经济体制若干问题的决定》。该《决定》，洋洋洒洒50条，条条解渴，所以后人简称这个决定为"市场经济50条"。

"50条"一出，简直是漫天蝶舞啊！形势与任务只占三条，但分量却非常重，"社会主义市场经济体制是同社会主义基本制度结合在一起的"，"建立社会主义市场经济体制是一项前无古人的开创性事业，需要解决许多极其复杂的问题"，句句铿锵。在转换国有企业经营机制、建立现代企业制度部分，共有6条，第一次把公有制特别是国有制企业，通过现代企业制度这样一种制度创新方式，与市场经济体制有机地结合起来了。在培育和发展市场体系部分，也是6条，商品市场、资本市场、劳动力市场、房地产市场、技术信息市场以及市场监管、中介组织如何发育和培育，都做了精细的规划。在转变政府职能、建立健全宏观经济调控体系部分，共7条，涉及财政、金融、计划、投资、中央与地方事权财权划分等诸多方面，一个市场经济的宏观间接调控体系基本成型。此外，对建立合理的个人收入分配和社会保障制度、深化农村经济体制改革、深化对外经济体制改革、进一步改革科技体制和教育体制等也都在市场经济这个根本制度上做了阐述。

当镜头拉回到1993年11月11～14日，作为文件起草组成员的卓元先生，看到中央委员、中央候补委员们认真而欣喜地阅读着《决定》讨论稿，并不时地表示赞许时，特别是11月14日，十四届三中全会以《决定》的形式通过这份建立社会主义市场经济体制的蓝图时，卓元先生感慨良多。因为是第一次参加中央文件起草，他总觉得这次算是真正直接为党工作了，理论可以转化为政策了。

是啊！从1957年孙冶方先生到中国科学院经济研究所提出"把计划和统计工作建立在价值规律基础上"，到卓元先生们提出市场取向改革，社会主义市场经济体制这个凝聚了几代经济学家心血和梦想的伟大成果，终于转化为中国共产党和中国人民的实际行动。

我行文至此，心下也是凄惶不已。作为社会主义市场经济体制的受益者，有多少人会想起那些社会主义市场经济体制的受难者呢？他们带走的是人生的磨难，留给我们的是无尽的宝藏。如果可能的话，我希望中国经济学界为冶方先生这样的社会主义市场经济先知们立一座有形的丰碑，让后来者永远铭记这些为中国经济改革做出卓越贡献而又无法、也没有机会分享到新体制实惠的人们。

六、余音

转眼间，社会主义市场经济体制在中国已经确立了20年，我们不仅没有因此走上资本主义，反而使社会主义更加强大。2012年，中国GDP已经达到51.9万亿元，从积贫积弱成长为世界第二大经济体。在做大"蛋糕"的同时，分"蛋糕"的机制也更加科学合理，中国是世界上少数几个实现了包容性发展的大国，特别是在2008年世界经济危机大爆发后，中国的社会主义社会经济体制更显现出了制度的弹性和韧性。

为纪念具有特别历史意义的11次专家座谈会，2012年7月9日，江泽民同志特别邀请了6位当年参与此工作的同志在玉泉山含晖堂座谈，回顾当年召开11次座谈会的情况。

当86岁的江泽民与79岁的张卓元两双推动历史进程的手紧紧地相握时，当两位老人的眼神再次相遇时，市场经济体制不仅早已成为中国的经济制度基础，而且由其引爆的中国和平崛起，成为20世纪末至21世纪初最重大的人类成就。

第十五章　走出"国有企业改革泥沼"

☯水深才能载动大船，力大才能撼动山岳。

1995 年 9 月，卓元先生卸任中国社会科学院工业经济研究所所长，以 62 岁的"超龄"年龄被任命为中国社会科学院经济研究所所长。经济研究所是卓元先生学术生涯开始的地方，这里有他的老师，有他的战友，有他的弟子，还有他的很多"粉丝"。这已经是卓元先生第三次出任研究所所长了，业界的一些老朋友开始戏称他为"所长专业户"。

卓元先生回到阔别 12 年的中国社会科学院经济研究所，回到他曾经那么熟悉而现在又有几分陌生的环境，再次开始了他的经济学研究领军工作。经过初期的调理，经济研究所的研究工作逐步进入正轨，各项研究成果也开始出现在公众视野。在此期间，因为在中国社会科学院工业经济研究所工作了两年的关系，卓元先生的研究重点聚焦在深化国有企业改革上，他的一系列有关国有企业改革的重要成果开始在业内产生影响。

酒香还真不怕巷子深，低调做事，深居简出的卓元先生，再次引起了有关部门的关注，特别是他关于国有制实现形式的一系列研究成果和重要观点，有一定的代表性。于是，卓元先生继参加十四届三中全会报告起草之后，又连续被通知参加了 1996 ~ 1997 年中共十五大报告和十五届四中全会报告的起草工作。

一、成立十五大报告起草组

中国共产党十四大和十四届三中全会确定的社会主义市场经济体制目标，迅即在中华大地涌起市场化大潮，国家经济增长速度也实现了逆转性增长。从 1992 年到 1996 年，国内生产总值年均增长 12.1%，既实现了经济快速增长，又有效抑制了通货膨胀，避免了大起大落。这与 1989～1990 年期间持续低迷下滑的经济增长率（3%～4%）和不断上涨的物价水平形成了鲜明的对照，是市场经济的魔力调动出了千千万万个市场主体的积极性和创造性。

可是，在市场经济风帆扬起的同时，有一艘大船依然滞留在港湾——国有企业搁浅了。1978 年国有工业企业的亏损面只有 23.9%，到了 1997 年则上升到了 43.9%；1985 年，国家财政负担的国有企业亏损补贴为 507.02 亿元，经过 12 年改革后的 1997 年，补贴额依然维持在 368.49 亿元；国有企业资产负债率更是节节攀升，1980 年为 30%，1985 年为 40%，1990 年达到 60%，而 1994 年则达到 75%，1997 年很多国有企业已经超过了 100%。1998 年，国有及国有控股企业占用资产是全部工业资产的 68.84%，而其对国家经济增长的贡献率已经下降到 50% 左右，对财政的贡献率更是下降到了不足 40% 的水平。

一方面，非国有经济蓬勃发展，另一方面，国有经济步履维艰。难道公有制真的与市场经济体制不能兼容？难道在公有制与市场经济中只能选择其一而不能兼得？这些疑问被经济发展的现实困惑着，也使时任总书记的江泽民认真思考。

为破解这些难题，为中国特色社会主义道路拓出更宽阔的道路，江泽民决定在中共十五大前及十五大期间，集中精力解开这道困扰了几代中国共产党人的世界难题。

为开好这个跨世纪的大会，为 1997 年平稳迎接百年游子"香港"的回归，时任中共中央总书记的江泽民同志，身体力行，带领十四届中央政治局常委会、政治局、书记处的同志深入基层，深入群众，考察工作，调查研究，详尽地了解国情，倾听群众的愿望和要求。

经过一系列调研准备，中共中央高层领导干部，逐步理解和把握了改革开放总设计师邓小平同志"解放思想、实事求是"理论的精髓。为此，以江泽民为核心的第三代领导集体，决定把十五大开成一个大胆而科学的大会，开成一个顺应时代和人民需要的盛会。

当然，开好这样一个极为重要的大会，光有会议主题是远远不够的，还要调集精兵强将，攻坚克难，写出既有理论高度，又有改革力度，还要有实事求是态度的主题报告。为此，1996 年 10 月 16 日，中共中央政治局常委会决定成立十五大报告起草小组。

卓元先生回忆起这次起草工作的过程，至今仍然清晰如初。他说，1996 年 10 月 16 日之后不久，接到中共中央办公厅的电话通知，10 月 31 日起草小组召开了第一次会议，就此十五大报告的起草工作正式开始。

十五大报告的起草工作，真正的负责人是江泽民同志，他除了经常询问报告起草情况外，还分别于 1996 年 12 月 11 日、1997 年 1 月 17 日对起草组成员做了两次重要谈话。正是这两次谈话，才使我们看到了后来影响深远的十五大报告稿。

卓元先生清楚地记得 1996 年 12 月 11 日这个特殊的日子。这天，在南中国，香港港区第一届政府推选委员会举行第三次全体会议，选举董建华为香港特区第一任行政长官人选；在北中国，江泽民则悄然地和十五大报告起草组进行了第一次谈话。

由于起草组成员都是中央决定的，同时有不少人是十四大报告、十四届三中全会报告的起草组成员，所以江泽民的到来，现场气氛热烈而不紧张。

卓元先生说：江泽民这次谈话言简意赅、高屋建瓴，他就报告的主题、框架、主要内容、基本思路都作了明确指示。他说：大会的报告要紧紧扣住高举邓小平理论伟大旗帜，把建设有中国特色社会主义事业全面推向 21 世纪这个主题，阐明世纪之交中国共产党和中国人民面临的形势和任务，动员全党和全国各族人民，振奋精神，同心同德，全面实现第二步战略目标，坚定不移地向第三步战略目标迈进，到下个世纪中叶，把中国建设成为富强、民主、文明的社会主义现代化国家。

在这次谈话中，江泽民明确指出，十五大报告要全面回顾中国的 100 年，新中国的 50 年，改革开放以来的 20 年，特别是在十四大以来的 5 年。同时，要展望下个世纪的头 50 年，进一步描绘新中国成立

100 周年时中国经济和社会发展的宏伟蓝图。

有了江泽民这次谈话确定的主线和任务，起草组的工作进展得比较顺利，十五大报告第一稿形成的基本框架，就得到了中央政治局常委会的肯定。

卓元先生说，十五大报告起草工作有一个大难点，就是未来中国的经济体制改革的方向和任务如何表述，是积极推进改革，还是停下来看看，当时还是有不同声音或意见的。为此，1997 年 1 月 17 日，江泽民专门就经济体制改革的方向和任务对起草小组作了第二次谈话。

江泽民这次的谈话非常具体而明确，主要内容包括十个方面，核心在于既要毫不动摇地坚持公有制，又要探索出符合市场经济体制要求，能够极大促进生产力发展的公有制实现形式。卓元先生说，江泽民的思路非常清晰，思想也非常解放，他指出：股份制是现代企业的一种资本组织形式，资本主义可以用，社会主义同样可以用，目前广大城乡出现了劳动者的劳动联合和资本联合为主的股份合作制形式，这是中国经济发展实践中出现的新事物，应以积极态度予以支持。

江泽民的这次谈话，为起草小组撑起了制度创新和机制创新的"保护伞"，大家再不用为姓"社"姓"资"的问题纠缠，而是一切都回到了邓小平在 1992 年年初南方谈话中提出的"三个有利于"标准，即判断改革开放的性质，"应该主要看是否有利于发展社会主义社会的生产力，是否有利于增强社会主义国家的综合国力，是否有利于提高人民的生活水平"。

二、千锤百炼出"玉泉"的跨世纪纲领

邓小平是中国改革开放的总设计师，也是改革开放历史重任的肩负者和执行者。1997 年中国农历春节过后没有多久的 2 月 19 日，一个令所有中国人痛彻心扉的消息不胫而走——我们的邓小平逝世了。

小平同志曾经承诺过香港同胞，1997 年香港回归时，就是坐着轮椅，也要到香港去看看，去看看我们"游子"的回归。可是，他爽约了，只差 5 个月不到的时间啊！

小平同志曾经明确地提出改革开放性质的"三个有利于"标准，

还算不算数，改革开放的后继者们是不是继续执行小平的改革开放大计。恰在此时，江泽民给十五大报告起草组明确提出：我们说坚持十一届三中全会以来的路线不动摇，就是高举邓小平理论的旗帜不动摇，邓小平逝世后，全党在这个问题上尤其要有高度的自觉性和坚定性。无论遇到什么困难和风险，都不动摇。

一边是起草组紧锣密鼓地抓紧工作，一边是中央政治局讨论、研究报告稿的内容。仅在 1996 年 10 月底到 1997 年 6 月的 8 个月中，中央政治局常委会就召开了 3 次会议，中央政治局也专门召开会议，对报告稿进行讨论和审议。

卓元先生说，根据江泽民的讲话精神和中央政治局、政治局常委会讨论的意见，起草小组又多次对报告稿进行了认真的修改。

如果说 1990 年以前，中国的改革开放重任一直压在以邓小平为核心的中国共产党第二代领导集体肩上，那么从 1990 年开始，这个接力棒就逐渐传到了以江泽民为核心的中国共产党第三代领导集体手上。是勇挑重担，迎难而上，还是裹足不前，临阵退缩，第三代中国共产党领导集体勇敢地选择了前者，而这种选择的标志性大事件就是有"第三次思想解放"之称的十五大报告。

——江泽民的 5·29 讲话。据卓元先生讲，到了 1997 年的 4 月底 5 月初，起草组的工作基本上就完成了，报告的观点、内容也都经过中央政治局常委会、政治局全体会议讨论、审议通过了。

为进一步统一思想，坚定信念，江泽民决定先在中共中央党校省部级干部进修班做一次十五大报告预演，收集反响。于是，1997 年 5 月 29 日，时任中国党和国家领导人齐集北京西郊颐和园边上的中共中央党校，与中共中央党校省部级干部进修班的学员们，共同聆听江泽民的重要讲话。

江泽民在 5·29 讲话中首先指出：在当代中国，只有邓小平的建设有中国特色社会主义理论才能够解决社会主义的前途和命运问题。他进一步说，我国仍然并将在相当长时期内处在社会主义初级阶段，正反两方面经验表明，在社会主义问题上，只讲方向，不讲阶段，常常使我们陷入盲目的境地。在社会主义初级阶段，不能追求单一的公有制，只能以公有制为主体，促进各种所有制共同发展，这是从实际出发的政策。在我们国家，私有经济成份发展得好，同样有利于发展生产力、提高综合国力和提高人民生活水平，同样是为社会主义服务的。当然，我们在大力发展多种所有制经济的同时，更要努力寻找能够极大促进生产力发展的公有制实现形式，一切反映社会化生产规律的经营方式和组织形式都可以大胆利用。要继续采取改组、联合、兼并、租赁、承包经营和股份合作制、出售等形式，加快放开搞活国有小型企业的步伐。

江泽民的 5·29 讲话，听得台下的省部级高官们热血沸腾，第三代领导集体解除了困扰人们多时的姓"公"姓"私"的疑惑，为国有企业改革扫清了思想障碍，是自 1978 年以来的"第三次思想大解放"。

——精雕细刻的修改工作。江泽民的 5·29 讲话，犹如一个春雷在中国上空炸响，得到了各地区、各部门的高度一致赞成。为征得更广泛的意见，1997 年 7 月 10 日，根据中央政治局会议的决定，经过反复修改的十五大报告第五稿印发给中央和地方 135 个单位征求意见。参加讨论的有十四届中央委员会和中央纪律检查委员会的成员，有中央党政军各部门和各人民团体的党员负责干部，有各省、区、市和各大军区的党委负责人，有十五大代表和党内老同志，共约 4000 人。同时，中共中央还委托中央统战部召集了各民主党派、全国工商联负责人和无党派人士在中南海召开座谈会，江泽民到会直接听取了党外人士的意见。

在征求意见的过程中，各单位对报告稿的主题、基本框架和基本观点，特别是邓小平理论、社会主义初级阶段的基本路线和基本纲领、调整和完善所有制结构、股份制和股份合作制、依法治国等重大问题的论述，一致表示赞同，同时也提出许多好的修改意见和建议。

中央非常重视各方面的意见。卓元先生说，起草小组对这些意见和建议逐条逐句进行研究，又对报告进行了严肃认真的修改，共修改 800 多处，其中涉及内容修改的有近 300 处。这些修改，重点对十四大以来 5 年工作的总结、邓小平理论的概括、正确处理改革发展稳定的关系、农业和地区经济布局、科教兴国战略、有中国特色社会主义文化同社会主义精神文明的关系、祖国统一等问题作了修改和补充，较大地充实和加强了党的建设的内容，加重了结束语的分量。报告起草组完成修改后，中央政治局常委会和政治局全体会议再次进行了讨论。随后，报告稿根据这两次会议的意见再次进行了修改。

卓元先生回忆说，经过反复修改和完善，十五大报告早已经不是哪几个人创作的作品，它是集中和凝结了中国共产党全党智慧的新世纪行动纲领。1997年9月6日，党的十四届七中全会在京开幕。在3天的讨论中，出席会议的中央委员、候补委员，列席会议的中央纪律检查委员会委员，对报告第八稿进行了认真的审议和讨论，提出了一些修改意见和建议。根据这些意见和建议，报告又作了修改。9月9日，十四届七中全会通过了这个修改过的报告稿，决定提请党的十五大审议。9月12日，在党的十五大开幕式上，摆在2000多名代表面前的是九易其稿的党的十五大报告。

1997年9月21日，中国共产党第三代领导集体的核心江泽民，在庄严雄伟的人民大会堂向出席十五大的2000多位代表作了题为《高举邓小平理论伟大旗帜，把建设有中国特色社会主义事业全面推向二十一世纪》的报告。

三、十五大报告经济理论贡献再圈点

十五大报告，内容博大精深，涵盖了第三代中央领导集体的治国理念、纲领和行动措施。卓元先生是经济学家，当然重点工作和相应的贡献更多的也是在经济理论的突破上。

作为起草工作的执笔人之一，卓元先生既是经济理论思想的贡献者，又是经济理论思想的集成者，只要是符合"三个有利于"标准的新观点、新思想、新提法，卓元先生他们都认真吸收。所以，当我提出要求让他谈谈他在十五大报告中的理论贡献时，他一摆手："个人何其能尔？我还是给你讲讲集体贡献吧"。

卓元先生谈起十五大报告中的经济理论贡献，恍惚又回到了报告起草现场。他说：十五大报告的突出理论贡献，是对公有制及其实现形式的创造性解释，没有这次理论突破，就不可能有中国国有企业的

凤凰涅槃，就没有中国民营企业的冲天发展。

——十五大报告说："要全面认识公有制经济的含义。公有制经济不仅包括国有经济和集体经济，还包括混合所有制经济中的国有成份和集体成份。"这段话，在当时是具有振聋发聩功效的，它"打开了人们的眼界，扩展了改革的空间，使改革可以迈开大步往前走"（参见张卓元《十五大报告对社会主义经济理论的重要贡献》，《经济研究》1997年第10期，以下没有特别注明，均来自该文）。

——十五大报告指出："公有制的主体地位主要体现在：公有资产在社会总资产中占优势；国有经济控制国民经济命脉，对经济发展起主导作用。这是就全国而言，有的地方、有的产业可以有差别。公有资产占优势，要有量的优势，更要注重质的提高。""质的提高"与"控制力"都是第一次出现在党的纲领性文件中，也是20多年中国改革开放经验的总结，也是经济界努力探索的成果。

——十五大报告提出"公有制实现形式可以而且应当多样化。一切反映社会化生产规律的经营方式和组织形式都可以大胆利用。要努力寻找能够极大促进生产力发展的公有制实现形式。"这段话，其理论价值与政策价值可谓无与伦比。理论上提出的公有制形式多样化，使我们可以充分吸收人类社会一切符合"三个有利于"标准的公有制形式，而不再拘泥于国有制、集体所有制这两种方式；政策上提出的股份制等混合所有制模式，终于为国有企业进入市场，成为市场竞争主体扫平了制度障碍。

——十五大报告指出："公有制为主体、多种所有制经济共同发展，是我国社会主义初级阶段的一项基本经济制度。"大家注意，以前一直都把发展多种所有制经济作为过渡措施，甚至是不得已的临时措施，十五大报告则第一次明确了发展多种所有制是"一项基本经济制度"。"基本经济制度"当然就不再是权宜之计，自然也为中国的非国有经济发展提供了制度保障。报告还指出，"非公有制经济是我国社会主义市场经济的重要组成部分"。这比过去说非公有制经济是补充的说法前进多了。

——十五大提出"要加快国民经济市场化进程"，"进一步发挥市场对资源配置的基础性作用"的观点，同样具有特别重要的理论意义。"市场化"概念长期被列为理论禁区，使用这个概念的经济学家常常招来许多麻烦，这次明确把市场化作为改革方向，大大提高了市场经济的地位和作用。

四、国企改革密码的破解

十五大报告发布两年后的 1999 年 9 月 22 日，中共中央十五届四中全会通过并发布了《中共中央关于国有企业改革和发展若干重大问题的决定》（以下称《决定》）。如果说十五大报告对国有企业改革设计的是一系列密码，需要非常专业的知识才能理解和操作，那么《决定》就是十五大报告的解码本，它所有的术语都得到了清晰的界定和破解。

好奇的读者，一定想知道哪些人是这部"天书"的解码者；聪明的读者，一定也不难猜出谁是这部"天书"的解码者。其实，这既是全党集体智慧的结晶，也包含以吴邦国为组长的起草组的功劳。在迎接新中国 50 华诞前的 10 个月中，卓元先生第三次参加了中共中央重要文件的起草工作，他的政府经济学家新角色也由此形成。下面，就让我们听他娓娓道来吧。

解码一：十五大报告从战略的高度上提出了调整国有经济布局的任务，明确国有经济需要控制的是关系国民经济命脉的重要行业和关键领域。四中全会决定则对国有经济需要控制的行业和领域加以具体化，指出它们主要包括：涉及国家安全的行业，自然垄断的行业，提供重要公共产品和服务的行业以及支柱产业和高新技术产业中的重要骨干企业。具体说，涉及国家安全的行业有重要军工、钞票印制等；自然垄断的行业主要有：电信、铁路运输、电力、煤气、自来水等；提供重要公共产品和服务的行业有：大型水利设施、环保设施、城市公共交通、金融、保险等；支柱产业和高新技术产业中的重要骨干企业包括：大油气田、大矿山、大钢铁、大石化、汽车集团、大建筑公司、重要的国家实验室、重要的电子企业等。决定还指出，国有经济今后在整个国民经济中的比重还会有所减少，但国有经济仍然有着广阔的发展空间，比如民间资本难以进入的投资大、风险大、回收慢、建设周期长、社会迫切需要的重要基础设施建设和高新技术产业开发等，总量不是减少而是会继续增加，整体素质进一步提高，分布更加合理。这就为国有经济的发展进一步指明了方向使国有资本和民间资本各自向有自己优势的领域集中和发展。

解码二：十五大报告创造性地提出了国有经济控制力概念，认为国有经济在国民经济中的主导作用主要体现在控制力上。四中全会决定对国有经济控制力的涵义作出了如下三点解释：第一，国有经济的作用既要通过国有独资企业来实现，更要大力发展股份制，探索通过国有控股和参股企业来实现。第二，国有经济在关系国民经济命脉的重要行业和关键领域占支配地位，支撑、引导和带动整个社会经济的发展，在实现国家宏观调控目标中发挥重要作用。第三，国有经济应保持必要的数量、更要有分布的优化和质的提高；在经济发展的不同阶段，国有经济在不同产业和地区的比重可以有所差别，其布局要相应调整。国有经济控制力概念，为国有企业的股份制、公司制改革开辟了道路。今后由国家垄断经营的企业、国有独资的企业将只占极少数。即使是需要由国家控制的关系国民经济命脉的重要行业和关键领域，也并不都要求国家独资，大部分可由国家控股，吸收民间资本。这样做，可以放大国有资本的功能，提高国有经济的控制力。因此，国有大中型企业尤其是优势企业，宜于实行股份制的，要通过规范上市、中外合资和企业互相参股等形式改为股份制企业，发展混合所有制经济，重要的企业由国家控股。

解码三：十五大报告指出，要着眼于搞好整个国有经济，抓好大的，放活小的，对国有企业实施战略性改组。四中全会决定重申坚持"抓大放小"的同时，把放开搞活的范围扩大到国有中型企业，明确提出放开搞活国有中小企业。这是政策上的一大突破。按照决定的精神，今后国有中型企业，在向"专、精、特"方向发展过程中，一部分向大企业靠拢，同大企业建立密切的协作关系，或者向大企业方向发展，建立现代公司制度；另一部分则从本企业实际出发，采取多种形式放开搞活，一般估计，这一部分中型企业将占较大比重。显然，这必将有力地推进国有中小企业改革，加快国企改革进程。根据前几年的改革实践，国有中小企业放开搞活相对于国有大型企业建立现代企业制度来说要容易一些，步子可以走得快一些。国有中小企业放开搞活了，我们就能更好地集中力量，搞好国有大型企业的现代企业制度建设。

解码四：十五大报告要求对国企实施战略性改组，四中全会决定提出，要区别不同情况，继续对国有企业实施战略性改组，接着把现有国有企业分为四类：第一类，极少数必须由国家垄断经营的企业，在努力适应市场经济要求的同时国家给予必要支持，使其更好地发挥应有功能。第二类，竞争性领域中具有一定实力的企业，要吸引多方投资加快发展。第三类，产品有市场但负担过重、经营困难的企业，通过兼并、联合等形式进行资产重组和结构调整，盘活存量资产。第四类，产品没有市场、长期亏损、扭亏无望和资源枯竭的企业，以及浪费资源、技术落后、质量低劣、污染严重的小煤矿、小炼油、小水泥、小玻璃、小火电等，要实行破产、关闭。在对国企实施战略性改组和指导国企改革和发展中，采取区别对待的方针十分重要。1998年底，我国国有非金融企业为23.8万户，涉及各行各业；在金融领域，国有企业也占支配地位。各个行业企业情况千差万别，无论是改革还是发展，都要从实际出发，分类指导，切忌用一个模式去套。过去曾设想多兼并、少破产和关闭，现在看来，对于上述第四类企业，必须实行破产和关闭，否则会成为卸不掉的包袱，而且越背越重。

解码五：十五大报告要求建立有效的国有资产管理、监督和营运机制，保证国有资产的保值增值，防止国有资产流失。四中全会决定提出要积极探索国有资产管理的有效形式，按照国家所有、分级管理、授权经营、分工监督的原则，逐步建立国有资产管理、监督、营运体系和机制，建立与健全严格的责任制度。在肯定授权大型企业、企业集团和控股公司经营国有资产的同时，决定特别提出，允许和鼓励地方试点，探索建立国有资产管理的具体方式。这就为各地寻找国有资产管理的有效形式开辟了广阔的空间，并有利于积累更多更丰富的经验，从而形成比较规范的国有资产管理、监督和营运的体系和机制。

实际上，在全国许多地方，如上海、深圳、武汉等，已进行了有益的探索，积累了不少经验。决定还对如何监管国有资产作出原则规定，即继续试行稽察特派员制度，同时要进一步健全和规范监事会制度。从而从体制上、机制上加强对国有企业的监督，确保国有资产及其权益不受侵犯。可见，由于缺乏足够充分的实践经验，决定对国有资产的管理还没有规定一个"定式"，但是提出了要积极探索。相信经过一段时间后，我们一定能找到国有资产管理的有效形式。

解码六：十五大报告提出对国有大中型企业实行规范的公司制改革，但没有出现法人治理结构概念；过去的重要文件包括《公司法》也没有使用这个概念。四中全会决定在论述对国有大中型企业实行规范的公司制改革时，不但出现了公司法人治理结构概念，而且认为它是公司制的核心，这不能不说是理论上和政策上的一大进展。决定还对公司法人治理结构的主要内涵作出表述，明确股东会、董事会、监事会和经理层的职责，使他们各负其责、协调运转、有效制衡。所有者对企业拥有最终控制权。董事会要维护出资人权益，对股东负责。董事会对公司的发展目标和重大经营活动作出决策，聘任经营者，并对经营者的业绩进行考核和评价。发挥监事会对企业财务和董事、经营者行为的监督作用。理论和实践都表明，建立公司法人治理结构，是对国有大中型企业进行规范的公司制改革的最重要的内容。公司的法人治理结构建立起来了，就意味着国有企业实行了公司制改革。健全公司法人治理结构，是现代企业理论、公司理论的重要内容，许多发达的市场经济国家的经济学家都在研究这个问题，甚至在最近几年形成一股研究浪潮。我国在这方面经验不多、研究不够，我们要急起直追，目的在于提高我国公司的治理水平，提高公司的市场竞争力。

解码七：四中全会决定在阐述公司法人治理结构问题时，提出了如何处理好许多国有独资和国有控股公司中"新三会"（即股东会、董事会、监事会）和"老三会"（即党委会、工会、职工代表大会）的关系的原则。总的原则是采取双向进入的办法，处理好它们之间的关系。这就是，国有独资和国有控股公司的党委负责人可以通过法定程序进入董事会、监事会，董事会和监事会都要有职工代表参加；董事会、监事会、经理层及工会中的党员负责人，可依照党章及有关规定进入党委会；充分发挥董事会对重大问题统一决策、监事会有效监督的作用。这点非常重要，今后公司重大问题由董事会统一决策而不是多头决策。对于董事长、党委书记、总经理能否兼任的问题，决定明确提出：党委书记和董事长可由一人担任，董事长、总经理原则上分设。这里面"可由"和"原则上"是为了留一点灵活性，不作太硬性的规定。鉴于我国国有企业"内部人控制"问题比较突出，这几年出现了有的企业总经理卷款外逃，因此要特别重视董事会代表出资人利益的作用，董事长、总经理原则上分设。同时要很好发挥外部董事和外派监事的作用，以加强对公司的监督。一些国家经济学家和投资者越来越强调独立董事的重要性。独立董事是外来者，与公司没有利害关系，所以更能够代表股东利益。一项调查表明，1998 年，美国大公司 69％的董事属外部董事，中小公司 44％的董事属外部董事。

解码八：十五大报告提出，培育和发展多元化投资主体，推动政企分开和企业转换经营机制。四中全会决定进一步指出，股权多元化有利于形成规范的公司法人治理结构，除极少数必须由国家垄断经营的企业外，要积极发展多元投资主体的公司。多元投资主体概念要理解得宽泛一些，它首先或主要指不同所有制的投资主体，即国有企业在公司制改革中要吸收非国有资本参加，形成多元投资主体。由于改革开放以来，非国有经济发展很快，民间资本已有一定规模，可以向一些国有大中型企业参股，并填补国有资本退出或缩减的领域。多元投资主体同样包含国有独资公司，也要尽可能由多家国有投资公司或其他国有企业共同持股，成为由多家投资主体组成的公司。

解码九：四中全会决定总结国企改革多年的经验，明确提出企业要面向市场逐步形成六个机制，即企业优胜劣汰、经营者能上能下、人员能进能出、收入能增能减、技术不断创新、国有资产保值增值的机制。有的地方在对国有大中型企业进行股份制、公司制改革的同时，着力培育上述六个机制，实践证明是很有成效的。所以，一个企业是否建立起现代企业制度，可以从是否形成了上述六个机制进行检验，这也是对十五大报告提出国有企业要转换经营机制的新发展。

解码十：四中全会决定特别重视企业管理，把加强和改善企业管理作为十二个大问题中的一个问题，作了系统的阐述。决定提出，必须高度重视和切实加强企业管理工作，从严管理企业，实现管理创新；并从加强企业发展战略研究，健全和完善各项规章制度，狠抓管理薄弱环节，广泛采用现代管理技术、方法和手段等方面深入展开论述。有些论述很具体，可操作性强，如提出要及时编制资产负债表、损益表和现金流量表。在征求一些企业负责人对决定草稿的意见时，这一安排及其内容得到他们的广泛支持与称赞。

解码十一：四中全会决定对如何改善国有企业资产负债结构和减轻企业社会负担，提出了一整套可行的方针和可操作的措施，其中有的措施被形容为国企脱困的杀手锏。这些方针和措施共七条，条条有新意。如在增加银行核销呆坏账准备金措施中，提出国有和集体企业兼并国有企业可以享受有关鼓励政策，而过去只规定国有企业之间兼并可以享受核销呆坏账准备金的政策。决定提出结合国有银行集中处理不良资产的改革，通过金融资产管理公司等方式，对一部分产品有市场、发展有前景、由于负债过重而陷入困境的重点国有企业实行债转股，解决企业负债率过高的问题。目前这一条正在付诸实施。决定在谈到提高直接融资比重时，提出允许国有及国有控股企业按规定参与股票配售。选择一些信誉好、发展潜力大的国有控股上市公司，在不影响国家控股的前提下，适当减持部分国有股，所筹集的资金由国家用于国有企业的改革和发展。这一措施将改变我国上市公司国有股不能流通的不正常状况。决定还规定非上市企业经批准，可将国家划拨给企业的土地使用权有偿转让使企业资产变现，其所得用于增资减债或结构调整。这也意味着国有企业的存量资产可以流动起来。在谈到分离企业办社会的职能时，决定强调了政府的作用，指出位于城市的企业，要逐步把所办的学校、医院和其他社会服务机构移交地方政府管理，所需费用可在一定期限内由企业和政府共同承担，并逐步过渡到由政府承担，有些可以转为企业化经营。独立工矿区也要努力创造条件，实现社会服务机构与企业分离。

解码十二：四中全会决定对企业富余人员，一方面鼓励有条件的国企实行主辅分离、转岗分流；另一方面要规范下岗程序，认真办好企业再就业服务中心，切实做好下岗职工基本生活保障工作。进一步完善下岗职工基本生活保障、失业保险和城市居民最低生活保障制度，搞好这三条保障线的相互衔接。大力做好再就业工作，积极发展第三产业，吸纳更多的下岗职工。鼓励下岗职工到非公有制经济单位就业、自己组织起来就业或从事个体经营。对自谋职业的，要在工商登记等方面给予更多的扶持。决定要求加快社会保障体系建设，提出要采取多种措施，包括变现部分国有资产、合理调整财政支出结构等，开拓社会保障新的管理渠道，充实社会保障基金。总之，社会保障体系的建设，已越来越受到各方面的重视，政府正在千方百计筹集和充实社会保障基金。

解码十三：四中全会决定具体落实十五大的要求，指出国有企业技术进步和产业升级的的方向和重点是：以市场为导向，用先进技术改造传统产业，围绕增加品种、改进质量、提高效益和进口替代，加强现有企业的技术改造；在电子信息、生物工程、新能源、新材料、航空航天、环境保护等新兴产业和高技术产业占据重要地位，掌握核心技术、占领技术制高点，发挥先导作用。决定还对各类国有企业通过技术进步和产业升级需要达到的具体要求，如何采取积极有效的政策措施支持企业技术进步和产业升级、如何形成以企业为中心的技术创新体系等作了明确的阐述。

解码十四：国有企业搞得好不好，有没有高素质的经营管理者和企业家至关重要。改革开放以来，我们党就十分重视这一问题。早在1993 年 11 月，党的十四届三中全会决定就提出造就企业家队伍的号召，党的十五大又提出要建设好企业领导班子。四中全会决定专门论述了建设高素质经营管理者队伍的问题、提出国有企业要适应建立现代企业制度的要求，在激烈的市场竞争中生存发展，必须建设高素质的经营管理者队伍，培育一大批优秀企业家。积极探索适应现代企业制度要求的选人用人新机制，把组织考核推荐和引入市场机制、公开向社会招聘结合起来，把党管干部原则和董事会依法选择经营管理者以及经营管理者依法行使用人权结合起来。决定还提出，对企业及企业领导人不再确定行政级别。决定还系统地阐述了建立和健全国有企业经营管理者的激励和约束机制问题，这在党的文件中是第一次提出实行经营管理者收入与企业的经营业绩挂钩；少数企业试行经理（厂长）年薪制、持有股权等分配方式，可以继续探索，及时总结经验；建立企业经营业绩考核制度和决策失误追究制度，实行企业领导人员任期经济责任审计，凡是由于违法违规等人为因素而给企业造成重大损失的，要依法追究其责任，并不得继续担任或易地担任领导职务。

1999 年张卓元先生（中）与林兆木（右）、江小涓（左）在北戴河合影

第十六章　圆梦"全面建设小康社会"

🌓历史有时也会产生强大的惯性，一旦启动了某种机制，可能就会在相应的轨道上前行很久。但是，历史不能仅仅依靠惯性前行，在一些重要的坡段，必须有新的力量加入，才可能使它不偏离基本的方向。

2002～2005 年，古稀前后的卓元先生，迸发出的能量更加惊人。先后一口气担纲起草了五部中国共产党历史上最重要的文件。2002 年作为十六大报告起草组经济组的成员，把全面建设小康社会目标从完全抽象转变为人人熟知的具象化指标和规范；2003 年直接参与起草了十六届三中全会关于《关于深化行政管理体制和机构改革的意见》，为政府职能转变设计了可行、可办的"手术方案"；2003 年同时还参与了十六届三中全会《关于完善社会主义市场经济体制的决定》，为社会主义市场经济体制的细化，增加了一系列与时俱进的新主张、新办法；2004 年十六届四中全会《关于加强党的执政能力建设的决定》中，2005 年十六届五中全会《关于"十一五"规划建议》中，都有卓元先生的重要贡献。

因为篇幅所限，本章着重回溯的是卓元先生参加十六大主题报告、十六届三中全会决定的起草工作及主要贡献。在这段看似平静实则艰难的共和国历程中，卓元先生以一个"退而不休"人员的特殊身份，发挥了一个中共党员的特殊作用。

一、廉颇老矣，尚能饭否？——进入十六大报告起草组的老兵不少

2001～2002 年的中国，再次来到一个需要增加新力量的时点。这一年，建设中国社会主义市场经济体制改革的目标已经确定了十年，

时任中共中央总书记江泽民也已经干满了 13 年，新一届的中共中央领导人也即将走上历史的舞台。这就是当时中共十六大面临的任务和形势，也是江泽民如何布置新一届领导集体作业的时期。因此，开好中共十六大，为中国的政治、经济打开更大的空间，为复兴中华民族宏伟大业奠定制度基石，就成了江泽民备加关心的大问题。

当然，开好十六大，写好主题报告是其中重要的一环。这个报告既要总结好江泽民执政 13 年的宝贵经验，又要为后十年的发展提出目标，还要给新一届领导集体留出创新的空间。所以，组成一个精干、高效的报告写作组至关重要。经过中央高层内部筹划，形成了主题报告起草组的成员。其中除一批年轻有为的"笔杆子"外，还有不少老兵。这些年过 60 岁的老兵，是经常参与中央文件起草的各方专家，光是 1929 年出生的就有龚育之、王维澄、金冲及，还有 1932 年出生的郑必坚，1933 年出生的邵华泽、张卓元，1936 年出生的林兆木，1938 年出生的经济学家王梦奎、王洛林等。

二、"全面建设小康社会"目标提出的台前幕后

1. "全面建设小康社会"目标是怎样提出的？

2002 年 11 月 8 日江泽民给十六大做主题报告时，有两个非常引人关注的新提法，一是"三个代表"重要思想开始作为与马克思主义、毛泽东思想、邓小平理论一道并列为中国共产党的指导思想；二是把"全面建设小康社会"确定为中国到 2020 年的奋斗目标。

"三个代表"重要思想成为指导思想并被写入党章，大家并不感到意外。因为早在 2000 年 2 月 25 日，江泽民在广东省考察工作时，从全面总结党的历史经验和如何适应新形势新任务的要求出发，就提出了"三个代表"重要思想。"三个代表"重要思想是江泽民对马克思主义的创造性贡献，他提出的：①我们党要始终代表中国先进生产力的发展要求，就是党的理论、路线、纲领、方针、政策和各项工作，必须努力符合生产力发展的规律，体现不断推动社会生产力的解放和发展的要求，尤其要体现推动先进生产力发展的要求，通过发展生产力不断提高人民群众的生活水平；②我们党要始终代表中国先进文化

的前进方向，就是党的理论、路线、纲领、方针、政策和各项工作，必须努力体现发展面向现代化、面向世界、面向未来的，民族的、科学的、大众的、社会主义文化的要求，促进全民族思想道德素质和科学文化素质的不断提高，为我国经济发展和社会进步提供精神动力和智力支持；③我们党要始终代表中国最广大人民的根本利益，就是党的理论、路线、纲领、方针、政策和各项工作，必须坚持把人民的根本利益作为出发点和归宿，充分发挥人民群众的积极性、主动性、创造性，在社会不断发展进步的基础上，使人民群众不断获得切实的经济、政治、文化利益。

"代表先进生产力，代表先进文化，代表最广大人民的根本利益"，已经涵盖了所有共产党人的行为准则，这样的理论进入中国共产党纲领性文件，成为指导思想，是理所当然的。

可是，"三个代表"重要思想不能停留在空洞、空泛的表述上，还要有践行的阶段性目标和措施。卓元先生参与的经济组工作，就要考虑使内容充分体现"三个代表"重要思想。

中国在进入21世纪头20年经济上提什么目标合适呢？集思广益是最好的办法之一。当时各方面提出的主张很多，归纳起来是两个方面：一是建议把到2020年的目标确定为加快实现现代化，二是建议把全面建设小康社会确定为奋斗目标。

为什么要把全面建设小康社会作为目标？起草组经过反复讨论，逐步同意采纳把全面建设小康社会作为到2020年奋斗目标。卓元先生阐述道：根据中国现在的国情，从全国范围来看，把全面建设小康社会作为奋斗目标，还是比较合适的。这是因为现在中国达到的小康是低水平的，不全面的、发展不平衡的。所谓低水平，是去年（2001年——笔者注）的人均GDP只有900美元，今年（2002年——笔者注）接近1000美元，刚刚进入中等偏下收入国家的行列，离世界平均收入水平还有很大差距。所谓不全面，是部分城市基本能达到小康，农村还差很远。国家统计局去年（2001年——笔者注）调查，农村还有3000万左右人口温饱问题没有完全解决，城镇有近2000万人口收入在最低收入保障线以下。所谓不平衡，就是上海、北京、深圳等地经济上已经超过小康目标，但广大的西部地区，就连重庆市也还达不到小康水平。

时任总书记的江泽民和十六大报告起草组组长的胡锦涛，认真听取了起草组的意见，最终决定把全面建设小康社会作为中国 21 世纪头 20 年的奋斗目标。

2. 邓小平提出的中国小康社会是不是就是能够"吃香的喝辣的"？

1979 年 12 月 6 日，邓小平同志在会见来访的日本首相大平正芳时提出，中国现代化所要达到的是小康状态。他曾经说："翻两番，国民生产总值人均达到八百美元，就是到本世纪末在中国建立一个小康社会。这个小康社会，叫做中国式的现代化。""翻两番、小康社会、中国式的现代化，这些都是我们的新概念。"

这是中国领导人第一次提出"小康"社会的标准，也是中国经济发展的第一个要完成的目标，即带领中国人民解决温饱并逐步走向富裕。

"小康"不是一个新概念，更不是来自西方经济学的新名词，它是道地的中国本土特产。中国古代典籍《礼记》曾经提出过两种社会形态，一曰小康，一曰大同。用现在的话讲，小康大体上就是"丰衣足食"，这在自然经济条件下已经是非常高的标准了。大同社会则有些像我们的共产主义社会，社会政治高度文明，经济高度发达，人们相处非常和谐。当然，"小康"是基础，"大同"是理想。

邓小平提出中国到 20 世纪末建立一个小康社会，既是中国伟大复兴的物质基础，也是广大人民的基本物质诉求。大约在 1985 年前后，我到东北某农村调研，与当地老乡攀谈起未来生活图景时，他给我说了一个非常有操作性的小康标准。他说："俺没啥文化，旧书（指传统文化）和新书都没读两本，也不知道啥是小康大康的，我就想将来能像解放前地主老财那样，天天吃香的喝辣的，那才叫一个美。"

什么是"香的"，什么是"辣的"？据我多方考证和调查，"香的"基本是指油水，构成油水的最基本的是脂肪等肉类，汉民族又多指猪肉；"辣的"不是辣椒，而是白酒，特别是那种高度白酒。综合起来，"吃香的喝辣的"就是吃猪肉，喝白酒。吃上肉，喝上酒，就是"小康"？还真的差不多。据统计，当人均年收入在2000美元左右时，吃肉、喝酒就会经常发生。不信，请各位读者自己比对吧。

当然，邓小平提出的小康，涵义要宽泛得多。特别是经过一些理论家阐释后，已经涵盖了人民生活目标、经济发展目标、政治发展目标、文化发展目标和社会发展目标等方面的内容。按照十六大报告的解释，小康社会是一个经济发展、政治民主、文化繁荣、社会和谐、环境优美、生活殷实、人民安居乐业和综合国力强盛的经济、政治、文化全面协调发展的社会，是中华民族走向伟大复兴必经的社会发展阶段。

3. 十六大报告中提到的建设"小康社会"的经济措施有哪些？

"小康社会"首先是一个经济概念。"仓廪实而知礼节，衣食足而知荣辱"，没有一定的物质基础，中华民族的精神提振自然难以完成。自然，"小康社会"目标需要有一系列具体的经济指标表述，用"吃香的喝辣的"表述还是不全面或显得"土"了点。

如何把一个抽象的概念具体化，是当时经济起草组的大难题。卓元先生他们经过反复研究，认为经济上的小康社会目标可以表述为"在优化结构和提高效益的基础上，国内生产总值到2020年力争比2000年翻两番，综合国力和国际竞争力明显增强。基本实现工业化，建成完善的社会主义市场经济体制和更具活力、更加开放的经济体系。城镇人口的比重较大幅度提高，工农差别、城乡差别和地区差别扩大的趋势逐步扭转。社会保障体系比较健全，社会就业比较充分，家庭财产普遍增加，人民过上更加富足的生活。"这些都是逐字逐句敲定的，并最终写入了十六大报告。

有了小康社会的总体目标，相应的经济建设与经济体制改革内容就相对容易了，卓元先生参与的经济组，最终把建设"小康社会"的经济内容具体化为两个阶段、八个方面：前十年要全面完成"十五"计划和2010年的奋斗目标，使经济总量、综合国力和人民生活水平再上一个大台阶，为后十年的更大发展打好基础，具体来说——①走新型工业化道路，大力实施科教兴国战略和可持续发展战略，坚持以信息化带动工业化，以工业化促进信息化，走出一条科技含量高、经济效益好、资源消耗低、环境污染少、人力资源优势得到充分发挥的新型工业化路子；②全面繁荣农村经济，加快城镇化进程；③积极推进西部大开发，促进区域经济协调发展；④坚持和完善基本经济制度，深化国有资产管理体制改革，各种所有制经济在市场竞争中发挥各自优势，相互促进，共同发展；⑤健全现代市场体系，加强和完善宏观调控；⑥深化分配制度改革，健全社会保障体系；⑦坚持"引进来"和"走出去"相结合，全面提高对外开放水平；⑧千方百计扩大就业，不断改善人民生活。

4. 十六大报告经济部分的精华所在

今天重读十六大报告，特别是有关建设小康社会的经济建设和经济体制改革部分，依然感到光华四溢。

第一个亮点是报告提出的"必须坚持以信息化带动工业化，以工业化促进信息化，走出一条科技含量高、经济效益好、资源消耗低、环境污染少、人力资源优势得到充分发挥的新型工业化路子"。中国的工业化，可能是世界经济史上最复杂的工业化，不仅体量大、层次多，而且面临着工业化、信息化、城镇化"三化"同步叠加的局面。

第二个亮点是报告提出的国有资产管理改革，即在坚持国家所有的前提下，充分发挥中央和地方两方面的积极性，国家将制定法律法规，建立中央政府和地方政府分别代表国家履行出资人职责，享有所有者权益，权利、义务和责任相统一，管资产和管人、管事相结合的国有资产管理体制。国有资产管理历来是个大难题，要么管死，要么管乱，十六大报告的分级管理无疑是个创新。

第三个亮点是报告提出的把坚持公有制为主体，促进非公有制经济发展，统一于社会主义现代化建设进程中，不能把两者对立起来，各种所有制经济完全可以在市场竞争中发挥各自优势，相互促进，共同发展。一直有所谓"国退民进"或"国进民退"之说，十六大报告提出的标准不是谁该不该退或进，而是在平等条件下竞争的问题，立意和视野一下子就超越了原来的羁绊。

第四个亮点是明确提出了保护合法非劳动收入，即"一切合法的劳动收入和合法的非劳动收入，都应该得到保护"。这段话最终能纳入十六大报告，可是不容易，"合法的非劳动收入"受到保护进入纲领性文件，在中国共产党历史上尚属首次，由此也开启了中国社会主义市场经济体制的深层构建阶段。

三、十六届三中全会再披征衣

忙碌完十六大报告起草工作已接近年底，但十六届二中全会《关于深化行政管理体制和机构改革的意见》的起草工作已开始启动。卓元先生往年都会在春节给自己放几天假，一边与家人共享天伦之乐，一边休整。可2003年的春节不行，还有一项更重要的工作在等待着他，主要是起草十六届二中全会文件。起草组成员除中编办的同志外，还有中国社会科学院的张卓元、吕政、江小涓，国务院发展研究中心的陈清泰等，即将出任国务院总理的温家宝是起草组组长。他必须早做准备，尽管准备了50年，一切似乎都在考虑之中，可他还是不敢有丝毫的懈怠。十六届二中全会文件起草完，约一个月后，中央办公厅秘书局又通知卓元先生到玉泉山开会，紧接着就是起草十六届三中全会文件。

1. 又是温家宝作组长

2003年4月18日是十六届三中全会决定起草组成立的日子。4月的北京，刚刚经历了一场春雨的洗礼，空气中还弥散着些许的水汽与土味。路旁的杨树已经展开了阔大的叶片，月季花与蔷薇花盛满了路中的花圃，一些小麻雀正心无旁骛地采食着路人的遗撒。

一路上很顺畅，到了会场，卓元先生看看表，差不多早到了半个小时。陆陆续续，大家都到齐了，卓元先生悄悄清点了一下，整整50人，一个不多一个不少。好家伙，十六大报告那么大的报告也没有这么多人！卓元先生心里掂量着，这次任务一定轻松不了。

毛泽东对干事业有过非常精辟的见解。他说：路线方针确定之后，关键就是组织建设和干部选用了。十六届三中全会决定的方针、路线早在十六大报告中就已经确定，本次起草工作组要做的就是社会主义市场经济体制完善的具体化工作。如果说从十四大报告到十六大报告，主旨思想更多是以江泽民为核心的领导集体提供的，那么十六届三中全会将是胡锦涛、温家宝上任总书记、总理以来独立担纲的第一个经济体制改革决定。

事后回想起来，2003年除了我们正在叙述的这件大事之外，还发生了"非典"① 这种可怕的传染病。抗击"非典"差不多持续了半年时间，十六届三中全会决定起草组的工作也差不多是半年的时间，即2003年4月18日启动，10月14日通过。

很巧合的是，十六届三中全会决定起草组的组长和副组长与十四届三中全会决定时一模一样，都是温家宝、曾培炎。所不同的是，温家宝1993年是中央书记处书记，而2003年4月已经是国务院总理；曾培炎1993年是中央财经领导小组办公室主任，2003年4月则是与温家宝搭班子的国务院副总理。此外，1993年老起草组成员中，这次也有十几个人参加。

老组长、老组员、新力量，共同构成了十六届三中全会决定起草组的强大阵容。

2. 起草组里第一阶段做了什么？

十四届三中全会决定提出了建立社会主义市场经济体制的大命题，时隔十年的十六届三中全会决定又提出了完善社会主义市场经济体制的新命题，二者是一种什么关系呢？

卓元先生说，起草组刚刚成立的时候，大家就清楚这次会议的主

---

① 对于这种型传染病，人们的认识有一个逐步深入的过程，概念也渐趋正确。起初人们认为，致病原因是衣原体病毒，直到2003年3月份才弄清其病原体是"冠状病毒"。我国广东医生在与病魔的搏斗中，根据其临床上有发烧、咳嗽、肺部有阴影等肺炎共性症状，但与由肺炎链球菌等细菌引起的肺炎相比，症状不够典型，病原体尚未完全明确，而且有传染性强、使用抗菌药物治疗无效等特征，于1月22日首次使用"非典型肺炎"来命名它，世界卫生组织也确认了其医学名称Atypical Pneumonia，简称ATP。2月底，世界卫生组织的意大利籍传染病专家卡洛·厄巴尼（Carlo Urbani）大夫根据当时已经掌握的情况将其命名为Severe Acute Respiratory Syndrome（简称SARS），3月15日世界卫生组织正式以此取代了ATP。

事实上，Severe Acute Respiratory Syndrome 这一命名也并没有充分反映该病症的本质特征，早有人建议应该将其命名为"传染性冠状病毒肺炎"（果真如此，可缩略为"冠肺"）。这种建议虽然尚未被社会和医学界接受，但足以佐证了SARS和"非典"一样，都是反映人们在一定阶段对事物区别性特征的认识。

目前已经找到治疗方法，中国和欧盟科学家联手，成功找到了15种能有效杀灭非典病毒的化合物，为合成非典治疗药物提供了新方法。中欧科学家2005年6月9日在杭州结束的"中国—欧盟非典诊断及病毒研究"项目学术年会上公布了这一成果。

令人匪夷所思的是，我笔端还没有落地，时隔10年，中国大地上再次暴发了H7N9病毒。我愿天下人平安，更望政府措施得力，以免酿成大祸。

题是"完善社会主义市场经济体制"，但不清楚哪些比较完善，哪些还不完善，哪些还需要建立或补足。所以，起草组第一个阶段是把这些东西找出来，经过梳理，去伪存真，抓大放小。经过起草组的努力，大家认为到2003年，虽然社会主义市场经济体制已经初步建立，但还有几个方面的任务没有完成。

第一类是原来设想的、规划的改革目标，应该说还没有完全实现。比如国企改革，1993年已经确定国企要建立现代企业制度。这项工作虽然一直在做，但国有企业离规范的现代公司制度、规范的法人治理结构，仍然差得很远。还有1993年已经明确要建立的"统一开放竞争有序"的市场体系，经过10年努力，在"统一"和"有序"方面，离当时定下的目标仍有相当距离。

第二类是由于经济和社会的发展，以前没有暴露，或者不够突出的问题，现在显得突出了。最主要是两个问题：其一，城乡协调发展，实质是所谓"三农"问题，也是城市化问题，这一问题10年前已提到，现在尤为突出。其二，经济和社会协调、全面发展。特别是今年（2003年）春夏之交的"非典"给了我们一次深刻的教训，让我们反思，地方政府往往热衷于追求GDP的发展，对社会管理、公共服务做得不够，对社会的全面发展重视不够。这实际上意味着对人的全面发展注意不够，包括尊重人权等问题。要统筹经济和社会的发展，也就是经济社会协调、全面发展。这是过去也想到过的，我们的五年计划叫国民经济和社会发展计划，但这次"非典"之后，大家认识到，要树立新的发展观，坚持协调发展、全面发展、可持续发展，所有的发展最终要归结到人的全面发展。

第三类随着经济全球化进程加速和中国加入WTO，要求进一步扩大对外开放中显露出的问题。我们要遵循发展市场经济的一般规则、世界贸易组织的规则，即各国要遵守的共同准则，这些方面都需要改善。对外开放反过来推动对内改革。比如我们的农产品，过去我们以为只要支援农民，怎么做都可以，过去更多地补给粮食企业，现在你要考虑，从流通环节转到生产环节，对农民实行直接补贴。这些要符合对外开放的需要。还有法律规章的制订和审批制度的改革，增加政府行为透明度等都要推进，否则外国人投资办企业一头雾水，不知道怎么弄。

3. "又一个里程碑"

作为两次重要文件起草者的卓元先生，他在接受《理论参考》杂志记者采访时曾把十六届三中全会决定定义为"又一个里程碑"（见《理论参考》2003 年第 10 期）。这个里程碑有三大创新点，都凝聚着卓元先生的心血与汗水。

一是十六届三中全会决定提出的"五个统筹"，为全面建设小康社会提供了强有力的体制保障。从 1979 年十一届三中全会到 2002 年十六届二中全会，经济发展都是主线的主线，社会发展等常常被放到次要的位置，而十六届三中全会则提出了"要按照统筹城乡发展、统筹区域发展、统筹经济社会发展、统筹人与自然和谐发展、统筹国内发展和对外开放的要求，为全面建设小康社会提供强有力的体制保障"。这既是中国发展新阶段的事实，也是中国必须直面的问题。当时起草组就这些问题进行了激烈而充分的讨论，经过充分酝酿，最后把"五个统筹"纳入了《决定》的内容。"五个统筹"是改革开放后，第一次在纲领性文件中突破了 GDP 第一的目标。

二是十六届三中全会明确股份制作为公有制的主要实现形式，为国有企业改革提供了强有力的理论支撑。《决定》提出的"要适应经济市场化不断发展的趋势，进一步增强公有制经济的活力，大力发展国有资本、集体资本和非公有资本等参股的混合所有制经济，实现投资主体多元化，使股份制成为公有制的主要实现形式"，对国有企业改革彻底走出困境提供最有力的理论支撑。卓元先生在起草组时曾说：股份制成为公有制和国有制的主要实现形式，政策含义非常重要——第一，可以更加积极推进国有企业的股份制、公司制改革，积极吸引非国有资本参与国有企业改革改组；第二，今后可以尽量少搞国有独资企业；第三，重要的企业需要国有控股的，也要尽可能相对控股，这是规范的股份制和公司制的要求；第四，国有投资公司、控股公司也可以向非国有企业参股，但要遵守市场经济自愿交易、公平竞争原则，不能凭借政府力量强令推行。卓元先生的意见，最后被《决定》

起草组采纳，同时也表明"从放权让利的国有企业改革——推行股份制和发展混合所有制经济——股份制和混合所有制成为公有制的主要实现形式"的过程，中国已经找到了公有制与市场经济相结合的形式和途径。

三是十六届三中全会明确提出建立健全现代产权制度，为市场经济体制建设提供了又一重要制度保障。市场经济又称契约经济，启蒙思想家卢梭的《社会契约论》①是构筑现代市场经济的制度基石，其核心思想是产权制度。大家试想一下，如果没有一个健全、完善、行之有效的产权制度，社会契约又该如何建立呢？没有契约，一个又一个自私自利的个体行为怎能汇集成合力呢？《决定》指出："产权是所有制的核心和主要内容，包括物权、债权、股权和知识产权等各类财产权。建立归属清晰、权责明确、保护严格、流转顺畅的现代产权制度，有利于维护公有财产权，巩固公有制经济的主体地位；有利于保护私有财产权，促进非公有制经济发展；有利于各类资本的流动重组，推进混合所有制经济的发展；有利于增强企业和公众创业创新的动力，形成良好的信用基础和市场秩序……要依法保护各类产权，健全产权交易规则和监管制度，推动产权有序流转，保障所有市场主体的平等法律地位和发展权利。"

这段要语，从根本制度上解决了建立现代市场经济体制的最后一块大障碍。在以前的各类中央文件中，从没有如此明确地提到保护私人产权，也没有把保护知识产权同创业创新的动力结合起来。这些突破，《决定》起草组进行了反复推敲，数易其稿，特别是对私有产权保护的提法已经超出了当时宪法的约定，更需要慎重。

4. 起草组里的小花絮

一提到中共中央文件起草组的工作，自然会想到在人民大会堂里开大会的那种庄严的场景。多次参加起草工作的卓元先生说，起草中央文件也没有什么神秘的，和我们平时研究问题很像又很不像。"很

---

① 让·雅克·卢梭（Jean - Jacques Rousseau，1712 ~ 1778）：法国伟大的启蒙思想家、哲学家、教育家、文学家，是18世纪法国大革命的思想先驱，启蒙运动最卓越的代表人物之一。主要著作有《论人类不平等的起源和基础》、《社会契约论》、《爱弥儿》、《忏悔录》、《新爱洛漪丝》、《植物学通信》等。

像"是指对问题的本质要追根溯源，"很不像"是指最终必须求同存异。

温家宝是个怎样的组长呢？是甩手掌柜，还是事必躬亲？卓元先生说：这两种极端情况都不对，温家宝非常注意发扬民主，很严谨，在起草小组会听到有些"离谱"的意见时再三叮嘱"到此为止"、"没达成一致的说法不要到外面去讲"。在起草《决定》的半年时间内，温家宝先后主持了八次起草组全体会议，对《决定》的起草和修改提出了许多具体的指导意见。他反复强调，要着重写未来几年准备办的工作，一时办不了，但必须改革的，要明确改革的方向。他还说，要突出重点，不要面面俱到。文字要精练，用平实的语言让普通党员和群众看得懂。

像《决定》这样重大的文件，时任中共中央总书记的胡锦涛管不管呢？卓元先生说，"胡锦涛总书记多次对《决定》的总体思路、基本框架、重点要点等作出批示。中央政治局先后两次、中央政治局常委会先后五次开会对《决定》进行讨论、研究，提出了一系列重要的修改意见。"

《决定》的内容都是起草组专家写的吗？有没有吸收外部意见的渠道？卓元先生说，中央非常注意发扬民主，在历次文件的起草中广泛听取意见。我们也提了很多意见，中央都是非常重视的。起草时，我们尽量把经济学家的许多改革理论吸收进来，尽量把大家的研究成果在文件中反映出来，指导中国的深化改革，推动现代化事业的发展。起草组先后邀请专家、学者、企业负责人和有关部门负责同志，举行了 10 多场座谈会，20 多个部委围绕产权制度、国有资产管理监督、农村土地制度、社会信用体系等问题展开历时两个月的专题调研，形成了一批极具参考价值的专题报告……可以说，《决定》是发扬党内外民主、集思广益的成果，是历史和实践的概括，是集体智慧的结晶。

2005 年张卓元先生在西柏坡

第十七章 大美"科学发展观"

☯ "科学发展观,第一要义是发展,核心是以人为本,基本要求是全面协调可持续,根本方法是统筹兼顾。"

年龄有时好像是个大问题,有时又好像不是一个大问题。周朝初年,姜尚80岁后拜相,领导偏安一隅的诸侯小国周取代了殷商,开启了中国八百年的新纪元;秦穆公时期,五张羊皮大夫百里奚年过70岁才辗转来到秦国,成为秦国后来霸业的重要奠基者;当代中国,"三起三落"的邓小平,75岁高龄得以再次复出终成中国改革开放大业①。

2006年,卓元先生参加十七大报告经济部分的起草工作,时年73岁,按岁数算,已列起草组老二了(年纪最大的为郑必坚);2008年,

① 关于邓小平的第三次复出,老人家还亲自到黄山去检查了自己的身体。黄山旅游局的郭玉夫曾生动地记录了这个过程:1979年7月11日中午12点30分,邓小平乘坐的中巴车停在黄山观瀑楼前,雄奇的黄山展现在他的面前。女儿邓楠指着高耸入云的山峰问:"爸爸,这样高的山,我们能上去吗?"邓小平听后右手一挥:"气可鼓不可泄,我们一定要上去,我们一定能上去。"7月12日清晨,黄山碧空如洗,清风送爽。邓小平穿圆口布鞋,手拄登山拐杖,精神饱满,沿着陡峭崎岖的山路,一步一步攀登而上。不多时,不少游客认出邓小平来了,人们欣喜万分,情不自禁地列队鼓掌。许多游客大声问候:"小平同志,您好!"邓小平频频向大家招手致意,还不断问候:"大家好,同志们好!"当晚,邓小平下榻玉屏楼后,发现楼道里都住满了游人,他第一句话就问:"这么多游客晚上住的、吃的问题都解决了吗?"在场的黄山管理局的负责同志说:"都解决了"。他才满意地点了点头。

在一个风和日丽的早晨,邓小平一行开始向黄山北海高峰攀登。他把裤脚卷得高高的,随行人员担心他年纪大,体力不支,提议走慢些。他风趣地说:"我比你们有经验,长征时,不少人跑垮了,我越走越有劲。"接着他向大家传授了两条登山经验:一是把裤脚卷到膝盖上面,二是步子不要太快。正走着,夫人卓琳在后面喊:"老爷子,娃子们要你给他们写个字。"邓小平说:"那好啊。"激动不已的大学生们一下子涌了上来,有的掏出学生证,有的拿出小本本,纷纷让邓小平签名留念。当天下午2时,邓小平一行顺利到达黄山北海。北海游人如织,人们自发地排队夹道欢迎这位中国伟人,邓小平频频和大家握手,并高兴地对游人讲:"上黄山这一课,我是合格的,我们大家都是合格的。"

游览了黄山北海,邓小平要向海拔1668米的始信峰攀登时,因山势险要,随行人员再三劝阻,但邓小平仰视苍茫大山,用拐杖敲敲地,风趣而坚定地说:"上!无限风光在险峰嘛,爬山就是要吃苦,岂有不上之理!"当他以矫健的步子登上始信峰,居高临下,极目云天,不禁连声赞叹:"好!好!好!"此时正是傍晚,日光斜照,云海翻滚,时而回旋,时而舒展,构成一幅气象万千的云海奇观……

卓元先生参加纪念十一届三中全会 30 年报告起草工作，时年 75 岁。事先，起草组负责人王沪宁还特地要中央办公厅马慧问卓元先生身体能行吗？卓元先生回答：没问题！因为他知道，按前几次惯例，王沪宁一直关照卓元先生和林兆木先生可以晚上不加班。

一、中南海再来电话

从 1991 年起，接到中南海打来的电话，已经是经常和平常的了。有时是为中央领导机构做咨询，有时是作为经济学家参加中央领导主持的座谈会，不过更多的是参加中共中央文件起草工作。所以，卓元先生家里的电话或手机，是经常开着的。

2005 年，参加完十六届五中全会《关于"十一五"规划建议》起草工作的卓元先生，正在着手组织启动《中国经济学 60 年（1949～2009）》和《新中国经济学史纲（1949～2011）》两部经济思想史的编纂工作。这时的卓元先生已经积累了大量写作素材，只是因连续多年都在"玉泉山上"，无暇顾及这一继往开来的经济学大事。

史学工作刚刚开工，中国共产党的第十七次代表大会准备工作也开始启动。十七大同样是一次重要的大会，每逢如此盛会，必然会有重要历史文件出台，而担纲这样历史文件组织者的不是中国共产党总书记就是国务院总理或类似的重量级人物，而参加起草组的专家、官员则更是优中选优，集全党理论之圭臬。如前所述，卓元先生已经是老起草组组员了，从 1991 年参加江泽民的 11 次座谈会为社会主义市场经济体制目标出谋，到为十五大报告前后破解国有企业改革谜题划策，再到十六大报告前后为"全面建设小康社会"献智，及至为"十一五"规划建议斟酌，已经"十次"御前耕耘国田。

按照卓元先生自己的设想，他已经到了"第二次退休"的年龄，确实可以安下心来带学生、著史书了。当然，这只是他的一厢情愿。有关领导清楚地记得那位思路清晰、语言表达准确、身体看上去也就 60 岁多一点的经济学家张卓元——他是共和国经济史的见证者，他是价值叩问者，他是玉泉山重要历史文件的起草者。所以，当 2006 年 12 月确定中共十七大报告起草组成员时，卓元先生再次被点名入列。

从 2012 年 12 月初接到通知到 12 月 11 日前去玉泉山报到，前后只有一个星期的时间。十七大报告起草组第一次会议是在中南海举行的，大家听了时任中共中央总书记、报告起草组组长胡锦涛为起草组做的主旨报告后，开始到玉泉山集合。2 月的北京，已经是寒风呼啸、肃杀异常，但中华人民共和国的神经中枢——中南海却是一派昂扬气象，全面小康社会建设已经初见成效，经济发展依然高速强劲，一个日臻完善的国家经济管理模式正在使中国在从"摸着石头过河"走向有计划、有组织的科学化的"顶层设计"下开展工作。

12 月 11 日上午，卓元先生熟门熟路地驱车准时地来到了中南海怀仁堂①。这是一次十七大报告的启动会，会议由时任中共中央总书记的胡锦涛亲自主持，会场上集聚了 50 多位官员、学者、专家。

中南海怀仁堂不像人民大会堂金色大厅那样雄伟庄严，也不像中南海紫光阁那样气势恢宏，但它透出的亲切平和，不知不觉间使所有与会者和主会者的距离消弭得无影无踪。胡锦涛一如平常的平和语调，很快就让与会者绷紧的神经放松了下来，无论是官员，还是专家、学者，就像冬天围坐在火炉边一样畅谈起个人的看法和意见来。

---

① 中南海怀仁堂位于丰泽园东北，原为仪鸾殿旧址。仪鸾殿于光绪时用三年的时间建成，慈禧太后迁入居住并在此殿召见大臣并处理政务。戊戌政变之后，慈禧太后把从事过变法维新的光绪皇帝囚禁于瀛台，自己就在仪鸾殿亲自训政，使得仪鸾殿取代了紫禁城成为实际意义上的政治中心。后来仪鸾殿被火灾焚毁，重建的宫殿名为佛照楼，袁世凯执政时将其更名为怀仁堂，用于办公。中华人民共和国成立后，中共中央和国务院在这里举行过若干重要会议。

这一天，十七大报告起草组正式成立，卓元先生的"玉泉山经济学家"的称号也只好继续扛在肩上。不过，这次起草组与以往有些不同，以往的经济组扩展成了社会经济组，而且"社会"排在了经济的前面。"社会"是什么？社会的本质是人和组织形式，是为了共同利益、价值观和目标的人的联盟，是共同生活的人们通过各种各样社会关系联合起来的集合，其中形成社会最主要的社会关系包括家庭关系、共同文化以及传统习俗。显然，十七大报告，关注的不再局限在经济上，以经济建设为中心的主线出现了"社会"与"经济"并重的新动向。

也正是由此开始，卓元先生在准备和起草十七大报告过程中，视野进一步打开，再一次让思维回到了社会主义生产目的是满足人们日益增长的物质、精神需要这一命题上来。是的，我们强调快速发展经济，集中精力发展经济，不是简单地创造价值，而是创造全国人民的美好生活，让社会主义市场经济迸发出的强大生产力转化为惠及亿万人民的甘露琼浆才是社会主义的生产目的。想到此处，卓元先生会心地笑了，社会主义市场经济体制的手段、目标、目的以及各自的实现方式都有了，一个完整的社会主义初级阶段的基本制度雏形也就可以形成了，接下来就是如何沿着这样的正确道路稳健前行了。

二、掌声响起来

2007 年 10 月 15 日上午，北京秋高气爽，天高云淡，是一个难得的好天气。与此同时，北京人民大会堂里，中国共产党精华齐聚，中共十七大在庄严而热烈的氛围下隆重开幕。胡锦涛代表十六届中央委员会，作了长达近 3 万字的中共十七大报告。

这篇报告长而不冗、朴而不俗，与会代表中很多人是第一次听到"惠及十几亿人口的更高水平的小康社会"、"让人民共享文化发展成果"、"社会和谐人人有责、和谐社会人人共享"等新颖而实在的提法。即使是十七大报告起草组的成员，当他们第一次在这样庄严的场合听到胡锦涛一字一句地讲到这些时，也是激动不已。

　　卓元先生不是党代表，是党代表聆听文件的起草者之一。他坐在旁听席上，感受着大会的喜庆，享受着劳动成果成为"社会必要劳动"时的快乐。代表们鼓起的掌声中，既是对以胡锦涛为总书记的这届中共中央领导集体的赞赏，也是对十七大报告起草组各位官员、专家、学者的褒奖。代表们在鼓掌，卓元先生也在鼓掌，对这些经过他与起草组无数次研究过、打磨过、推敲过的一字一句，他也是发自内心赞成的呀。

　　10月15日胡锦涛做的十七大报告，中央电视台向全世界进行了直播。我就职的单位是中华人民共和国科学技术部，就在中央电视台西门，那天上午我从头至尾听了这份大气磅礴又润物细无声的报告。

　　我细细地数了数，胡锦涛的报告共赢得了40次掌声，除了礼节性的10次掌声之外，有30次掌声都是代表们发自肺腑的，连观看电视直播的我，都情不自禁地连连鼓掌。

　　我不是中国共产党90年历程的亲历者，只是其中一段历史的参与者；我不是只站在一党利益看一党成就者，而是更愿意从历史和现实两个维度看的观察者。无论是在革命年代，还是在建设年代，或者在改革年代，中国共产党做的都不是尽善尽美者，有时甚至出现比较大的错误和挫折，但为什么别人成了过客，成了云烟，我想每个人都有很多理由证明或证伪这个命题。下面是卓元先生与我共同认为的10个"毫无争议"的掌声。

胡锦涛的报告多次被代表们的掌声中断，其中虽然有些可能是事前预料的，但有"十处"恐怕是毫无争议的。

第一个"毫无争议"是对三代领导集体取得成就的"永远铭记"。胡锦涛没有贪功推过，他把以毛泽东、邓小平、江泽民为核心的三代领导集体为中国人民和世界人民所做的贡献，看做是一场中华民族伟大复兴的接力赛，没有这些伟大的探索，中国可能还会在黑暗中继续摸索。所以，当胡锦涛讲完"三个铭记"，掌声骤然响起。这段掌声，是给胡锦涛的，也是给领导中华民族站起来、富起来、强起来的中国共产党几代领导集体的。

第二个"毫无争议"是对"科学发展观"的科学阐述。胡锦涛说："科学发展观，第一要义是发展，核心是以人为本，基本要求是全面协调可持续，根本方法是统筹兼顾。"话音刚落，掌声马上响起。尽管科学发展观的命题早在十六届三中全会就已经提出，但如此清晰、明确地表达在党的纲领性文件中，依然振聋发聩。没有发展，哪有独立的资本，落后就要挨打，是中国近代以来无时无刻的伤痛；不以人为本，社会主义的生产目的哪里去了，发展是为人民幸福而为，不能给人民带来幸福和实惠的发展还有必要吗？发展不是一代人的事，是世世代代的事情，竭泽而渔式的发展是断子绝孙式的发展，中华民族必须走全面协调可持续的发展路子。统筹兼顾什么？就是统筹城乡发展、区域发展、经济社会发展、人与自然和谐发展、国内发展与对外开放，统筹中央与地方，统筹个人利益与集体利益、局部利益与整体利益、当前利益与长远利益。这些统筹做到了，兼顾好了，社会能不和谐吗？我想，即使放在今天，由别的领导人来再次念这段报告，掌声一定依然热烈而真诚。

第三个"毫无争议"是对全面建设小康社会的新要求。胡锦涛在讲到"实现全面建设小康社会奋斗目标的新要求"时，特别强调了一系列社会发展指标，如把原来的"又快又好"改为"又好又快"，建设生态文明等。这些新提法，也说明中国共产党领导集体对未来中国发展思路的转变。当我听到此处时，鼓掌的同时也为他们捏了一把汗——离 2020 年已经很近了，在 2010 年的高起点上，国内生产总值要再翻一番，而且是在"又好又快"的硬约束条件下进行。

第四个"毫无争议"是对建设创新型国家的新探索。胡锦涛说："提高自主创新能力，建设创新型国家"，"是国家发展战略的核心，是提高综合国力的关键"，"要坚持走中国特色自主创新道路，把增强自主创新能力贯彻到现代化建设各个方面"。我曾经为《2006～2020 年国家中长期科技发展规划纲要》的制定贡献过绵薄的力量，是前期战略研究"科技投入及管理模式"专题组的常务负责人，是《纲要》的编制者，也是有关科技投入、科技金融一系列配套政策的起草者，深知建设创新型国家对中国意味着什么，对世界意味着什么。听这段话语时，我的眼里是闪着泪花的。

第五个"毫无争议"是对基本经济制度的两个"毫不动摇"。胡锦涛说："完善基本经济制度，就是坚持和完善公有制为主体，多种所有制经济共同发展的基本经济制度，毫不动摇地巩固和发展公有制经济，毫不动摇地鼓励、支持、引导非公有制经济发展，坚持平等保护物权，形成各种所有制经济平等竞争、相互促进新格局。"两个"毫不动摇"，为中国的基本经济制度进行了适时的加固，意义重大。尽管台下坐着的都是共产党员，他们个人也许并没有多少财产；尽管台下坐着很多共产党的高级干部，他们个人也许天天涉及基本经济制度，但两个"毫不动摇"还是让他们兴奋不已。这是中国新时期基本经济制度的经典表述，是中国未来经济社会发展的"定海神针"！

第六个"毫无争议"是对"建设服务型政府"的阐释。一直以来，中国共产党领导的政府都是人民的政府，都是为人民服务的政府，可也在一段时期，有些政府部门或地方政府出现了"为人民币服务"的倾向。所以，当胡锦涛讲到"加快行政管理体制改革，建设服务型政府"，"着力转变政府职能、理顺关系、优化结构、提高效能，形成权责一致、分工合理、决策科学、执行顺畅、监督有力的行政管理体制"时，再一次引爆台下的掌声。连台下这些已经是或即将是中国的高官们都如此期待着"服务型政府",更何况不在政府之内的群众呢?

第七个"毫无争议"是对"必须让权力在阳光下运行"的礼赞。胡锦涛说:"完善制约和监督机制,保证人民赋予的权力始终用来为人民谋利益","要坚持用制度管权、管事、管人,建立健全决策权、执行权、监督权既相互制约又相互协调的权力结构和运行机制"。权力的滥用,已经危及执政党的威信,已经损害到广大人民群众的切身利益,所以当胡锦涛以党首身份直接讲到这段话时,所有的人都感到充满了希望!

第八个"毫无争议"是对"中华文化的弘扬"。近代以来,中国积贫积弱,无能的子孙们不思进取,不知道从自身的怠惰上找原因,找来找去把怨气找到了老祖宗身上,说什么是"孔孟之道"、"老庄哲学"限制了中国人的创新思维,湮没了中国人的"狼性"行为,直至后来同处中华文化圈的日本、韩国、新加坡以及中国台湾地区相继实现经济起飞和政治民主后,我们才恍然大悟——并非是祖宗错了,而是错在我们过度依赖祖宗或者过度鄙视祖宗了。当胡锦涛说"中华文化是中华民族生生不息、团结奋进的不竭动力","要全面认识祖国传统文化,取其精华,去其糟粕,使之与当代社会相适应、与现代文明相协调,保持民族性,体现时代性"时,一种强大的民族自信和民族自豪感跃然纸上。还有什么比自卑更可怜的?还有什么比自信更珍贵的?我想,这热烈的掌声恐怕等待了快三百年了吧。

第九个"毫无争议"是关于深化收入分配制度改革的。收入分配不公目前已经成为中国社会的大问题,不同群体之间,不同地区之间,不同阶层之间,收入分配不公现象呈现出越来越严重的趋势,所以,当胡锦涛说"合理的分配制度是社会公平的重要体现。要坚持和完善按劳分配为主体、多种分配方式并存的分配制度,健全劳动、资本、技术、管理等生产要素按贡献参与分配的制度,初次分配和再分配都要处理好效率和公平的关系,再分配更加注重公平"时,来自弱势群体和欠发达地区的代表,早已泪眼朦胧了。

第十个"毫无争议"是关于"加快建立覆盖城乡居民的社会保障体系"。中国共产党是依靠农民起家并最终夺取政权的,可一进城就把农民丢弃了，长期的工农业产品"剪刀差"把农村盘剥得近乎凋敝，以致中国出现了世界上最大、最严重、最普遍的城乡二元化结构——城市是中国的"上层建筑"，农村是中国的"经济基础"。所以，当胡锦涛提出建立覆盖城乡居民的社会保障体系时，很多人一时都没有反应过来，以为是听错了，以致当时的掌声出现了"延迟"千分之一秒的现象。

卓元先生说，"掌声响起来了"是一个非常好的开始，"掌声继续下去"是一个艰巨和艰难的任务。要达成这样一个"掌声链"，一个人、一群体、一政党、一国家，都应当是践行者、监督者和维护者。否则，"掌声"就成了"空谷传音"。

张卓元先生在中国共产党第十七次全国代表大会开幕式上

三、"科学发展观"的由来

参与起草十七大报告，卓元先生本来已经是驾轻就熟了，但他没有丝毫的懈怠思想，而是极为认真地做着功课。其实，卓元先生的功课做得远比十七大报告起草组成立的时间早很多，从公开文献上看，他关于科学发展观的系统研究成果早在 2004 年 5 月份就已经面世，而这些研究大约在 2002～2003 年就已经全面展开了。

下面让我们打开卓元先生 2004 年发表在《中国城市经济》第 5 期的《发展是硬道理：科学发展观的基础》（以下简称《基础》），就可

2007 年张卓元先生与十七大报告起草组部分成员在玉泉山合影

以窥见其研究成果的真正价值了。

发展是硬道理，是邓小平1992年南方讲话的经典语言，也是科学发展观的雏形。邓小平说："发展才是硬道理。这个问题要搞清楚。如果分析不当，造成误解，就会变得谨小慎微，不敢解放思想，不敢放开手脚，结果是丧失时机，犹如逆水行舟，不进则退。"因此，卓元先生在《基础》中说："发展是硬道理，使我们对发展的重要性和意义的认识大大提高了一步。"当然，发展首先是发展经济，"必须一天也不耽误，专心致志地、聚精会神地搞四个现代化"；发展也是人的发展，要增加就业，摆脱贫困，发展社会事业；发展还是国际竞争力提升问题，"如果我们国家发展了，更加兴旺发达了，我们在国际事务中的作用就会更大。"卓元先生一边领会着小平的"硬道理"，一边总结着小平新发展理论的科学性。卓元先生进一步说，"发展是硬道理，进一步提高了人们对发展的重要性的认识，特别是同抓住机遇加快发展结合在一起，同深化改革开放推进发展结合在一起，赋予发展一系列新的丰富的内涵"。可以毫不夸张地说，没有邓小平的"硬道理"理论，就不可能有中国经济的三十年高速增长，也不可能完成中国现代化"三步走"中的前两步。换言之，2003年十六届三中全会提出的树立全面、协调、可持续的发展观，就是对邓小平"硬道理"理论的深化和具体化。

科学发展观在十六届三中全会上提出后，迅速引起社会各界的热议，但如何更科学、准确地把握其核心内涵，还存在一些疑议，特别是一些人认为"以人为本"和"发展"之间已经存在矛盾，经过20多年的高速发展后，发展是不是就不是第一位的了。针对这种情况，卓元先生说："树立科学发展观，必须继续坚持以经济建设为中心。中国现在处于而且将长期处于社会主义初级阶段，根本任务是发展生产力。这是落后国家建设社会主义必须紧紧抓住不能有丝毫松懈的。经济是基础，没有经济建设的发展，就没有必要的物质基础解决所有问题。"由此可见，卓元先生在2004年就开始把"发展"作为科学发展观的"第一要义"了。

卓元先生进一步认为，全面、协调、可持续的科学发展观是对邓小平发展理论的重大发展。卓元先生从实证的角度诠释了邓小平发展理论的有效性，他说："自从邓小平在20世纪70年代末提出全党工作重心转到以经济建设为中心的轨道上和1992年提出发展是硬道理以来，中国获得了让世人瞩目的发展，1978～2003年，年均GDP增速达9.4%，始终处于世界前列，GDP总量已经跃居世界第6位，人均GDP突破1000美元。"这些发展成就，无疑是形成2003年以后全面、协调、可持续的重要物质基础。

关于十七大报告提出的实现科学发展观的"根本方法是统筹兼顾"，卓元先生在《基础》中说道：以"五个统筹"为根本要求的科学发展观，是对邓小平关于发展的理论的具体运用和进一步发展，特别是适应新的国际国内形势指导我国实现更好和较快发展的指导思想。统筹城乡发展，当前就要更加关注"三农"问题，从发展规划、工作安排、政策支持、资金投入等方面，为农民增收做更多的实事。特别是要建立有利于逐步改变城乡二元经济结构的体制和机制，加快城市化进程，促进农村剩余劳动力向城市向第二、第三产业转移。没有农民的小康，就没有全面的小康。统筹区域发展：一是继续实施西部大开发战略，国家在投资项目、税收政策和财政转移支付等方面加大对西部地区的支持，逐步建立长期稳定的西部开发资金渠道，引导外资和国内资本参与西部开发等。二是要振兴东北地区等老工业基地，国家已出台多项措施，推动这方面工作。三是中部地区要加大结构调整力度，推进农业产业化，改造传统产业，培育新的经济增长点，加快工业化和城镇化。四是东部地区要继续加快发展，在全面建设小康社会基础上，率先基本实现现代化。统筹经济社会发展就是既要首先重视经济发展，又要重视各项社会事业的发展，坚持以人为本，促进经济社会和人的全面发展。统筹人与自然和谐发展，就是解决经济发展同人口、资源、环境相协调的问题。统筹国内发展和对外开放，就是充分利用国际国内两个市场、两种资源，优化资源配置，拓宽发展空间。

关于科学发展观为什么"核心是以人为本"，卓元先生在《基础》中阐述了他一以贯之的观点：第一，社会主义的生产目的从来都是满足人民群众日益增长的物质、精神需求，所有的发展都必须围绕人民群众的需要；第二，"贫穷不是社会主义"，不发展生产力，不提高人民的生活水平，不能说是符合社会主义要求的；第三，社会主义是共产主义的低级阶段，人的全面发展是社会主义和共产主义的终极目标。因此，通过科学发展观，加快全面小康社会建设，核心就是建立"以人为本"的发展。

当然，十七大报告中对科学发展观的科学概括，不仅仅是卓元先生的贡献，而是全党智慧特别是时任总书记胡锦涛智慧的凝结。

卓元先生是十七大报告全程工作的亲历者、参与者，特别是第五部分"促进国民经济又好又快发展"和第八部分"加快推进以改善民生为重点的社会建设"具体执笔者之一。在他看来，除了"科学发展观"这一灵魂思想外，还有五个方面具有重大意义。第一是坚持和完善基本经济制度，形成各种所有制经济平等竞争、相互促进的格局；第二是加快形成统一开放竞争有序的现代市场体系；第三是深化财税、金融等体制改革，完善宏观调控体系；第四是深化收入分配和社会保障制度改革；第五是深化行政管理体制改革。的确，上述五个方面都获得了"毫无争议"的掌声！

四、纪念十一届三中全会 30 周年

1978～2008 年，整整 30 年，中华人民共和国终于摆脱历史的羁

绊，终于傲然挺立于世界民族之林，终于迎来中华民族伟大复兴的曙光……一切的一切，都与那个决定中国历史方向的会议有关，是那个会议做出了一个重大决定，尽管后来百转千回，波折不断，但基本方向仍然没有偏离那个会议决定的主线。

这个重要会议，就是中国共产党第十一届三次全体会议！因此，2008年中共中央决定隆重纪念这次会议，一是总结过去，缅怀先贤；二是继往开来，谋划强国之路。

谁来回顾30年的过往，谁能描绘未来30年的路径？中共中央再次成立了一个强力、精干的主题报告起草组，75岁的卓元先生以"常青树"的雄姿，再次参加了起草组工作。

这次大型报告的起草，至少从目前情况看，算是卓元先生的收官之作了，"玉泉山经济学家"的美誉也可以暂时放下了。

卓元先生说，这份报告所反映的30年既是邓小平、江泽民、胡锦涛三代领导人领导中国人民奋进的历程，也是孙冶方以及其后两代经济学家埋首改革开放理论研究、政策探索、措施制定的辉煌岁月。所以，当写完这份报告后，他心情的愉悦是难以言表的。

纪念党的十一届三中全会召开30周年大会于12月18日上午10时在人民大会堂举行。胡锦涛、江泽民、吴邦国、温家宝、贾庆林、李长春、习近平、李克强、贺国强、周永康等出席了纪念大会，胡锦涛做了主题报告演讲。

卓元先生说，一进入报告起草组，我们的任务就很明确，第一是要把30年改革开放的成就和伟大意义说清说透，提振民族信心，同时也要把改革开放的伟大历程展现出来，让更多人了解、理解过去，珍惜现在，关注未来；第二是要把已经形成的中国特色社会主义理论体系概括出来，用科学的理论指导我们未来的实践活动。

今天回头评价这份报告，应该说两项任务完成得都非常好，特别是第二项任务完成得更为出色。卓元先生说，中国特色社会主义理论体系博大精深，而且还在发展之中，所以报告起草组没有使用内恰式书写体系，而是采取了开放式的表达方式，总体效果比预想得还要好些。

卓元先生他们是怎么概括中国特色社会主义理论体系的呢？他们的总结很巧妙，归纳起来就是"十个结合"。即：①必须把坚持马克思主义基本原理同推进马克思主义中国化结合起来，解放思想、实事求是、与时俱进，以实践基础上的理论创新为改革开放提供理论指导。②必须把坚持四项基本原则同坚持改革开放结合起来，牢牢抓住经济建设这个中心，始终保持改革开放的正确方向。③必须把尊重人民首创精神同加强和改善党的领导结合起来，坚持执政为民、紧紧依靠人民、切实造福人民，在充分发挥人民创造历史作用中体现党的领导核心作用。④必须把坚持社会主义基本制度同发展市场经济结合起来，发挥社会主义制度的优越性和市场配置资源的有效性，使全社会充满改革发展的创造活力。⑤必须把推动经济基础变革同推动上层建筑改革结合起来，不断推进政治体制改革，为改革开放和社会主义现代化建设提供制度保证和法制保障。⑥必须把发展社会主义生产力同提高全民族文明素质结合起来，推动物质文明和精神文明协调发展，更加自觉、更加主动地推动文化大发展大繁荣。⑦必须把提高效率同促进社会公平结合起来，实现在经济发展的基础上由广大人民共享改革发展成果，推动社会主义和谐社会建设。⑧必须把坚持独立自主同参与经济全球化结合起来，统筹好国内、国际两个大局，为促进人类和平与发展的崇高事业作出贡献。⑨必须把促进改革发展同保持社会稳定结合起来，坚持改革力度、发展速度和社会可承受程度的统一，确保社会安定团结、和谐稳定。⑩必须把推进中国特色社会主义伟大事业同推进党的建设新的伟大工程结合起来，加强党的执政能力建设和先进性建设，提高党的领导水平和执政水平、拒腐防变和抵御风险能力。

＊＊＊＊＊＊＊＊＊＊＊＊＊＊＊＊＊＊＊＊＊＊＊＊＊＊＊＊＊＊

　　卓元先生从 1993 年 6 月初进玉泉山，到 2008 年年底搬出玉泉山，中间断断续续在玉泉山参加中央文件起草总共达 15 年之久，获得了"玉泉山人"的雅号。卓元先生多次说过，玉泉山是他学习、提高最好的地方，起草文件本身就是学习，而且是难得的学习机会。玉泉山是神秘的、警卫森严的风水宝地，是创作中共党代表大会报告和中央全会文件的圣地，没有特别的通知是进不去的。1976年10月6日粉碎"四人帮"当晚，中央政治局会议就是在玉泉山九号楼举行的，卓元先生参加中央文件起草时，几乎每天都要从九号楼门前经过。所以，2012年7月9日，当卓元先生在阔别三年半时光后再次进入玉泉山时，看到玉泉山更漂亮了，树木更加郁郁葱葱，鲜花更加盛开艳丽，总觉得看不够似的。同时，也深感作为一个经济学家，能在这里工作、学习一段时间，贡献自己的智慧和力量，是自己一辈子最引以为豪的经历。

2005年张卓元先生在玉泉山九号楼前留影

2007 年张卓元先生在玉泉山含晖堂前留影

第五篇 家国一体

老子曰：『治大国，若烹小鲜』。

其实，回顾卓元先生为学、问政、参政的历程，其工作又好比是一个高级厨师。他在做政协委员时，所出之策既没有操之过急的，也没有松弛懈怠的；他在著史时，既没有阀顾事实的，也没有断章取义的；；他在编辑刊物和教书育人时，既没有急风骤雨的，也没有久旱不雨的，总是以和风引细雨。

所以，本篇的三章内容将把笔墨更多地投射到卓元先生的家中和国中。

第十八章 政协委员

㊙大河源头往往只是一汪清泉，水清量少；大河上游往往奔腾咆哮，喧嚣暴躁；大河中游往往水深流急，动荡不安；只有到了大河下游，才更显得从容淡定。

1998 年 3 月，65 岁的卓元先生，身上还没有卸下中国社会科学院经济研究所所长的重担，头上又增加了第九届全国政协委员的头衔。65 岁参加全国政协，而且一干就是第九、第十两届十年。这十年，中国的政治、经济、社会、文化等诸多方面，都发生了巨大变化，卓元先生也多次利用政协委员的独特身份，为国分忧，为民请愿，一次又一次地让学问之花怒放在全国政协大舞台上。

一、年轻的"老政协委员"

每年的 3 月份，北京总会迎来一群特别的人，他们胸牌上都有一个相同的身份——全国政协委员和全国人大代表。这群人，有年轻到可以纵身翻越栏杆的弱冠青年，也有年老至需要人搀扶的耄耋老者；有目不识丁需要别人协助阅读文件者，也有学富五车才华横溢者；有官高至中共中央政治局常委者，也有平时工作在建筑工地脚手架上的农民工……

1998 年 3 月，卓元先生成为了全国政协中的一员。在这之前，1998 年 1 月下旬，卓元先生接到全国政协通知："张卓元委员：中国人民政治协商会议第八届全国委员会常务委员会第 23 次会议协商通过：您为中国人民政治协商会议第九届全国委员会委员。特此通知。"

卓元先生是怎么成为全国政协委员的呢？了解中国政治制度的人或许不陌生，但是对中国政治制度了解不多的人就会感到生疏。因为全国政协委员不像中国共产党党代表那样只限定在党员中选举，也不像全国人大代表那样通过各个选区选举，全国政协委员的产生程序的确有些特别。

通常，全国政协委员产生的第一个程序是推荐提名。谁具有推荐提名权呢？当然不是由中国共产党这个执政党一党说了算，而是分别由各党派中央、各人民团体、无党派民主人士、各个界别等协商提出，其中自然也包括共产党推荐提名。仅就推荐提名环节看，一般共产党员获得提名的几率要远远低于其他党派。这也就是我们经常看到的一些人很年轻，或者资历、能力都不是特别突出，但他（或她）却是全国政协委员，而一些资历、能力都很突出的人却不是全国政协委员。卓元先生在退下领导岗位前，始终是中国共产党的一个司局级干部，学问再突出，贡献再大，也很难被推荐提名，这很大程度是因其中国共产党党员身份使然。尽管 1998 年 3 月，卓元先生还担任着中国社会科学院经济研究所所长职务，但可以确定的是他将在该年 10 月份卸任，所以中国社会科学院提名推荐他作为全国政协委员，已经不用再考虑其行政职务的影响了。

获得推荐提名，只是完成了成为政协委员的第一步。接着中国共产党有关主管部门还要对各方面提出的推荐名单进行综合平衡，反复同各推荐方面协商，才能形成建议名单。进入建议名单，是一个很复杂的过程，其中有中国共产党党员与其他各党派等推荐委员的大比例限制，如在全国政协委员中，中国共产党党员所占比例必须低于50％，同时，由于不同党派、团体历史沿革差异，党员数量差异以及在新中国政治生活中的作用差异，全国政协委员的名单还要在这些党派、团体中进行再平衡。

入围建议名单，并不是高枕无忧了，接下来还要将委员建议名单提交政协常务委员会会议通过，只有获得全体常务委员半数以上同意的才予以通过。进入这个环节后，两类人员比较危险：一是名气很大，但争议也很大的人，很难获得半数以上常委的通过；二是明显缺乏履职能力的人，也很难获得半数以上常委的通过。介于这两者之间的候选人，通常都比较容易通过。

当然，成为全国政协委员还有最后一个环节，就是对社会公布，具体程序是由全国政协办公厅（或办公室）分别通知推荐单位和个人，向委员发委员证书，并通过新闻媒介向社会公布。

卓元先生有两本全国政协委员证书，上面都加盖着代表中国参政议政殿堂里至高无上的大印。看着依然鲜艳的证书，再回顾卓元先生十年的全国政协委员历程，心下油然升腾起一股敬意——这十年，或许正是因为卓元先生他们的努力和坚持，中国才更稳当地跨越了一个又一个险关，才更巧妙地克服了一个又一个困难。

2001 年张卓元先生在全国政协第九届全国委员会第四次会议上

2001 年张卓元先生在全国政协第九届全国委员会第四次会议上

分别为：张卓元（左一）、李京文（左二）、周叔莲（右二）、经君健（右一）

2002 年张卓元先生在全国政协第九届全国委员会第五次会议上

2003 年张卓元先生在全国政协第十届一次会议上作大会发言

二、全国政协委员都干些什么？

很早以前，社会上流传着一个说法，即全国人大与全国政协，都是中央政府的"橡皮图章"，而政协委员更像是"花瓶"。由于我位卑衔低，相当长时间内也有类似看法。只是在卓元先生当选为全国政协委员后，我才彻底改变了看法。

其实，最早的全国政协是非常"牛"的。1949年9月21~30日，中国人民政治协商会议举行了第一届全体会议。参加会议的代表共662人，包括中国共产党、各民主党派、各人民团体、各地区、人民解放军、少数民族、国外华侨、宗教界人士等46个单位的代表以及特别邀请的人士，具有十分广泛的代表性。特别需要指出的是，人民政协第一届全体会议曾经代行了全国人民代表大会的职权，代表全国人民的意志，宣告了中华人民共和国的成立；通过了具有临时宪法性质的《中国人民政治协商会议共同纲领》及《中国人民政治协商会议组织法》、《中华人民共和国中央人民政府组织法》；决定中华人民共和国定都于北京，国旗为五星红旗，以《义勇军进行曲》为国歌，采用公元作为中国纪年；选举了中央人民政府主席、副主席、委员。

当然，随着新中国政治制度的健全和完善，政协的职能得到了进一步规范。目前的《中华人民共和国宪法》明确规定：中国共产党领导的多党合作和政治协商制度将长期存在和发展，人民政协的主要职能是政治协商和民主监督，组织参加本会的各党派、团体和各族各界人士参政议政。

由此可见，全国政协的职能核心是三项，一曰政治协商，二曰民主监督，三曰参政议政。自然，全国政协委员的职责也就框定在这三项职能之中了。

卓元先生说，政治协商是对国家和地方的大政方针以及政治、经济、文化和社会生活中的重要问题在决策之前进行协商和就决策执行过程中的重要问题进行协商。这样一些大事，通常都是由全国政协全会或常务委员会组织进行，一般委员可以提出议案或建议，但真正行使政治协商的权力不大。民主监督，则是对国家宪法、法律和法规的实施，重大方针政策的贯彻执行，国家机关及其工作人员的工作，通过建议和批评进行监督。民主监督的内容很宽泛，主要是对执政党各项工作的监督，具体包括国家宪法与法律、法规的实施情况，中共中央与国家领导机关制定的重要方针政策的贯彻执行情况，国民经济和社会发展计划及财政预算执行情况，国家机关及其工作人员在履行职责、遵守法纪等方面的情况，参加人民政协的各单位和个人遵守政协章程和执行政协决议的情况等。民主监督不同于法律监督和行政监督，它不具有强制性，不具有法律约束力，但由于人民政协的组织构成和智力构成的特点，民主监督较之于一般的群众监督视野更宽，影响更大，更具有权威性。它与行政的、法律的、舆论的监督相辅相成，是发扬社会主义民主的重要形式之一。参政议政是政协委员的基本工作和职责，同时也是衡量政协工作的重要标准。

卓元先生说，第九届全国政协主席李瑞环曾经对全国政协以及政协委员的三项职责之间的关系有过精辟阐述，即"参政议政与政治协商、民主监督是一致的。人民政协参政议政的主要内容和基本特征就是政治协商、民主监督。参政议政又不简单等同于政治协商、民主监督，而是它的拓展和延伸。一般说来，政治协商、民主监督以国家和地方的大政方针、重大问题为中心议题，以各级领导机关为具体对象，以会议为主要形式，并依据一定的程序和规则进行。参政议政则不完全受上述条件的局限，对象更加广泛，内容更加丰富，形式更加多样，方法更加灵活。把参政议政列入政协的主要职能，拓宽了政协工作的渠道和领域，为广大政协委员及其所联系的各界人士参与国事、发挥专长提供了更多的机会，同时也为各级政协切实有效地组织政治协商、民主监督，从题目的选择、信息的收集、材料的积累、人员的组织等方面创造了良好的条件"。

打开全国政协官方网站，我们可以清楚地看到这样的表述：全国政协是中国共产党领导的多党合作和政治协商的重要机构，作为人民政协的组成人员，政协委员在人民政协政治协商、民主监督和参政议政三项主要职能基础上，依法享有相应的政治权利。实际工作中，政协委员就国家和地方的重要问题在决策之前和决策执行过程中进行协商，主要通过政协全体会议、常务委员会会议、常务委员专题协商会、各专门委员会会议等会议形式。这种具有中国特色的"协商民主"形式，是马克思主义民主政治理论与中国实践相结合的产物，对坚持党的领导、人民当家作主、依法治国的有机统一，具有十分重要的意义。民主监督方面，政协委员既可以通过提出提案、社情民意等方式履行民主监督职能，也可以将民主监督寓于视察、参与工作检查等活动之中，有效提高民主监督质量和成效。参政议政方面，政协委员就政治、经济、文化和社会生活中的重要问题以及人民群众普遍关心的问题，开展调查研究，反映社情民意，通过调研报告、提案、建议案或其他形式，向党和国家机关提出意见和建议。

全国政协一般下设若干专业委员会，每届设立多少个专业委员会会稍有差异，如十二届全国政协下设 9 个委员会，即提案委员会、经济委员会、人口资源环境委员会、教科文卫体委员会、社会和法制委员会、民族和宗教委员会、港澳台侨委员会、外事委员会、文史和学习委员会。卓元先生两届全国政协委员，都是经济委员会委员。

三、"十年十策"逐个看

卓元先生不仅是一个优秀的经济学家、政府智囊，而且还是一个非常称职的政协委员。两届十年盘点下来，卓元先生或当面、或书面，或小会、或大会，为中国经济发展和经济改革，贡献了几十篇重要策论，我下面选取其中十个"策论"，以飨读者，让你在感叹之余，也让某些政协委员多上几分惭愧。

策论一：建议全国百万人口以上大城市列表发布空气污染指数。翻开《全国政协委员提案精选》，你不禁会为一份 1998 年的政协九届一次会议 0966 号提案击节叫好。那一年，是卓元先生的全国政协委员元年，他没有把提案的重点放在其驾轻就熟的经济问题上，而是把关注的重点投放到了与百姓生活密切相关的大气污染上。他联合刘海藩、李京文等 8 名政协委员，在 1998 年的全国政协九届一次会议上建议全国百万人口以上的大城市每天发布空气污染指数，以促进各地政府抓紧治理空气污染。在提出建议的几个月后，全国 47 个重点城市陆续开展了空气质量日报工作。这一提案，还获得全国政协优秀提案奖。

空气质量关乎每个人的健康，可在相当长时间内，生活在其中的人们并不能获得相应的情况，甚至类似 PM2.5 问题竟然成为了舆论的焦点。因此，卓元先生急民生之所急，想民生之所想，在会议开始前，就开始做了大量调研工作，到了会上又获得很多委员的赞同，最终这份提案得到了政府部门的高度重视。

如今，我们出行不用再上美国大使馆官方网站去看他们公布的北京空气污染指数了，我们也不用早上起来先用鼻子嗅嗅空气的味道再出门了，即使是 PM2.5 这样的污染"秘密"也不再藏着掖着了。

正是因为卓元先生他们的这份提案，才有了这些改变，我们在享受知情权和监督权的同时，是不是也要心存感谢呢？

策论二：21 世纪深化经济体制改革的若干重要课题。2001 年 11 月下旬，中共中央主要领导同志，邀请部分全国政协委员和经济学家座谈新世纪经济体制改革问题，卓元先生以双重身份参加。会前，由中央办公厅秘书局发的通知是这样写的："中央主要领导同志将于今年 11 月主持召开我国经济改革和发展重大问题研究座谈会，请您参加。"在这次江泽民总书记主持的会议上，卓元先生将新世纪深化经济体制改革的问题凝练成六个重要方面：一是着力寻找能够与市场经济相结合的公有制特别是国有制的实现形式；二是建立有效的国有资产管理形式；三是建立开放型市场体系，推进自然垄断部门改革；四是处理好效率与公平关系；五是建立完善、统一的社会保障制度；六是深化对劳动价值论的研究和认识。上述六点，点点切中要害，做好了效率提升，人民满意，做不好或做不对，效率下降，人民怨愤。这篇策论，后来在陆续出台的国家重大文件中，基本都被采用了。特别是对劳动价值论的深化研究和认识，为后来的技术、管理等作为劳动要素参与分配提供了强有力的理论支撑。

策论三：21 世纪头 20 年战略任务。2001 年 12 月 21 日，卓元先生又接到中共中央办公厅秘书局通知："定于 2001 年 12 月 24 日（星期一）上午 9 时、下午 3 时，中央主要领导同志在中南海勤政殿会议室主持召开新阶段我国农业、农村和农民座谈会，请您参加。"这次，作为参政议政的卓元先生，系统地阐述了"实现从二元经济结构向现代经济结构转变是新世纪头 20 年战略任务"的命题。这篇策论首先提出了"从走出二元经济结构的角度看待三农"的问题，即解决"三农"问题必须跳出"三农"的圈子，必须从工业化、城镇化发展上寻找出路，把大量农民转化为市民，才能最终完成中国的整体工业化和城镇化。同时，对农业本身要积极倡导与推进农业的产业化经营。这篇策论，在世纪之交的中国具有重要的政策参考价值，也是后来一系列有关解决"三农"问题的政策支点。卓元先生的策论二、策论三均已收入《张卓元改革论集》一书（中国发展出版社 2008 年版）中。

策论四：经济总体上出现了"过热"倾向。2004 年年初，全国政协经济委员会的经济学家们，对 2003 年中国经济是"冷"还是"热"有过一场激烈的大辩论。时任全国政协常委、经济委员会主任的刘仲藜是会议主持人，其观点也是有"冷"有"热"，而厉以宁则强调"中国经济'怕冷不怕热'"，并列举大量数据证明当时经济并不过热，即使说投资过热也不完全正确。卓元先生与吴敬琏的观点也非常鲜明，即 2003 年经济总体上已经出现了过热倾向，用局部过热的说法，不能准确描述问题所在。事后来看，卓元先生他们的观点，更符合经济实际运行情况，中央后来采取的适当从紧货币政策，对改善中国经济增长质量，调整产业结构都起到了重要作用。

策论五：国企改革仍是整个经济体制改革的重点。2004 年 3 月 7 日下午，全国政协十届二次全体会议在北京人民大会堂召开，卓元先生在大会上作了《国有企业改革仍然任重道远》的发言。这次发言意义非凡，其中不少观点为后来国有企业改革的方案所采纳。卓元先生一上来就说"国有资本应进一步向重要行业和关键领域集中。换言之，就是使国有经济对国内生产总值的贡献率从目前的 30% 左右逐步降到 20% 左右，并从此大体稳定下来，依然能主导国民经济的发展"。他接着指出："到 2002 年为止，我国国有工商企业仍然达 15.9 万户，国有经济布点过多，领域过宽，广泛涉足一般竞争性行业，中小企业太多而且半数亏损"，所以，"国有资本进一步向关系国民经济命脉的重要行业和关键领域集中，向大企业集中，可以更好地发挥自己的优势，增强国有经济的控制力"。与此同时，卓元先生建议，继续大力推进国有经济布局和结构的战略性调整，使国有资本集中到涉及国家安全的行业，自然垄断的行业，提供重要公共产品和服务的行业，以及支柱产业和高新技术产业中的重要骨干企业；逐步从一般竞争性行业退出，包括用多种形式放开搞活国有中小企业，也包括继续将需要破产的资源枯竭矿山和国有大中型企业退出市场。将来需要保留国有经济控制的，最主要的是中央管的100多家大型企业，这些企业的资产很多都在几千亿元；然后是各省和经济比较发达的城市，每个省市十几家企业。这样，全国就只有几百家国有和国有控股大型企业，并主要集中在关系国民经济命脉的重要行业和关键领域。大会发言第二天，即3月8日，《人民日报》和《人民政协报》都刊登了发言摘要。另外，卓元先生在经济委员会曾发言提出国有企业改革的重点是中央企业改革，需加快改革步伐（这一发言刊登在《经济界委员通讯》2004年第11期，并被《人民日报》2005年8月15日摘发）。

熟悉十五大报告和十五届四中全会《关于国有企业改革和发展若干问题的决定》的读者可以发现，这些分析和建议与中央文件精神是一致的，且有一些新的建议。

策论六：政府机构改革应从单纯"瘦身"向"健美"转变。2004年，卓元先生提出中央政府机构改革要从"瘦身"向"健美"转变的建议，最终被十六届二中全会通过的《关于国务院机构改革建议》采纳。回忆起那份建议，卓元先生仍然历历在目。他说，当时提出的建议主要有三条：一是针对2001年中国加入了WTO后的形势，建议中国政府尽快筹建"商务部"，统筹内外贸易的资源和优势；二是建议设立专业化的国有资产管理机构，引导中国国有企业走入良性的国际竞争；三是建议成立食品药品、安全生产等监管机构，重视民生问题。今天看来，这三项建议都是经受住了实践的检验和历史考验的。特别是国资委的成立，为国有企业真正建立现代企业制度，走向国际竞争，提供了制度保障和组织保障。

策论七：深刻把握社会主义市场经济规律。2004年12月，全国政协经济委员会组织委员们为编制"十一五"规划建言献策，卓元先生就"深刻把握社会主义市场经济规律"作了发言,即:第一,市场在资源配置中发挥基础性作用,价值规律调节社会生产和流通;第二,企业是市场经济活动的主体,要实现政企分开、政资分开;第三,国家的宏观调控主要是落实科学发展观,促进国民经济的平稳较快发展;第四,市场经济讲究效率,社会主义讲究公平,两者要有机结合起来;第五,科学评价市场经济活动效率,保证社会主义市场经济的可持续发展;第六,依法规范市场经济活动,保障市场经济健康运行。

这篇策论对社会主义市场经济特点和内在规律的概括,尤其是关于公平与效率关系的阐述,至今仍有重要的现实意义。

策论八:改革是我国经济发展的强大动力。同样是在 2004 年 12 月全国政协经济委员会的建言献策座谈会上,卓元先生明确地提出了"改革是我国经济发展的强大动力"的观点,并力主"十一五"规划要突出改革。他说,"要抓住新世纪头二十年难得的战略机遇期加快发展,就必须坚持改革,深化改革;消除各种阻碍经济快速发展的体制、机制弊端"。作为"玉泉山人",能够如此急迫地表达深化改革的心情,可见改革已经出现了某种停滞迹象了。

策论九:用约束性指标制约盲目攀比 GDP。针对各地盲目追求 GDP,造成经济过热,环境压力过大的情况,卓元先生 2006 年在全国政协经济委员会发言,提出了用约束性指标治理的方案。他说,2006 年经济运行的实践表明,许多地方政府还是把 GDP 增速作为头号硬指标,而把节能减排等约束性指标置于脑后。结果,全年 GDP 增速达 10.7%,大大超出原来 8% 的预期,而单位 GDP 能耗则没有达到下降 4% 的目标,主要污染物二氧化硫排放量和化学需氧量不降反升。这说明,"十一五"开局之年,经济运行就开始有点偏离"十一五"规划纲要。约束性指标实现不了,就谈不上科学发展。

2006 年节能减排没有达标,给"十一五"后四年加大了这方面的压力,意味着后四年每年单位 GDP 节能必须达 4.4% 以上和减排 2.2% 以上,使本来已是相当困难的任务难上加难。当务之急,首先是要求各级政府转变观念,把节能减排工作真正放在经济工作的首位。年 GDP 增速如果超过 9%,节能减排的目标是很难实现的。其次是要完善体制。现行干部考核和选拔体制基本上还是以 GDP 论英雄，以流转税为主的税收体制，也使地方官员一个劲儿地发展高耗能、高排放的重化工业，不重视能耗低、污染少的第三产业和高新技术产业的发展。因此，需尽快完善干部考核体制和财税体制，切实转变政府职能。

卓元先生的这一发言，被收录在《经济界委员通讯》2007 年第 5 期，标题是"用节能减排约束性指标制约盲目攀比 GDP 行为"，后被《光明日报》2007 年 3 月 16 日转载发表。

策论十：结构调整出现积极变化。2007 年"两会"期间，卓元先生对结构调整给出了肯定评价。他认为，2006 年中国经济以增长较快、效益较好、物价较低、运行较稳的表现，实现了"十一五"的良好开局。在产业结构方面，出现了一些积极变化，自主创新能力有所增强，特别是 2006 年下半年以来，各地重视优化结构，以此为主线促进节能降耗，推动经济迈向又好又快。这主要表现在以下几个方面：高技术产业和装备制造业加快发展；产能过剩行业结构调整取得成效，依法淘汰了一批落后生产能力；服务业稳步发展；节能降耗和污染减排工作力度加大。

由于有了这个正确判断，中央的经济政策就有了更强的针对性，所以 2007 年以后，甚至在 2008 年国际金融危机大爆发期间，中国经济所受影响都相对较小。

卓元先生政协十年（1998 年初至 2008 年初），也同玉泉山起草文件时一样，是学习、提高更加精进的十年，是参政议政的十年，是可以更加率直、公开发表自己观点主张的十年。十年中，他参加政协组织的外地调研两次，陪同全国政协领导出访俄罗斯、罗马尼亚等国一次，向政协有关部门反映群众来信多次，年年提交大会发言稿。对卓元先生来说，政协十年，同样是出色的十年，难忘的十年！

第十九章 "四家"归一

☯每个人都可能有扮演不同角色的机会，但要把每个角色都演好，却是很困难的。如果有人真的做到了，还有什么理由不鼓掌称贺呢？

卓元先生之于当代中国经济学，具有多重的角色意义。他首先是一位影响深远的经济学家，他同时还是一位新的经济思想史家，更是一位中国经济学刊物的老"编家"，也是一位成果卓著、成效显著的经济学教育家……

一、新史家

从 1949 年新中国成立，到 2013 年中国坐稳世界第二大经济体，前后只用了 64 年的时间。这个发展跨度，是世界任何一个大的经济体都未曾在如此短的时间内发生的。如果我们再剔除 1949～1978 年中国社会主义制度探索期，真正属于中国快速发展的时期不过 34 年而已。

是什么力量成就了当代中国？是机缘？是历史人物？是某种思想？几乎所有经历过新中国历史发展进程的人，可能都会有自己的答案。政治家们在总结，历史学家们在总结，经济学家们也在总结。因此，在最近几年之内，国内涌现出了一批有关中国当代经济史的大作，如有关中国经济 30 年的，中国经济 60 年的。除综合性经济史学作品外，还有很多专论性的，如中国经济体制改革 30 年研究、中国国有企业改革 30 年研究等。世界上更是对中国兴味盎然，几乎每天都能够听到或看到有关中国经济发展的著作出版。不过，在诸多有关当代中国经济史著作充盈于市的情况下，当代中国经济思想史的研究多少显得有些落寂或偏颇。这种落寂或偏颇，一是源于著者对当代中国经济思想史脉络的真实性不清，二是源于一些著者迫切给自己在历史中找好位子，自觉与不自觉地对真实的经济思想史进行了"打扮"。

针对这种鱼龙混杂的情况,2006 年中国社会科学出版社,专门找到卓元先生,恳请他出山领衔《新中国经济学史纲》(1949～2011)的编纂工作。其时,卓元先生正紧张地工作在"玉泉山上",确实难得有暇顾及。可是,卓元先生对这份责任又不能漠视不理,况且在此之前,他已经带领一干人马,先后完成了《政治经济学大辞典》(1999 年)、《论争与发展:中国经济理论 50 年》(1999 年)和《中国改革开放经验的经济学思考》(2000 年)三部大作。

权衡再三,卓元先生毅然担起了这份重任。著中国当代经济思想史,不同于撰写经济学论文或专著,不容个人好恶的掺杂,更不能过度发挥自己的想象空间;著中国当代经济思想史,不同于作个人的学术传记或某个流派的传记,必须是全视角的,客观、公正的。卓元先生担当着新中国经济思想史的优势非常明显,一是他经历了新中国重要经济学论争的过程,本身就是一个非常重要的参加者或组织者(如他是 1979 年第二次全国经济理论讨论会大会副秘书长)。二是他长期担任《经济研究》、《财贸经济》的编辑、编辑部主任、主编,熟悉每篇有影响的文章和作者,甚至很多文章都是经过他的亲手打磨才和读者见面的。可是,经济学界也有不少担忧,卓元先生师承孙冶方、于光远、骆耕漠,会不会有门户之见,扬己抑他,特别是和其师承不同、观点相左的经济学家的思想,能否得到公正的评价。

为完成《新中国经济学史纲》这部鸿篇巨制,卓元先生安排了"两步走"战略,即在《论争与发展:中国经济理论 50 年》基础上,重新勾陈史料,重新铺排史实,重新定位人物,2008 年、2009 年分别主编了《中国经济学 30 年(1978～2008)》和《中国经济学 60 年(1949～2009)》(上述两书均由中国社会科学出版社出版)。有了上述两本书的基础和社会正负反馈,卓元先生才全面展开《新中国经济学史纲》的实际编纂工作。

由张卓元等著的《新中国经济学史纲(1949～2011)》(中国社会科学出版社 2012 年版)甫一问世,即获得经济学界内外好评,初版很快销售一空,也一举奠定了卓元先生经济思想史家的地位。

这不是一部由专业的史学家编纂的史学著作，但它已经超过了当代许多有关中国经济思想史作品。从这部作品中，可以看到还原了的历史场景，可以嗅到不同见解纷争的硝烟，可以体会到一种思想嫩芽由发生到成熟的艰难过程。因此，当我细细品读这部作品时，一种隔空对话的感觉会自然而然地跳跃出来。

《新中国经济学史纲（1949～2011）》是卓元先生呕心沥血的大作。这部作品全书 33 章，73 万字，卓元先生负责全书的设计、审校，并直接执笔了总论、第一、第二、第三、第四、第九、第十、第十三、第十五、第十六、第十七、第十八、第十九、第二十、第三十章 30 多万字。先不考虑内容，仅从工程量考量，对于一个古稀老人，该是多大的考验啊！

这部经济学史学著作，之所以备受推崇，并很快成为代表性著作，主要源于以下几个要素：

一是概括精当。卓元先生以一个亲历者的视角，把新中国 60 多年经济学研究的进展高度精练地概括为六大方面，得到了经济学界的普遍认同：①在马克思经济学基本原理指导下，努力探索中国自己的社会主义道路，并在改革过程中确立了社会主义初级阶段理论，开辟和形成了惟一正确的中国特色社会主义道路。②计划与市场问题是中国经济学界研讨的第一大热点，其突出成果是确立了社会主义市场经济论。③所有制理论和分配理论的重大突破：确认公有制为主体、多种所有制经济共同发展平等竞争，股份制是公有制主要实现形式，按劳分配与按生产要素分配相结合。④探索国民经济从封闭半封闭走向开放，以开放促改革、促发展，"引进来"与"走出去"互相结合，逐步形成顺应经济全球化的对外开放理论。⑤经济增长理论愈来愈受重视，改革开放后在"发展是硬道理"和科学发展观指导下，着力研究实现什么样的发展、怎样发展问题，研究中国工业化、城市化、现代化的规律性。⑥经济学方法重大革新：注重创新，紧密联系实际，充分吸收现代经济学有用成果，重视实证研究和数量分析，勇于提出各种对策建议，为促进经济科学繁荣的各种评比和奖励活动逐步展开。

二是主线清晰。《新中国经济学史纲（1949～2011）》所涉及的历史跨度比较大，内容也比较庞杂，但其主线非常清晰，即以社会主义市场经济论形成为主脉络。第一部分可以看作是中国经济学界商品经济论的探索和初步形成时期，第二部分是商品经济论的劫难期，第三部分是商品经济论形成与市场取向论的发展期，第四部分是社会主义市场经济论的确立期，第五部分是中国经济学研究方法的科学化时期。这条主线，或许存在着一些以偏概全的嫌疑，但无疑更凸显了中国主流经济学家的成就和贡献。

三是评价客观。《新中国经济学史纲（1949~2011）》既对作出重要理论和思想贡献的经济学家，如孙冶方、顾准、于光远、薛暮桥、骆耕漠等给予了充分的肯定，又对他们的理论和思想局限性给予了历史性评价。特别是对依然活跃在中国经济学一线的经济学家的理论、观点，也没有做避讳性分析。

当然，《新中国经济学史纲（1949~2011）》也不是尽善尽美的。其中，最值得商榷或争议的主要在于：①过于政治经济学化，使一些基于其他经济学理论分析的成果没有得到足够的关注，如发展经济学在中国的早期发展；②主线过于清晰，使一些经济学分支领域的研究成果被忽略，如资本市场等；③代表性文献选取上也有一定局限性，如有关所有制理论方面的探索。当然，我们更有理由相信，下一版的《新中国经济学史纲》将会解决好这些问题。

二、老"编家"

中国有本经济学人家喻户晓的经济学理论刊物，几乎所有中国经济系的学生都梦想着自己的作品被这本刊物选中。这是一本承载着经济学光荣与梦想的专业理论刊物，这是一本见证了几代中国经济学家奋力探索轨迹的理论圣物。当然，读者早已猜到我说的是《经济研究》了。

《经济研究》1955年创刊，到2013年的今天已经整整走过了58年。如今，《经济研究》早已飞出国门，飞到世界，中国经济学家们的重要研究成果，大部分是从这个窗口走向世界、走向公众的，国际上一些先进的研究方法，一些新的理论创新，也多半是经由这个窗口告诉中国读者的。

1955 年，在中宣部科学处（于光远时任处长）指导下，中国科学院经济研究所决定创办一本代表新中国经济学研究水准的刊物。如何办这样一本经济学期刊呢？这个重任历史性地落到了狄超白、林里夫的肩上。狄超白是一所之长，虽然身兼主编之职，但实际上多数时间是无暇顾及的。林里夫是常务编委，经常性决策当然是由他来确定。卓元先生那年刚满 22 岁，是林里夫先生的助手，因而也就被调去筹建《经济研究》的创刊工作。

在铅与火的年代，做一个合格的编辑是非常艰辛的。作者来稿基本都是手写稿，稿纸种类繁多，写作者字迹多样，各种观点迥异，如何从这些纷乱的稿件中筛选出可继续审阅的稿件，对编辑既是专业水准的考验，又是心理素质的考验。年轻的卓元先生，既做编辑，又做编务，校对、核红、算印张等一系列事项，都会涌向他的案头。

《经济研究》刚一创刊，就赢得了中国经济理论界的欢迎和赞许。当时还是中年人的孙冶方、许涤新、薛暮桥、于光远、顾准、王亚南等新中国的经济学家，先后都在《经济研究》上发表了他们引以为荣的大作。如孙冶方的《把计划和统计放在价值规律基础上》、《价值论》等代表性论文都在《经济研究》上首发。顾准 1957 年发表的那篇《试论社会主义制度下的商品经济和价值规律》，既给他生前带来了巨大磨难，也给他死后带来了巨大哀荣。卓元先生就是这些划时代论文的责任编辑。

卓元先生参加编辑着《经济研究》，《经济研究》也鞭策着卓元先生。当别人把审稿视为畏途的时候，他却视为甘饴，读得津津有味，充分享受着"第一读者"的乐趣。特别是 1957 年孙冶方到中国科学院经济研究所主政后，卓元先生的才华与见解引起了孙冶方的关注，让他没有想到的是：《经济研究》编辑部里的这个小编辑，竟然比较能理解和接受他的见解。从此，孙冶方不再把卓元先生简单地当作一个文字编辑看待，而是让他更多地参与经济研究所的研究工作，有时甚至让他旁听孙冶方、薛暮桥、于光远三巨头主持的双月座谈会①。正是这种风云际会，卓元先生不仅"编家"的功夫日见了得，而且研究的能力也不断提升，他在 20 世纪 60 年代初发表的一系列重要论文，就是最有力的证明，特别是关于生产价格问题的研究，更是显现了卓元先生深厚的积淀和非凡的勇气。

2006 年张卓元先生在上海瑞金医院看望汪道涵

分别为：刘灿（左一）、刘国光（左二）、汪道涵（左三）、桂世镛（左四）、刘诗白（右三）、张卓元（右二）、张红晨（右一）

《经济研究》不仅发表大师的作品，也是培养大师的舞台。陆陆续续的，与卓元先生脚前脚后进入中国科学院经济研究所的弟兄们，也开始给《经济研究》投稿。这时卓元先生已经是大编辑了，但他没有任何骄矜，还是一边做好研究，一边一丝不苟地编好每篇文章。后来成长为与卓元先生比肩的一些重要经济学家，如孙尚清、吴敬琏、周叔莲、桂世镛、陈吉元、何建章、黄范章、邝日安等，都曾经被卓元先生编辑过论文，他们的手稿上都留下过卓元先生的墨迹和智慧。

---

① 20 世纪 50 年代末到 60 年代初，由薛暮桥（时任中央财经领导小组秘书长）、于光远、孙冶方三人，在国家经委大楼（现中国科学院二楼）中财办会议室，主持双月座谈会，邀请北京地区财经界领导和专家讨论现实经济问题。这里讨论的问题，不久都会成为当时全国经济学界讨论的热点话题。像那时讨论的商品生产价值规律问题、计划与市场关系问题、社会主义再生产问题、经济效果问题、工农产品价格剪刀差问题等。

特别是吴敬琏、周叔莲、黄范章三人及家庭与卓元先生一家成了莫逆之交，每年至少一次的家庭聚会依然传递着那份浓浓的友情。

2010 年黄范章（左一）、吴敬琏（左二）、张卓元（右二）、周叔莲（右一）四人聚会留影

结束"五七"干校的磨难岁月后，中国进入了改革开放的春潮期。此时，卓元先生不仅是卓有成就的经济学家，而且不久就成为执掌《经济研究》编辑部的主任了。我在 20 世纪 90 年代初做过几年《财贸经济》编辑部主任，深知一个编辑部主任与一本刊物之间的密切关系。这个时期，一方面是老一代经济学家老当益壮，另一方面是中年经济学家意气风发，还有一群刚刚完成或即将完成学业的准经济学家开始小试身手。三代经济学家，汇集在改革开放初期的经济理论舞台上，可谓盛况空前。卓元先生主持的《经济研究》敏锐地注意到了这个现象，也果断地接纳了多种经济学问题的表述，从此可以在一期刊物上看到基于不同理论渊源的经济学论文，特别是一些西方经济学的观点、方法大量出现在《经济研究》上。如今活跃在中国经济学界和经济主管机关的重要经济学家，多半是在这个时期的《经济研究》上起步的。

1983 年，随着卓元先生职务的升迁和工作单位的变化，他离开了战斗了多年的《经济研究》编辑部。虽然是财贸经济研究所所长了，可"编家"的职责还是没有放下，1983～1993 年，他一口气做了十年的《财贸经济》主编。

《财贸经济》是改革开放后由中国社会科学院财贸经济研究所主办的经济理论专业刊物，重点登载商业经济、财政金融、国际贸易与投资等专业领域的研究成果。本来，主编可以不管或少管编辑工作，但卓元先生没有做甩手掌柜，有关刊物的方向、稿件选取标准以及每期重点文章，他都会认真把关。在其十年主编历程中，《财贸经济》成为中国财贸领域最重要的理论刊物，其中刊发的大量论文、研究报告，为推动中国社会主义市场经济体制建立，加快价格改革，促进流通体制改革，扩大财政、金融研究视野，都起到了至关重要的作用。

1995 年，卓元先生成为中国社会科学院经济研究所所长，同时也成为《经济研究》主编。世界上的事情，真的就有这么巧合的。《经济研究》初创时的小编辑，经过 40 年后成为了大主编。

熟悉的地方，熟悉的程序，不熟悉的人员，不熟悉的文稿。1995年时的中国经济学，早已经走出注释经典的时代，也早已走出政府文件的笔法，而是进入了全面与国际经济学接轨的时代。卓元先生因势利导，积极推进专家审稿制度，积极提升刊物的学术性和现实性。今天的《经济研究》仍然傲然船头，当与卓元先生的改革与改进密切相关吧。

三、教育家

华夏思想，当推孔子的儒学为首；华夏教育，当推"有教无类"的孔子为尊。何以如此，恐怕不仅仅是孔子学问大，曾修《诗》、《书》，订《礼》、《乐》，序《周易》，撰《春秋》，更重要的是他开启了中国平民教育之先河，并通过嫡传弟子和再传弟子，丰富和完善了博大精深又触手可及的人间大道——儒学。相传孔子有弟子 3000 人，贤弟子 72 人，正是有了这种重要而成功的传承，中国的儒学才光耀华夏几千年而不坠。

卓元先生是一位经济学家，著书立说，陈情政府，针砭时弊，样样拿手，样样老到。同时，卓元先生还是经济学界难得一见的至真至情的导师。从 20 世纪 80 年代开始招收入门弟子开始，到耄耋之年仍未止的教学育人，在教学岗位上，一站就是30多年。

卓元先生已经培育了近四十位经济学博士，十几位博士后。这些学生，有些早已是蜚声学界的名家，有些则是政府公务员，还有些成为机构的中坚力量。鉴于师兄弟们还会另行撰文表达各自的与师情，我只好从略述之了。

卓元先生选材，并不拘泥于固定模式，他认为学习态度和学习能力最重要，而已经学过什么不是最重要的。在卓元先生的诸多弟子中，入门前并不都是科班的经济学专业，还有一些学社会学的、数学的甚至哲学的。

卓元先生教书，并不局限于固定教材，他认为研究生教育的核心在"问题意识"。一个学生首先要学会的是发现问题，提出问题，然后才是寻找解决问题的办法。我是该教书方法的受益者，如今也照搬过来用到了自己的学生身上，效果依然很好。

卓元先生鼓励学生大胆探索，即使与他熟悉的研究领域不同，或者观点不同但能够自圆其说，都会得到表扬。翻检师兄弟们（包括师妹们，没有师姐）已经存档的毕业论文，我看到研究领域非常宽泛，从基本经济制度，到宏观经济、微观经济以及专业经济领域，几乎无所不包。卓元先生自己就是一个大胆探索的成功者，关于价值是生产费用对效用的关系以及生产价格的论文，就是得益于这种思维的驱动。

卓元先生要求学生提高自学的能力和自学的自觉性。古人曰：师傅领进门，修行在个人。其他师兄弟的情况我不敢妄言，我跟从卓元先生的几年，根据先生的要求，我恶补了西方经济学以及资本市场理论这个重要分支的大部分著作，到毕业时之所以能够比较好地完成中国第一部关于资本市场理论的学位论文，自然是受益于此。我从卓元先生那里得到的这种教诲，至今仍然是我从事研究工作的最重要法宝。

卓元先生曾经不止一次地对我们说，做经济学研究，"兴趣加勤奋，最为重要"。卓元先生在高中三年级时开始对经济学产生兴趣，历60余年而不减，所以他读经济学著作，做经济学问题思考，撰经济学论文，写经济问题报告，就不会感到枯燥，不枯燥自然兴味盎然。勤奋更是成功的必要条件。卓元先生说："没有勤奋，再聪明的人在科研上也只能是一事无成。除去'文革'，我 1955～1983 年都在《经济研究》编辑部做编辑工作，且实行坐班制度。每天早上五点到七点、星期天和节假日包括春节是我写作的大好时机，考虑成熟时一天可以写出四千字。20 世纪 80 年代以前，我的文章许多都是靠加班加点写出来的。"

卓元先生不仅对我们做学生时有要求，而且对我们做老师后也提出了忠告或警告。他说，"不能停笔，不要找学生代笔。这也是勤奋的表现。写东西也有规律性，越写越顺手，越不写越不知从何写起。写东西逼迫你思考、找文献资料，找对立观点，找论据"。这一点太重要了！我之所以在繁重的行政工作之余，还能笔耕不辍，就是时刻记着先生的忠告。如果让学生代笔，或者让手下人代笔，久而久之，"武功"自然而废。仅从卓元先生师门观察，正反例子也是很明显的。

卓元先生说，要"把工作当学习，心存问题"。读者看到卓元先生仅做"玉泉山人"就做了差不多 15 年，那些中央文件的起草工作，任务繁重，占用时间很长、很多，而同一时期卓元先生发表的文章和专著，不但没有减少，反而增加了很多，其中《新世纪新阶段中国经济改革》论文集就是这个时期的部分成果。这是为什么呢？卓元先生说："作为一个经济学家，参与中央文件起草工作，不仅要完成光荣任务，还要善于在工作中学习，在文件起草过程中心中要装着问题，充分利用有利条件，搜集理论和实际资料，思考问题，使自己的经济理论研究更好地同客观实际紧密联系。"有此师，当其弟子何其幸也！我在 2003～2008 年时段，几乎大部分时间都投入到了《2006～2020 年中长期科学技术发展规划纲要》战略研究、纲要编制、配套政策制定的具体工作之中，专职的研究工作几乎都停了下来，由于事前已得先生之法，事中、事后也得以完成三部著作，即 2010 年出版的《创新投资：政府的责任与行动》、《科技金融的兴起与发展》和《谋国与持家》。

"锁定目标，探求规律性"也是卓元先生耳提面命的教诲。卓元先生说，做理论研究与做业务研究不同，理论研究者应该把更多精力放在理论性、战略性和规律性问题上。卓元先生是价格改革的推动者，也是理论家，他说在担任财贸经济研究所所长十年期间，最重要的成果是对中国价格改革的若干规律性的探索。

"视野要开拓，用数据说话"，是卓元先生对每个弟子撰写学术论文的要求。卓元先生说，改革开放以来，中国走出封闭状态，中国的经济学人"要探索我国改革发展的内在规律性，必须开阔视野，观察分析问题必须有世界眼光"。同时，"做一个合格的经济学家，要对统计数字有偏好和天然的敏感，对重要统计数字记得很熟，对答如流。还要广泛搜集各种经济数据，对这些经济数据是否准确要有判断力，不让假数据使你作出不切实际的论断"。

我是先生的授业弟子，凡24年以来，始终享受着这份教育的"珍馐"，也无时无刻地感怀先生的教诲，感念先生的提携，感叹先生的执著，感动先生的平实。

2010年张卓元先生与指导过的部分博士生合影

2010 年 7 月张卓元先生在生日聚会上留影

2010 年张卓元先生与夫人李秀珍、弟子房汉廷合影

2013 年张卓元先生与弟子房汉廷合影

四、小"世家"

中国经济学界有很多"夫妻档"或"父子兵"，但同时具备上述两个条件的就寥若晨星了。

卓元先生的家，首先是夫妻经济学家。师母李秀珍先生，与卓元先生两度同学，一是梅州中学时，二是中山大学和中南财经学院时。秀珍先生属印尼华侨，家资丰盈，高中时与卓元先生均捧读尺牍于梅州中学，高三时从隔班到同班，只是那时两人面相识，心还远未相知。1950 年高考之后，秀珍先生考取广州市法商学院（今广东商学院）专攻金融专业，而卓元先生则入中山大学经济系专攻政治经济学，两人同城不同校，彼此有记挂无牵挂。后来广东经济院系调整，秀珍先生和卓元先生再度同学在中山大学，紧接着 1953 年的经济系大区域调整，卓元先生和秀珍先生共同"北上"荆楚，进了中南财经学院，卓元先生继续攻读政治经济学，秀珍先生则续修金融学业。

如果巧合到此结束，我们或许就会失去一个经济学世家。1954年，卓元先生步入中国科学院经济研究所殿堂，而秀珍先生也来到北京。两个"老广"一同进京，自然多了许多亲近感。卓元先生刚到北京时工作和住宿都在中关村，而秀珍先生则工作在京西矿务局，京西矿务局当时在门头沟，离北京市区有几十公里的路程，所以卓元先生每次回门头沟，差不多都需要整整一天时间。

路途是颠簸的，心里却是甜蜜的。就这样，两颗年轻的心跳到了一起。从此，卓元先生开始盼着星期天，秀珍先生牵挂着"他"的冷暖。1957年，李秀珍已经调到天津市河北省煤炭管理局工作，那一年，张卓元与李秀珍结婚了，成家了！说是结婚，其实一直是"异城分居"。1958年，经卓元先生请求，秀珍先生才调入中国社会科学院经济研究所，开始是在资料室工作，后来则调到《经济学动态》编辑部工作。

秀珍先生是科班的金融专业出身，又在企业里面做了几年会计实务，对微观经济活动非常熟稔。于是，夫妻二人，白天一个在《经济研究》编辑部，一个在资料室整理资料或在《经济学动态》编辑部编校稿件，晚上或早上则伏案研究，撰写论文。卓元先生与秀珍先生这对夫妻档，虽然最终没有成为双星闪耀，但在卓元先生的一系列作品中，我们依然能够看到秀珍先生的很多贡献。

1957年9月张卓元与李秀珍结婚照

2006 年张卓元与李秀珍在浙江乌镇

卓元先生和秀珍先生有两个儿子，大儿子张汉①从医。张平是卓元先生的次子，出生在 1964 年，是我的同学，也是经济学家，现任中国社会科学院经济研究所副所长，《经济研究》副主编。遍数当代中国经济学父子档，大概只有王亚南和王洛林、汪敬虞和汪同三②、刘诗白和刘灿③父子（女）可比拟。

---

① 张汉学医，原来供职北京儿童医院，1989 年后旅居美国。卓元先生说，之所以让张汉学医，主要是他小时候身体差，经常到医院看病和住院，学医是回报社会。

② 汪敬虞（1917～）：中国当代著名经济学家。主要著述有：China's Industrial Production 1931～1946，《中国近代工业史资料（1985～1914）》、《外国资本在近代中国的金融活动》、《中国资本主义的发展与不发展》等。汪同三（1948～）：中国当代著名经济学家，主要学术专长是经济模型，长期从事数量经济学研究。曾任中国社会科学院数量经济与技术经济研究所所长。主要代表作有：《宏观经济模型论述》（专著）、《生产率与美国经济增长》（合译）、《大道理论与大道模型》（论文）等。

③ 刘诗白（1925～）：重庆市万州人，中国当代著名经济学家，代表作有《产权新论》、《现代财富论》等。刘灿：刘诗白之女，中国当代经济学家，曾任西南财经大学副校长。

2002 年全家福

2012 年全家福

1987 年张卓元先生在北戴河与大儿子张汉合影

五、补缀

卓元先生除了上述这些"家"之外，还有很多重要的兼职，如中国价格协会顾问、中国城市经济学会副会长、中国城市发展研究会顾问、中国成本研究会会长、孙冶方经济科学基金会荣誉理事长。当然，还有一项终身荣誉要提及，鉴于卓元先生的经济学造诣和贡献，他在2006 年被评为中国社会科学院首批学部委员。中国社会科学院学部委员，是中国社会科学院的最高学术称号，为终身荣誉。

在这一长串重要兼职中，孙冶方经济科学基金会的工作是卓元先生最费心血的工作，也是卓元先生每年把兼职当做专职工作来做的一项工作。如众所知，为了纪念孙冶方同志对马克思主义经济科学的卓越贡献，表彰和鼓励对经济科学作出贡献的集体和个人，繁荣我国经济科学，由薄一波、姚依林、谷牧、张劲夫、荣毅仁、薛暮桥、汪道涵、许涤新、于光远、李人俊、梅益、徐雪寒、孙晓邨、马洪、刘国光、孙尚清、张卓元等 55 人发起，于 1983 年 6 月成立了孙冶方经济科学奖励基金委员会，1995 年经中国人民银行及民政部批准注册登记改称为"孙冶方经济科学基金会"。基金会从成立之日起，卓元先生历任秘书长、理事长、荣誉理事长。孙冶方经济科学奖是我国唯一一个经济学综合奖。评奖过程始终坚持民主、客观、公正的原则；始终坚持作品质量第一的原则。所以，孙冶方经济科学奖是目前国内公认的经济学最高荣誉奖。

为保持孙冶方经济科学奖的品质，每次对入围作品的评选都是一个耗时费力的工作。2009 年改任荣誉理事长以前，为保证基金会奖金来源和日常运转，每年还要想办法"化缘"增资，而这些往往需要卓元先生亲自为之。

2001 年张卓元先生在北京大学与孙冶方经济科学基金评奖委员合影

第二十章　未完待续

☯人生有时更像是一次只有起点、没有终点的长旅。随着探索脚步的前行，每时每刻都可能有喜悦的果实等待着旅人去发现，去采撷，去收获。

《稳健改革派——中国社会科学院学部委员、著名经济学家张卓元思想评传》的撰写工作已经接近尾声了，可似乎还有大量工作没有完成或一时之间难以完成。没有完成的工作，面对非常丰富的素材难以取舍又不得不忍痛暂时放下，如卓元先生大量的学术活动以及与经济学界诸多经济学家的交往故事，限于篇幅和题材，在本书中都没有纳入，还有卓元先生丰富多彩的生活侧面，更是简单而过。一时之间难以完成的工作，则是卓元先生虽然年届八旬，但依然老当益壮，还在创新着一个又一个故事。

就在本书即将付梓的 2013 年 4 月初，我已经发现本书已经落在实践后面了。卓元先生又有一些非常重要的新观点、新思维和新建议在我写作过程中形成了，发表了。为弥补这些缺憾，我不得不对全书在出版前就进行与时俱进性的"修订"。当然，这里列示的也只能是几朵特别美艳的花朵，更多的工作我想留待本书的第二版、第三版及以后去完善。

——卓元先生点评的中共十八大报告。如前所述，卓元先生作为"玉泉山人"，一直工作到 2008 年，对中央重要文件的熟悉程度和要点把握程度，自然有着过人之处。因此，十八大开幕不久，很多媒体纷纷采访卓元先生。在归纳这些林林总总的采访录时，我不得不再次感叹卓元先生对十八大报告精神的精准把握。卓元先生认为，十八大报告理论创新点和突破点很多，但关键是三点：

第一，提出了建设中国特色社会主义中"五位一体"（即将经济建设、政治建设、文化建设、社会建设、生态文明建设融为一体）的"总布局"。以往的提法主要是"经济现代化"，十六大报告提出"三位一体"（经济建设、政治建设、文化建设），到十七大报告提出了"四位一体"（经济建设、政治建设、文化建设和社会建设），这次进一步拓展到"五位一体"。

第二，明确了什么是"老路"、"邪路"和"正路"。从经济角度来讲，"老路"就是指我们以前实行的"计划经济"那一套，它束缚了生产力的发展，挫伤了人们发展经济的积极性，中国从 20 世纪 70 年代末开始改革开放时，就逐渐扬弃这条路，"邪路"就是完全私有化的资本主义道路。"正路"就是有中国特色的社会主义道路，从经济方面来说，就是坚持发展社会主义市场经济，以公有制为主体、多种所有制形式共同发展，坚持以按劳分配为主的分配原则，走共同富裕的道路。

第三，明确了深化改革的关键在于处理好政府和市场关系。卓元先生说，十八大报告强调"深化改革是加快转变经济发展方式的关键。经济体制改革的核心问题是处理好政府和市场的关系，必须更加尊重市场规律，更好地发挥政府作用"。通过这些重要论断，报告明确地告诉人们，今后，要加快转变经济增长方式，就必须深化改革；而深化改革的核心问题就是处理好政府和市场的关系，要更加尊重市场规律，以市场为主来配置资源。

——卓元先生谈法治中国。2013 年 3 月 25 日，卓元先生与著名法学家江平、著名经济学家吴敬琏，就"法治中国"话题再次共同接受《财经》杂志专访（2003 年初，三位学者曾经就"法治中国"话题接受过《财经》杂志专访——笔者注）。在这次访谈中，卓元先生话语不多，但话锋犀利，直指问题根源。

卓元先生说，这十年（2003 ~ 2013 年）里通过了一些新的法律法规，包括《反垄断法》、《企业国有资产法》、《物权法》等，对于市场经济的完善具有重要作用。不过，目前中国还没有建立起完整的法治体系。

第一，有些法律不健全，如《企业国有资产法》仅仅涵盖国有企业的经营性资产，企业的非经营性资产、国有的自然资源资产、金融资产等方面都还没有立法。《反垄断法》没有对行政垄断作出规定。

第二，司法公正没有得到切实的保证，政府职能转变严重滞后。这些年一直在喊转变政府职能，可是南方某省一个民营企业家要建一个港口，跑手续竟然要盖400多个章！现在最大的问题是，政府太强势，政府控制资源太多，对市场的介入太深。政府特别是地方政府过多地介入经济活动和主导资源配置，一些服务业在市场准入中存在"玻璃门"、"弹簧门"，政府对生产要素和资源产品价格管制太多，在诸多行业和领域阻碍、制约民营经济做大做强的垄断因素也不断凸显。十四届三中全会所设想的市场经济体制是市场在资源配置中发挥基础性作用的体制。十六届三中全会重申这一点，并提出转变政府的经济管理职能。可是现在资源配置最重要的是政府，地方政府书记是董事长，市长是总经理。这与十四届三中全会、十六届三中全会的要求不相符，甚至完全走了样。

第三，中国贫富差距不合理主要是由于权力的腐败。有人说，目前中国贫富差距关键是因为私有经济占比太大。这种说法是不对的，日本、德国、美国的私有经济的比重比中国不知道大多少，可是基尼系数比我国低，怎么来解释？建立市场经济就要清晰界定政府和市场的界限，凡市场能有效做好的就交由市场去做。政府应主要做好经济调节、市场监管、社会管理和公共服务，特别是致力于创造并维护一个良好的市场环境。政府应是一个公正的裁判员，而非集裁判员和运动员于一身。但是由于政府没有实现职能转换，还存在许多扭曲，经济调节"越位"、市场监管"缺位"、社会管理"错位"以及公共服务"不到位"的问题依然存在。

第四，公权力缺乏有力制约是一个大问题。许多法律得不到真正执行，特别是涉及土地的很多法律法规，最大的违法主体是地方政府，可是哪个地方政府受到了法律的制裁？还有，环境保护的法律规定很严格，可是没有经过"环评"就上马的企业比比皆是。有些地方官员为了GDP不顾一切，哪怕它黄沙漫天、寸草不生。

——卓元先生说发展不能"一俊遮百丑"。针对中国经济近 10 年的高速增长，卓元先生在给予肯定的同时，也明确指出"中国近些年的发展是'一俊遮百丑'"。为此，卓元先生说，接下来要尽早推进的改革，一个是政府改革，包括对官员考核机制的改革，这也许是各方面改革中最关键的。如果还是 GDP 挂帅，那我们说的建立环境友好型、资源节约型社会就会完全落空了。一个是资源产品价格改革。物价涨幅稍微缩小以后，应该抓紧资源产品价格的改革。道理很简单，市场经济最大的优点就是优化资源配置，优化资源配置一个最根本的条件就是资源的价格信号要准确才能优化，否则根本是扭曲的怎么优化？所以，一旦有条件、有可能，就应该抓紧推进资源产品价格的改革。

　　——卓元先生说，"十年人均收入翻一番，既不难也不易"。2013 年 3 月 27 日，卓元先生在接受《深圳特区报》采访时，针对十八大报告提出的"到 2020 年，城乡居民人均收入比 2010 年翻一番"，给出了一个经济学家的特殊见解。他说，"十年翻一番"，意味着每年城乡居民收入的实际增长速度需要达到 7.2%，要实现这个指标，既不难，也不易。说不难，从指标看，我们完全有能力实现这个目标，目标设定是合理的。因为按可比价格计算，过去 10 年城乡居民收入年均增长分别为 9.5% 和 7.4%，过去 30 年城乡居民收入年均增长均为 7.4%。如果继续保持过去 30 年的平均增长速度，城乡居民收入翻一番，是完全可以实现的。因为，我国经济发展的动力和潜力都还很大，这也充分考虑了未来一段时间我国经济增长和老百姓生活改善的新格局。我国人均收入起点比较低，增收潜力很大，特别是十八大报告中明确提出要千方百计增加居民收入，着力调整收入分配关系。我国现在更有条件实现人均收入年均增速 7% 左右的预期指标。说不易，是因为过去低水平下收入的快速增长相对容易，在收入水平逐步提高后，再保持同样的速度，需要付出更大的努力。要实现收入倍增的目标，要全面建成小康社会，任务十分艰巨，必须以更大的政治勇气和智慧，不失时机深化重要领域改革并取得重大突破。

　　……

窗外已是人间四月天。漫天的柳絮，满园的烂漫，一如我的心绪，如释重负后的释然。一年多的精心准备、两个多月的紧张写作，卓元先生牵引着我走过了共和国的一个又一个编年，引导着我品读了一轴又一轴的共和国画卷，也结识了一位又一位中国经济学界的智者名贤。

附录1　张卓元主要著作、论文和文章

主要著作：

1. 《社会主义经济中的价值·价格·成本和利润》，中国社会科学出版社，1983年。

2. 《论孙冶方社会主义经济理论体系》（与孙尚清、冒天启合著），中国社会科学出版社，1985年。

3. 《社会主义价格理论与价格改革》，中国社会科学出版社，1987年。

4. 《张卓元选集》，山西人民出版社，1987年。

5. 《论我国社会主义有计划的商品经济模式》，江苏人民出版社，1988年。

6. 《中国价格结构研究》（与李晓西、边勇壮、石小抗合著），山西人民出版社、中国社会科学出版社，1988年。

7. 《中国价格模式转换的理论与实践》（主编），中国社会科学出版社，1990年。

8. 《社会主义流通经济研究》（与王绍飞共同主编），中国社会科学出版社，1993年。

9. 《市场经济概论》（与李晓西、房汉廷合著），北京工业大学出版社，1994年。

10. 《论中国价格改革与物价问题》，经济管理出版社，1995年。

11. 《论稳健的宏观经济政策与市场化改革》，经济管理出版社，1995年。

12. 《新价格模式的建立与市场发育的关系》（主编），经济管理出版社，1996年。

13. 《面对发展之春》，中国发展出版社，1999 年。

14. 《政治经济学大辞典》（主编），经济科学出版社，1999 年。

15. 《论争与发展：中国经济理论 50 年》（主编），云南人民出版社，1999 年。

16. 《中国改革开放经验的经济学思考》（主编），经济管理出版社，2000 年。

17. 《21 世纪中国经济问题专家谈》（主编），河南人民出版社，2000 年。

18. 《论中国所有制改革》（与胡家勇、刘学敏合著），江苏人民出版社，2001 年。

19. 《新世纪新阶段中国经济改革》，经济管理出版社，2004 年。

20. 《张卓元文集》，上海辞书出版社，2005 年。

21. 《张卓元改革论集》，中国发展出版社，2008 年。

22. 《中国国有企业改革 30 年回顾与展望》（与郑海航共同主编），人民出版社，2008 年。

23. 《中国经济学 30 年（1978～2008）》（主编），中国社会科学出版社，2008 年。

24. 《中国经济学 60 年（1949～2009）》（主编），中国社会科学出版社，2009 年。

25. 《张卓元文选》，中国时代经济出版社，2010 年。

26. 《新中国经济学史纲（1949～2011）》，中国社会科学出版社，2012 年。

27. 《中国经济转型论集》，中国社会科学出版社，2013 年。

主要论文及文章：

1. 张卓元：《试论社会主义制度下价值规律的作用》，《中南财经学院学报》1954 年第 2 期。

2. 张卓元：《关于农产品成本调查和计算的若干方法问题的探讨》，《经济研究》1961 年第 8 期。

3. 张卓元：《关于社会主义经济核算的几个问题的探讨》，《经济研究》1961 年第 11 期。

4. 张卓元：《关于农产品成本计算方法的几个问题》，《经济研究》1962 年第 2 期。

5. 张卓元：《对"价值是生产费用对价值的关系"的初步探讨》，《光明日报》1962 年 11 月 26 日。

6. 张卓元：《社会主义制度下价格形成的几个问题》，《江汉学报》1962 年第 8 期。

7. 张卓元：《关于商品总价格和总价值的关系问题》（发表时署名言真），《学术月刊》1963 年第 1 期。

8. 张卓元：《关于社会必要劳动的几个问题》，《江汉学报》1963 年第 4 期。

9. 邝日安、赵效民、王庆令、张卓元、何振一：《试论国营工业企业实行严格经济核算问题》，《经济研究》1963 年第 8 期。

10. 张卓元：《试论劳动生产率与价值、价格形成的关系》，《经济研究》1964 年第 1 期。

11. 何建章、张卓元：《试论社会主义经济中的生产价格》，《经济研究》1964 年第 5 期。

12. 邝日安、张卓元：《略论社会主义经济中的利润》，《经济研究》1978 年第 7 期。

13. 何建章、邝日安、张卓元：《社会主义经济中资金利润率和生产价格问题》，《经济研究》1979 年第 1 期。

14. 李成瑞、张卓元：《关于高速度进行社会主义现代化建设的几个问题》，《经济研究》1979 年第 2 期。

15. 孙尚清、张卓元、陈吉元：《试评我国经济学界三十年来关于商品、价值问题的讨论》，《经济研究》1979 年第 10 期。

16. 李成瑞、张卓元：《全面安排待业人员充分利用劳动力资源——兼论人口理论研究中的若干问题》，《经济研究》1980 年第 8 期。

17. 张卓元、邢俊芳：《坚持计划经济下的市场调节》，《财贸经济》1981 年第 5 期。

18. 何建章、张卓元：《社会主义经济模式的选择与价格体制的改革》，《财贸经济》1981 年第 6 期。

19. 晓亮、陈吉元、张卓元：《试评三年多来政治经济学的争论——〈政治经济学争论〉代前言》，《经济理论与经济管理》1981 年第 1 期。

20. 何建章、张卓元：《当前我国经济效果低的主要原因何在?》，《经济理论与经济管理》1981 年第 4 期。

21. 张卓元：《走发展国民经济的新路子》，《财会通讯》1981 年 9 期。

22. 张卓元、邢俊芳：《发挥社会主义计划经济的优越性》，《经济研究》1981 年第 9 期。

23. 何建章、张卓元：《计划市场价格》，《计划经济研究》1981 年第 33 期。

24. 何建章、邝日安、张卓元：《经济体制改革要求以生产价格作为工业品订价的基础》，《中国社会科学》1981 年第 1 期。

25. 项启源、张卓元、田江海：《坚持计划经济是提高经济效果的根本保证》，《经济研究》1982 年第 7 期。

26. 张卓元：《调整我国产业结构要按生产力发展规律办事》，《经济研究》1982 年第 11 期。

27. 张卓元：《怎样使企业真正关心成本、提高经济效果》，《会计研究》1982 年第 3 期。

28. 何建章、张卓元：《关于价格体制改革的一些设想》，《价格理论与实践》1982 年第 3 期。

29. 张卓元：《卓越的理论贡献深邃的思想启迪——孙冶方社会主义流通理论评介》，《财贸经济》1983 年第 7 期。

30. 孙尚清、吴敬琏、张卓元、林青松、霍俊超、冒天启：《试论孙冶方的社会主义经济理论体系》，《经济研究》1983 年第 1 期。

31. 孙尚清、吴敬琏、张卓元、林青松、霍俊超、冒天启：《评孙冶方的经济改革设想和经济政策建议》，《经济研究》1983 年第 2 期。

32. 刘国光、张卓元、冒天启：《孙冶方经济体制改革理论的几个问题》，《经济研究》1983 年第 8 期。

33. 张卓元：《学习毛泽东同志关于价值规律的论述妥善进行价格体系的改革》，《经济研究》1983 年第 12 期。

34. 张卓元：《关键在于提高经济活动的效果》，《财政》1983 年第 5 期。

35. 张卓元：《对传统的社会主义经济理论的严重挑战——评介孙冶方的社会主义经济理论体系》，《经济科学》1983 年第 2 期。

36. 孙尚清、吴敬琏、张卓元、林青松、冒天启、霍俊超：《试论孙冶方的社会主义经济理论体系》，《中国社会科学》1983 年第 3 期。

37. 张卓元：《社会主义流通是独立的经济过程——孙冶方关于社会主义流通概念研究》，《财贸经济》1984 年第 6 期。

38. 张卓元：《社会主义流通理论研究面临新的重大课题——读〈中共中央关于经济体制改革的决定〉》，《财贸经济》1984 年第 12 期。

39. 张卓元：《改革经济体制首先要重视价值规律的作用》，《经济与管理研究》1985 年第 3 期。

40. 张卓元：《加强社会主义流通理论研究——孙冶方社会主义流通理论讨论会开幕词》，《财贸经济》1985 年第 1 期。

41. 张卓元：《更好地发挥中心城市的流通中心作用——第三次全国中心城市经济理论讨论会开幕词》，《财贸经济》1985 年第 8 期。

42. 张卓元、张魁峰、石建设：《社会主义商品价格学》，《财贸经济》1985 年第 8 期。

43. 张卓元、张魁峰、石建社：《〈社会主义商品价格学〉第二章商品价格体系》，《财贸经济》1985 年第 9 期。

44. 张卓元、张魁峰、程明德：《〈社会主义商品价格学〉第三章商品价格构成》，《财贸经济》1985 年第 10 期。

45. 张卓元：《开展第三产业经济理论问题的研究——在全国第三产业经济理论讨论会上的开幕词》，《财贸经济》1985 年第 11 期。

46. 张卓元、张魁峰、程明德、杨洹：《社会主义商品价格学》，《财贸经济》1985 年第 11 期。

47. 张卓元、张魁峰、杨洹、石建社：《社会主义商品价格学》，

《财贸经济》1985 年第 12 期。

48. 张卓元：《改革时期控制物价总水平研究》，《经济体制改革》1985 年第 6 期。

49. 张卓元：《社会主义政治经济学的新篇章——读孙冶方著〈社会主义经济论稿〉》，《经济研究》1985 年第 8 期。

50. 张卓元：《论社会主义商品经济》，《经济科学》1985 年第 1 期。

51. 张卓元：《价格改革的理论基础与若干条件》，《价格理论与实践》1985 年第 3 期。

52. 张卓元：《谈谈建立买方市场的必要性》，《计划工作动态》1986 年第 11 期。

53. 张卓元：《匈牙利和我国价格改革的比较——从奇科什谈匈牙利价格改革产生的联想》，《经济社会体制比较》1986 年第 6 期。

54. 刘国光、张卓元：《对社会主义国家经济体制改革新目标模式的评述》，《世界经济》1986 年第 2 期。

55. 张卓元：《论价格体制从直接管理向间接管理转变》，《财贸经济》1986 年第 7 期。

56. 张卓元：《社会主义价格理论与价格管理体制改革》，《管理世界》1986 年第 1 期。

57. 张卓元：《改革市场环境、促进商品经济发展》，《经济体制改革》1986 年第 6 期。

58. 张卓元、边勇壮：《对社会主义商品经济的再认识》，《北京社会科学》1986 年第 3 期。

59. 张卓元：《价格改革要在保持市场物价基本稳定的条件下进行》，《广州市财贸管理干部学院学报》1986 年第 2 期。

60. 张卓元：《价格改革要在控制物价总水平上升幅度的条件下进行》，《价格理论与实践》1986 年第 3 期。

61. 张卓元、吴敬琏：《亚洲三国发展的经验——世界银行曼谷"计划和市场研讨会"述评》，《经济社会体制比较》1987 年第 4 期。

62. 张卓元：《八年来价格改革的评价与展望》，《北京商学院学报》1987 年第 3 期。

63. 张卓元、边勇壮：《价格改革仍然是经济体制改革的关键——兼与厉以宁同志商榷》，《商业研究》1987 年第 2 期。

64. 张卓元：《评近年来关于价格改革若干问题的争论》，《中南财经大学学报》1987 年第 4 期。

65. 张卓元：《建立和完善社会主义市场体系促进商品经济的发展》，《财贸经济》1987 年第 1 期。

66. 张卓元、赵一新、李晓西、潘恩琦：《南斯拉夫通货膨胀问题考察报告》，《财贸经济》1987 年第 3 期。

67. 张卓元：《价格改革规律性探索》，《江汉论坛》1987 年第 8 期。

68. 张卓元、吕福新：《从八年经济体制改革看价格改革的地位和作用》，《商业经济与管理》1987 年第 4 期。

69. 张卓元：《加强市场问题研究推动经济体制改革——〈社会主义市场体系概论〉序》，《财贸经济》1988 年第 1 期。

70. 张卓元、刘溶沧：《稳定经济和深化改革的双向协同构想》，《财贸经济》1988 年第 2 期。

71. 吴叔涟、张卓元、周叔莲：《吴叔涟、张卓元、周叔莲评〈西方管理思想史〉》，《中国图书评论》1988 年第 4 期。

72. 张卓元、王振之、杨圣明、温桂芳：《深化生产资料价格改革》，《中国物资流通》1988 年第 4 期。

73. 张卓元、王振之、杨圣明、温桂芳：《深化生产资料价格改革（续）》，《中国物资流通》1988 年第 5 期。

74. 张卓元：《价格改革的主要难点与出路》，《学习与研究》1988 年第 7 期。

75. 张卓元：《搞活流通、促进农村生产的发展》，《农村经济与社会》1988 年第 1 期。

76. 张卓元：《农产品价格改革的若干设想》，《农村经济与社会》1988 年第 5 期。

77. 张卓元：《财政政策要为经济的稳定和协调发展服务》，《财政》1988 年第 2 期。

78. 张卓元：《在通货膨胀条件下能否理顺价格关系》，《价格理论与实践》1988 年第 7 期。

79. 张卓元：《消除通货膨胀、为价格改革创造良好环境》，《价格理论与实践》1988 年第 1 期。

80. 张卓元：《体制改革和经济发展应稳中求进》，《中国计划管理》1989 年第 1 期。

81. 张卓元、冒天启、温桂芳：《价格改革已排上日程、但举步艰难——访苏考察报告》，《经济社会体制比较》1989 年第 1 期。

82. 张卓元：《价格理论突破有力地推动着价格改革前进——纪念党的十一届三中全会召开十周年》，《财贸经济》1989 年第 1 期。

83. 张卓元：《当前治理通货膨胀中的矛盾和对策设想》，《财贸经济》1989 年第 5 期。

84. 张卓元：《继续治理通货膨胀伺机改善价格结构》，《经济研究》1989 年第 12 期。

85. 张卓元：《稳中求进还是改中求进》，《数量经济技术经济研究》1989 年第 2 期。

86. 张卓元：《十年价格改革最主要的经验与教训》，《中国物价》1989 年第 4 期。

87. 张卓元：《推进宏观调控和流通环节改革》，《改革》1989 年第 5 期。

88. 张卓元：《经济发展和改革都要稳中求进》，《中国物资经济》1990 年第 1 期。

89. 张卓元：《宏观经济计划控制微观经济市场调节》，《中国工商》1990 年第 8 期。

90. 张卓元：《坚持治理整顿要和深化改革结合起来》，《财贸经济》1990 年第 1 期。

91. 刘国光、张卓元、戴园晨、杜海燕、忻文、郭晋刚、仲济垠：《在治理整顿基础上进一步深化改革的思考》，《财贸经济》1990 年第 3 期。

92. 张卓元：《中国价格改革的艰难历程与光明前景》，《财贸经济》1990 年第 7 期。

93. 张卓元、赵一新：《探索求实创新——评〈黄达选集〉的几个特点》，《财贸经济》1990 年第 11 期。

94. 张卓元：《九十年代我国价格改革的基本思路》，《财贸经济》1990 年第 12 期。

95. 张卓元：《抓住时机推进改革》，《经济研究》1990 年第 8 期。

96. 张卓元：《1989 年价格理论研究的进展》，《中国物价》1990 年第 5 期。

97. 张卓元：《有计划商品经济与市场取向改革》，《改革》1990 年第 2 期。

98. 张卓元：《在继续治理整顿中推进改革》，《改革》1990 年第 4 期。

99. 张卓元：《1992 年经济发展展望》，《中国工业经济研究》1991 年第 12 期。

100. 张卓元：《社会主义实践与社会主义商品理论的发展——〈社会主义有计划商品经济理论问题研究〉序》，《中南财经大学学报》1991 年第 2 期。

101. 张卓元：《保持宏观经济稳定　推进市场取向改革》，《财贸经济》1991 年第 6 期。

102. 张卓元：《〈第三产业经济学〉序》，《财贸经济》1991 年第 8 期。

103. 张卓元、任建平：《收入极大化：经济导向目标及其缺陷——从一个侧面看"一切向钱看"的谬误》，《财贸经济》1991 年第 12 期。

104. 薛暮桥、吴敬琏、张卓元等：《九十年代中国的改革与发展——本刊创刊五周年笔谈会》，《管理世界》1991 年第 1 期。

105. 张卓元：《在保持宏观经济稳定的前提下推进价格改革》，《价格理论与实践》1991 年第 2 期。

106. 张卓元：《价格改革要抓时机　现在是个时机》，《价格理论与实践》1991 年第 1 期。

107. 张卓元：《优先稳定经济加快改革步伐》，《改革》1991 年第 2 期。

108. 张卓元：《按市场经济的要求搞好价格体制改革》，《瞭望周刊》1992 年第 47 期。

109. 刘明夫、徐雪寒、董辅礽、张卓元、王绍飞、赵人伟、吴家骏、万典武、陈共、胡季、李剑阁：《深化改革扩大开放建设有中国特色的社会主义经济（笔谈）》，《财贸经济》1992 年第 5 期。

110. 张卓元：《为发展社会主义市场经济而努力》，《财贸经济》1992 年第 8 期。

111. 张卓元：《中国经济改革理论三步曲：商品经济论、市场取向论、市场经济论》，《财贸经济》1992 年第 11 期。

112. 张卓元：《建立和健全市场价格体制》，《经济学家》1992 年第 3 期。

113. 张卓元：《〈中心城市综合改革论〉序》，《经济学家》1992 年第 5 期。

114. 张卓元：《市场经济有利于提高人民消费水平》，《消费经济》1992 年第 Z1 期。

115. 张卓元：《论中国的价格改革》，《安徽大学学报》1992 年第 2 期。

116. 张卓元：《搞好经济预测提高决策的科学性——评经济蓝皮书〈1992 年：中国经济形势分析与预测〉》，《中国图书评论》1992 年第 3 期。

117. 张卓元：《关于发展社会主义市场经济的几点认识》，《学习与研究》1992 年第 Z1 期。

118. 张卓元：《建立市场价格体制促进社会主义市场经济发展》，《中国经济体制改革》1992 年第 8 期。

119. 张卓元：《继续实施稳健的宏观经济政策》，《经济研究》1992 年第 1 期。

120. 张卓元：《九十年代需重点推进要素价格改革》，《经济研究》1992 年第 11 期。

121. 张卓元：《按照市场经济和扩大开放的要求拓宽价格改革的视野》，《开放导报》1992 年第 1 期。

122. 张卓元：《中国市场体系发育的现状与前景》，《华东经济管理》1992 年第 2 期。

123. 张卓元：《努力建立竞争性市场体制》，《中国工商管理研究》1992 年第 1 期。

124. 邹向群、张卓元、杨圣明、杨鲁、王永治、李晓西、章慎义、杨东辉、毕井泉：《加快改革步伐促进经济发展——学习邓小平重要论述座谈会发言摘要》，《中国物价》1992 年第 4 期。

125. 张卓元：《推动以市场为取向的价格改革》，《价格理论与实践》1992 年第 5 期。

126. 张卓元：《应强调改革开放同社会主义方向的一致性》，《改革》1992 年第 3 期。

127. 刘国光、高尚全、孙尚清、许行贯、张卓元、杜岩、乔刚、戴园晨、纪宝成：《权威人士谈流通》，《中国商贸》1992 年第 1 期。

128. 张卓元：《社会主义市场经济与价格改革》，《中国工业经济研究》1993 年第 7 期。

129. 张卓元：《重温孙冶方的"千规律万规律价值规律第一条"——纪念孙冶方同志逝世十周年》，《财贸经济》1993 年第 7 期。

130. 张卓元：《论培育和发展统一、开放、竞争、有序的市场体系》，《财贸经济》1993 年第 10 期。

131. 张卓元等：《中国社会主义市场经济发展问题笔谈会》，《管理世界》1993 年第 1 期。

132. 张卓元：《建立社会主义市场经济与中心城市综合改革——〈中心城市综合改革论〉序》，《经济体制改革》1993 年第 1 期。

133. 张卓元：《加快社会主义市场经济体制建设》，《改革》1993 年第 1 期。

134. "中国省际贸易与省际投资"课题组、张卓元、陶琲：《中国国内市场发展研究：省际投资与省际贸易格局》，《中国商业经济学会：全国市场经济与商业发展理论研讨会论文集》，中国商业经济学会，1993 年第 6 期。

135. 张卓元等：《学习〈中共中央关于建立社会主义市场经济体制若干问题的决定〉笔谈》，《财贸经济》1994 年第 1 期。

136. 张卓元：《高度重视当前通货膨胀问题》，《财贸经济》1994 年第 5 期。

137. 张卓元、杨圣明、谷源洋、温桂芳：《中越经济改革对比与启示——越南经济改革考察报告》，《经济社会体制比较》1994 年第 2 期。

138. 张卓元：《通胀势头较猛调控难度增大》，《经济学动态》1994 年第 6 期。

139. 张卓元：《评夏兴园教授主编的〈地下经济学概论〉》，《经济学动态》1994 年第 11 期。

140. 张卓元：《坚持不懈地治理通货膨胀》，《求是》1994 年第 21 期。

141. 张卓元：《密切注视今年通货膨胀和物价上涨的态势》，《改革》1994 年第 2 期。

142. 张卓元：《论〈决定〉对我国经济体制改革的重大意义》，《商业经济研究》1994 年第 4 期。

143. 张卓元：《谈发展生产要素市场》，《经济工作通讯》1994 年第 8 期。

144. 张卓元：《坚持不懈地治理通货膨胀》，《经济工作通讯》1994 年第 21 期。

145. 张卓元：《深化价格改革是培育和发展市场体系的关键》，《江南论坛》1994 年第 3 期。

146. 张卓元：《货币供应增长率应控制在比 GNP 增长率高一倍以内》，《中国工业经济研究》1994 年第 5 期。

147. 张卓元：《发展市场体系深化价格改革》，《中国工业经济研究》1994 年第 7 期。

148. 张卓元、杨圣明、谷源洋、温桂芳：《越南经济改革已初见成效》，《世界经济与政治》1994 年第 4 期。

149. 张卓元：《宏观调控难度加大治理通胀困难重重——1995 年经济展望》，《财贸经济》1995 年第 2 期。

150. 张卓元：《1995 年和九·五期间物价趋势》，《财贸经济》1995 年第 6 期。

151. 孙尚清、陈清泰、王仕元、邓鸿勋、杨启先、塞风、魏杰、陆百甫、张卓元、李琮、严瑞珍、杨纪珂：《中国市场经济新体制的完善与经济发展》，《管理世界》1995 年第 1 期。

152. 张卓元：《价格学科建设有力地推动了价格改革进程》，《价格理论与实践》1995 年第 4 期。

153. 张卓元、王松霈：《当代中国的绿色道路——市场经济条件下生态经济协调发展论评介》，《经济学动态》1995 年第 7 期。

154. 张卓元：《中国经济有望实现"软着陆"》，《经济研究》1995 年第 10 期。

155. 张卓元：《按月公布各地物价指数办法似需斟酌》，《改革》1995 年第 2 期。

156. 张卓元：《既要经济增长又要控制物价——著名经济学家张卓元论经济增长速度和物价上涨的关系》，《价格与市场》1995 年第 8 期。

157. 张卓元等：《加快建立中国商业银行体系——经济、金融专家谈商业银行改革》，《新金融》1995 年第 1 期。

158. 张卓元、张荣庆：《中国价格改革纵深谈——中国社科院经济研究所所长张卓元访谈录》，《首都经济》1995 年第 10 期。

159. 张卓元：《国企改革：世纪末攻坚战》，《企业改革与管理》1995 年第 12 期。

160. 张卓元：《协调认识科学规划多方试验积极推进国有企业改革》，《经济管理》1995 年第 4 期。

161. 张卓元：《发挥优势突出重点快速发展》，《珠江经济》1995 年第 11 期。

162. 张卓元：《制约中国经济发展的十个问题》，《经济与信息》1995 年第 4 期。

163. 张卓元：《"九五"期间应着力使经济转入良性循环》，《财贸经济》1996 年第 5 期。

164. 张卓元：《〈市场结构与有效竞争〉评介》，《财贸经济》1996 年第 8 期。

165. 张卓元：《经济"软着陆"后仍应严格控制物价涨幅》，《价格理论与实践》1996 年第 10 期。

166. 张卓元：《对转轨期中国经济重大问题的有益探索——评〈中国人民大学经济研究报告〉》，《经济理论与经济管理》1996 年第 3 期。

167. 张卓元：《农产品流通与价格研究的新进展——〈中国农产品流通体制与价格制度〉评介》，《经济学动态》1996 年第 6 期。

168. 张卓元：《对社会主义客观经济规律的成功探索——读〈薛暮桥回忆录〉》，《经济研究》1996 年第 11 期。

169. 张卓元、吴敬琏、杨茂春：《从现收现付到个人基金账户——智利养老金制度改革调查报告》，《改革》1996 年第 4 期。

170. 张卓元：《对今年经济形势的若干判断》，《冶金财会》1996 年第 8 期。

171. 张卓元：《"九·五"三要点》，《中国社会科学院研究生院学报》1996 年第 4 期。

172. 张卓元：《既要保持较高速度又要追求较好效益》，《市场经济导报》1996 年第 4 期。

173. 张卓元：《必须理顺产业利润率利息率、物价上涨率三者关系》，《经济研究参考》1996 年第 8 期。

174. 张卓元：《经济"软着陆"后仍要在稳定中求发展》，《经济管理》1996 年第 11 期。

175. 张卓元：《深化改革、促进经济持续稳定增长——在全国（柳州）首届企业可持续发展研讨会上的学术报告》，《改革与战略》1997 年第 5 期。

176. 张卓元：《深化改革、促进 1997 年经济稳定增长》，《管理世界》1997 年第 1 期。

177. 张卓元：《以改革为根本动力促进经济持续稳定增长》，《价格理论与实践》1997 年第 10 期。

178. 张卓元：《市场价格形成与运行的重要保证——写在〈价格法〉出台之际》，《价格理论与实践》1997 年第 12 期。

179. 张卓元：《迈向 21 世纪中国宏观经济管理体系》，《经济改革与发展》1997 年第 6 期。

180. 张卓元：《公有制为主体、多种所有制经济共同发展是我国现阶段的基本经济制度》，《经济学动态》1997 年第 10 期。

181. 张卓元：《改革开放以来我国经济理论研究的回顾与展望》，《经济研究》1997 年第 6 期。

182. 张卓元：《十五大报告对社会主义经济理论的重要贡献》，《经济研究》1997 年第 10 期。

183. 张卓元、郑红亮：《如何使现代企业制度试点取得突破》，《改革》1997 年第 1 期。

184. 张卓元、徐林发：《梯度推进的经济建设蓝图——评〈珠江三角洲经济区规划研究〉》，《学术研究》1997 年第 9 期。

185. 张卓元：《国有经济应适当收缩》，《调研世界》1997 年第 3 期。

186. 张卓元：《1997：物价仍要严控》，《江南论坛》1997 年第 1 期。

187. 张卓元：《国有企业改革日显紧迫》，《企业改革与管理》1997 年第 3 期。

188. 张卓元：《学习贯彻十五大精神笔谈　加快国有企业改革步伐》，《企业改革与管理》1997 年第 10 期。

189. 张卓元：《深化改革促进经济持续稳定增长》，《新视野》1997 年第 6 期。

190. 张卓元：《迈向 21 世纪的中国宏观经济管理体系》，《中外管理导报》1997 年第 3 期。

191. 张卓元：《中国经济理论研究面临的三大课题》，《经济研究参考》1997 年第 75 期。

192. 张卓元：《坚持以公有制为主体》，《经济研究参考》1997 年第 85 期。

193. 张卓元：《公有制为主体、多种所有制经济共同发展是我国现阶段的基本经济制度》，《经济研究参考》1997 年第 85 期。

194. 张卓元：《改革开放以来我国经济理论研究的回顾与展望》，《燧石》1997 年第 1 期。

195. 张卓元：《国有经济的准确定位》，《经济与信息》1997 年第 12 期。

196. 张卓元：《国有企业改革是关键》，《经济与信息》1997 年第 1 期。

197. 张卓元：《中国 20 年经济体制改革的成效与展望》，《中国工业经济》1998 年第 11 期。

198. 张卓元：《典型分析和综合创新的有益探索》，《管理世界》1998 年第 3 期。

199. 张卓元：《公正的论证智慧的结晶》，《经济学动态》1998 年第 11 期。

200. 张卓元：《中国经济体制改革的总体回顾与展望》，《经济研究》1998 年第 3 期。

201. 张卓元：《从计划经济体制向社会主义市场经济体制的大跨越》，《经济研究》1998 年第 11 期。

202. 张卓元：《国有企业的公司制改革和资产重组》，《中国特色社会主义研究》1998 年第 1 期。

203. 张卓元：《社会主义市场经济论——中国改革开放 20 年经济理论研究主要成果》，《中国党政干部论坛》1998 年第 7 期。

204. 张卓元：《中国 20 年经济体制改革的成效与展望》，《中国经贸导刊》1998 年第 24 期。

205. 张卓元：《应重视对隐形就业问题研究——〈隐形就业新论〉序言》，《中南财经大学学报》1998 年第 1 期。

206. 张卓元：《〈价格法〉是市场价格形成与运行的重要保证》，《价格与市场》1998 年第 3 期。

207. 张卓元：《国有经济定位与国有企业改革》，《企业改革与管理》1998 年第 6 期。

208. 张卓元：《非公有制经济发展很难动摇公有制主体地位》，《中国改革》1998 年第 1 期。

209. 张卓元：《中国经济体制改革 20 年的总体回顾与展望》，《中共山西省委党校学报》1998 年第 6 期。

210. 张卓元：《充分发挥市场机制作用》，《中外企业家》1998 年第 2 期。

211. 张卓元等：《中国的国有企业改革与公共政策变迁》，《财贸经济》1999 年第 2 期。

212. 张卓元：《国企改革出路何在？——专家观点摘编》，《改革与理论》1999 年第 9 期。

213. 张卓元：《国企摒弃"翻牌"真正按公司化运作是一大难题》，《改革与理论》1999 年第 Z4 期。

214. 张卓元：《十五大报告的具体化和新发展》，《经济研究》1999 年第 10 期。

215. 张卓元：《所有制结构的重大调整和公有制实现形式的大胆探索》，《求是》1999 年第 2 期。

216. 张卓元：《为什么要对国有大中型企业实行规范的公司制改革？》，《前线》1999 年第 10 期。

217. 张卓元：《怎样建立有效的国有资产管理、监督和营运体系？》，《前线》1999 年第 10 期。

218. 张卓元：《建立法人治理结构是国企公司制改革的核心》，《企业改革与管理》1999 年第 9 期。

219. 张卓元：《国有企业改革——二十一世纪初中国经济改革的主题》，《新视野》1999 年第 4 期。

220. 张卓元：《国有经济在社会主义市场经济中的准确定位》，《经济研究参考》1999 年第 35 期。

221. 张卓元：《社会主义市场经济条件下政府职能转换和公共政策选择》，《经济研究参考》1999 年第 35 期。

222. 张卓元：《建立现代企业制度的若干问题》，《金融信息参考》1999 年第 10 期。

223. 张卓元：《新高度新概括新发展——学习中共十五届四中全会决定答问》，《中国城市经济》1999 年第 2 期。

224. 张卓元：《庆祝〈财贸经济〉创刊 20 周年笔谈——面向新世纪改革仍需迈大步》，《财贸经济》2000 年第 4 期。

225. 张卓元、路遥：《以调整经济结构为主线促进经济发展》，《当代财经》2000 年第 10 期。

226. 张卓元：《〈中国国有企业改革与发展研究〉评介》，《中国工业经济》2000 年第 7 期。

227. 张卓元：《新世纪中国经济体制改革断想》，《江海学刊》2000 年第 4 期。

228. 张卓元：《深化改革扩大开放促进经济结构调整》，《宏观经济研究》2000 年第 12 期。

229. 张卓元：《专家学者谈国有企业改革与经济结构调整（二）》，《中国经贸导刊》2000 年第 8 期。

230. 张卓元：《一位新兴经济学科学者的足迹——〈刘思华选集〉》，《中南财经大学学报》2000 年第 5 期。

231. 张卓元：《国企改革仍需迈大步》，《企业改革与管理》2000 年第 7 期。

232. 张卓元：《21 世纪初中国经济体制改革的重点与难点》，《上海行政学院学报》2000 年第 4 期。

233. 张卓元：《面向新世纪改革仍需迈大步》，《唯实》2000 年第 6 期。

234. 张卓元：《改革·发展·21 世纪——面向新世纪的改革与发展》，《新视野》2000 年第 4 期。

235. 张卓元：《〈对外直接投资比较优势〉书评》，《浙江学刊》2000 年第 1 期。

236. 张卓元：《"十五"规划与中国经济未来》，《中国社会科学院研究生院学报》2000 年第 5 期。

237. 张卓元：《经济学家张卓元说金融要支持民营高科技企业》，《领导决策信息》2000 年第 26 期。

238. 张卓元：《金融要支持民营高科技企业》，《厂长经理日报》2000 年 6 月 22 日。

239. 张卓元：《我国经济为何出现新的转机》，《安徽经济报》2000 年 8 月 21 日。

240. 张卓元：《进入新世纪中国经济继续看好》，《价格理论与实践》2001 年第 1 期。

241. 张卓元：《新世纪国企改革面临的六大问题及深化改革设想》，《经济学动态》2001 年第 10 期。

242. 张卓元：《新世纪国企改革面临的六大问题及深化改革设想》，《经济学家》2001 年第 6 期。

243. 张卓元：《社会主义市场经济论：靠深化改革立论》，《经济研究》2001 年第 7 期。

244. 张卓元、路遥：《价格改革面临的新问题与深化改革》，《中国物资流通》2001 年 12 期。

245. 张卓元：《深化改革扩大开放促进经济结构调整》，《北京工业大学学报》（社会科学版）2001 年第 2 期。

246. 张卓元：《进一步提高我国国民经济的市场化程度》，《中国工商管理研究》2001 年第 1 期。

247. 张卓元：《深化改革扩大开放促进经济结构调整（一）》，《中国机电工业》2001 年第 21 期。

248. 张卓元：《深化改革扩大开放促进经济结构调整（二）》，《中国机电工业》2001 年第 22 期。

249. 张卓元、施雪华：《经济结构调整要依靠市场机制》，《经济界》2001 年第 2 期。

250. 张卓元：《模拟民营企业运行是搞好搞活国有企业的重要途径》，《江南论坛》2001 年第 3 期。

251. 张卓元：《进一步提高国民经济市场化程度》，《南京社会科学》2001 年第 1 期。

252. 张卓元：《“主线”中的战略思维》，《企业改革与管理》2001 年第 2 期。

253. 张卓元：《更有序地全面推进经济体制改革》，《港口经济》2001 年第 3 期。

254. 张卓元：《国企改革仍然任重道远》，《经济工作导刊》2001 年第 4 期。

255. 张卓元：《“入世”之初要啃三块硬骨头》，《领导决策信息》2001 年第 4 期。

256. 张卓元：《富有创见的理论探究——〈中国双层经济管理体制改革研究〉推介》，《群众》2001 年第 6 期。

257. 张卓元：《以“入世”为契机加快推进改革》，《山西经济日报》2001 年 8 月 14 日第 006 版。

258. 张卓元：《积极深化价格市场化改革》，《中国消费者报》2001 年 7 月 3 日第 003 版。

259. 张卓元：《实现从二元经济结构向现代经济结构转变》，《中国经济快讯》2002 年第 14209 期。

260. 张卓元、毛立言：《科学的定位伟大的使命——关于社会主义初级阶段及其经济特征的思考》，《求是》2002 年第 8 期。

261. 张卓元：《经济体制改革要有新突破》，《中国党政干部论坛》2002 年第 12 期。

262. 张卓元：《21 世纪国有企业改革面临六大问题》，《广西经贸》2002 年第 5 期。

263. 张卓元：《新世纪前 20 年的战略任务——实现从二元经济结构向现代经济结构的转变及政策调整》，《港口经济》2002 年第 3 期。

264. 张卓元：《新世纪初深化体制改革的五大课题》，《江南论坛》2002 年第 1 期。

265. 张卓元：《重视苏南模式的创新研究——写在王家骏同志的〈苏南模式的创新〉出版之际》，《江南论坛》2002 年第 4 期。

266. 陈筠泉、李学勤、汪同三、夏勇、邢广程、袁靖、张卓元、郎樱、卓新平、马大正、沈家煊：《在江总书记考察中国社会科学院座谈会上专家学者的发言》，《社会科学管理与评论》2002 年第 3 期。

267. 张卓元：《关于中国市场竞争问题的几点思考》，《广东商学院学报》2002 年第 2 期。

268. 张卓元：《为何要对国有大中型企业实行公司制改革》，《石油企业管理》2002 年第 7 期。

269. 张卓元：《21 世纪国有企业改革面临六大问题》，《经济研究参考》2002 年第 7 期。

270. 张卓元：《依法规范价格行为》，《经济研究参考》2002 年第 23 期。

271. 张卓元：《十六大报告中的重要经济问题解读》，《领导决策信息》2002 年第 48 期。

272. 张卓元：《对外开放应首先对民间开放》，《领导决策信息》2002 年第 4 期。

273. 张卓元：《新世纪我国经济发展的几个重大问题》，《金融信息参考》2002 年第 9 期。

274. 张卓元、路遥：《实现从二元经济结构向现代经济结构转变是新世纪前 20 年战略任务》，《宏观经济研究》2002 年第 4 期。

275. 张卓元：《工业化和城市化是全面建设小康社会的中心任务》，《经济学动态》2002 年第 2 期。

276. 张卓元：《完善基本经济制度、改革国有资产管理体制》，《经济研究》2002 年第 12 期。

277. 李羚、赵晶、张卓元等：《加快国有资产管理体制改革》，《经理日报》2002 年 12 月 11 日。

278. 张卓元：《经济增长理论的新进展》，《光明日报》2002 年 6 月 20 日。

279. 张卓元：《走新型工业化道路》，《经济参考报》2002 年 11 月 27 日。

280. 张卓元：《继续调整产业结构和地区结构》，《经济参考报》2002 年 11 月 29 日。

281. 张卓元：《坚持和完善基本经济制度》，《经济参考报》2002

年 11 月 30 日。

282. 张卓元：《健全现代市场体系提高对外开放水平》，《经济参考报》2002 年 12 月 3 日。

283. 张卓元：《垄断行业应当积极引入竞争》，《人民日报》2002 年 12 月 23 日。

284. 张卓元：《全面建设小康社会需要研究解决的几个重大问题》，《光明日报》2002 年 9 月 17 日。

285. 张卓元：《国有资产应该怎么管》，《科技与企业》2003 年第 6 期。

286. 张卓元：《以完善为主题推进市场经济体制建设》，《山西日报》2003 年 12 月 2 日。

287. 张卓元：《国有企业改革理论的新突破》，《中国远洋报》2003 年 11 月 21 日。

288. 桂世镛、张卓元：《我国市场取向改革的实践与理论创新》，《经济参考报》2003 年 10 月 22 日。

289. 张卓元：《垄断行业怎样放宽市场准入引入竞争机制》，《人民日报》2003 年 11 月 8 日。

290. 张卓元：《国有资产管理机构怎样正确履行出资人职能》，《人民日报》2003 年 11 月 12 日。

291. 张卓元：《国有企业改革理论的新突破》，《人民日报》2003 年 11 月 17 日。

292. 张卓元：《创新国企改革的理论研究》，《新华日报》2003 年 2 月 6 日。

293. 张卓元：《繁荣区域经济》，《中华工商时报》2003 年 6 月 27 日。

294. 张卓元：《以完善为主题推进市场经济体制建设》，《光明日报》2003 年 12 月 16 日。

295. 张卓元、路遥：《积极推进国有企业改革》，《财经论丛》（浙江财经学院学报）2003 年第 1 期。

296. 张卓元：《国有资产管理体制改革的目标难点和途径》，《宏观经济研究》2003 年第 6 期。

297. 张卓元：《评〈转型经济学〉》，《经济学动态》2003 年第 11 期。

298. 张卓元、郑新立、陈锡文、江小涓、范恒山：《深化改革完善社会主义市场经济体制——学习十六届三中全会精神笔谈》，《经济研究》2003 年第 12 期。

299. 张卓元：《十六大报告中的重要经济问题解读》，《中国审计》2003 年第 4 期。

300. 张卓元：《健全现代市场体系是完善社会主义市场经济体制的重要环节》，《中国工商管理研究》2003 年第 4 期。

301. 张卓元：《经济发展要有新思路》，《江苏行政学院学报》2003 年第 1 期。

302. 张卓元：《深化国企改革发展混合所有制》，《中国科技产业》2003 年第 12 期。

303. 张卓元：《改革国有资产管理体制》，《平原大学学报》2003 年第 1 期。

304. 张卓元：《经济体制改革要有新突破（上）》，《中国流通经济》2003 年第 2 期。

305. 张卓元：《经济体制改革要有新突破（下）》，《中国流通经济》2003 年第 3 期。

306. 张卓元：《十六大报告提出经济领域需要研究的重大课题》，《中国社会科学院研究生院学报》2003 年第 2 期。

307. 张卓元：《国资改革要从大胆探索转向依法行事》，《领导决策信息》2003 年第 9 期。

308. 张卓元：《国企改革仍是中心环节》，《政工研究动态》2003 年第 23 期。

309. 张卓元：《［解读之二］十六届三中全会的两大亮点》，《经济月刊》2003 年第 11 期。

310. 张卓元：《为什么把奋斗目标确定为"全面建设小康社会"》，《金融信息参考》2003 年第 1 期。

311. 张卓元:《我国庞大的国有资产》,《金融信息参考》2003 年第 2 期。

312. 张卓元:《国有资产管理体制改革的目标、难点和途径》,《上海国资》2003 年第 5 期。

313. 张卓元:《简评〈产权经济学新论——产权效用·形式·配置〉》,《经济学动态》2003 年第 1 期。

314. 张卓元:《国有企业改革任重道远》,《中国社会科学院院报》2004 年 3 月 16 日。

315. 张卓元:《关于现代产权制度和国有企业改革》,《中国改革报》2004 年 1 月 17 日。

316. 张卓元:《发展是硬道理:科学发展观的基础》,《中国社会科学院院报》2004 年 8 月 17 日。

317. 张卓元、施雪华:《试探社会主义市场经济的特点与若干规律》,《光明日报》2004 年 10 月 12 日。

318. 张卓元:《倾力培育资产评估软环境》,《中国证券报》2004 年 4 月 13 日。

319. 张卓元:《期货研究领域的新突破——评〈期货论〉》,《中南财经政法大学学报》2004 年第 2 期。

320. 张卓元:《社会主义市场经济体制改革理论创新》,《江苏行政学院学报》2004 年第 1 期。

321. 张卓元:《国有企业改革仍然任重道远》,《中国经贸导刊》2004 年第 6 期。

322. 张卓元:《经济体制改革理论的新发展》,《山西财经大学学报》2004 年第 2 期。

323. 张卓元:《市场化改革催发我国流通业崛起》,《价格理论与实践》2004 年第 4 期。

324. 张卓元:《试探社会主义市场经济的特点与规律》,《宏观经济研究》2004 年第 7 期。

325. 张卓元:《充分发挥资产评估在市场经济中的作用》,《中国资产评估》2004 年第 4 期。

326. 张卓元：《发展民营经济是实现富民强国的必由之路》，《江南论坛》2004 年第 12 期。

327. 张卓元：《经济学家张卓元教授谈食品药品监管》，《中国药品监管》2004 年第 3 期。

328. 张卓元：《〈中国第三产业经济分析〉序》，《财贸经济》2004 年第 12 期。

329. 张卓元：《发展是硬道理：科学发展观的基础——学习邓小平关于发展问题论述的体会》，《中国城市经济》2004 年第 5 期。

330. 张卓元：《国企改革理论的新突破：明确股份制是公有制的主要实现形式》，《理论参考》2004 年第 2 期。

331. 张卓元：《深化国企改革发展混合所有制》，《理论参考》2004 年第 2 期。

332. 张卓元：《国企改革仍处于攻坚阶段》，《党政干部文摘》2004 年第 5 期。

333. 张卓元：《〈现代财富论〉评介》，《经济学动态》2005 年第 6 期。

334. 张卓元：《深化资源产品价格改革促进经济增长方式转变》，《鞍山日报》2005 年 10 月 17 日。

335. 张卓元：《锁定目标笔耕不辍》，《中国社会科学院院报》2005 年 2 月 8 日。

336. 张卓元：《转变经济增长方式主要靠改革》，《北京日报》2005 年 9 月 5 日。

337. 张卓元：《陈云综合平衡的经济思想》，《中国社会科学院院报》2005 年 6 月 16 日。

338. 张卓元：《转变经济增长方式保持经济平衡较快发展》，《中国社会科学院院报》2005 年 10 月 20 日。

339. 张卓元：《〈从经营国有企业到管理国有资产〉简评》，《光明日报》2005 年 8 月 3 日。

340. 张卓元：《产权有序流动与国有资本保值增值》，《人民日报》2005 年 3 月 11 日。

341. 张卓元：《新型工业化道路与县域经济》，《人民日报》2005年11月7日。

342. 张卓元：《对我国经济走势和宏观政策的几点看法》，《文汇报》2005年1月4日。

343. 卢晓平、张卓元、陈东琪：《CPI向上走还是向下走》，《上海证券报》2005年2月23日。

344. 张卓元：《试探社会主义市场经济的特点与若干规律》，《学术探索》2005年第3期。

345. 张卓元：《国有中央企业需加快改革步伐》，《中国改革》2005年第7期。

346. 张卓元：《深切悼念中国经济学界楷模薛暮桥》，《经济研究》2005年第9期。

347. 张卓元：《完善新体制仍需大力深化国有企业改革》，《经济与管理研究》2005年第5期。

348. 张卓元：《深化改革、推进粗放型经济增长方式转变》，《经济研究》2005年第11期。

349. 张卓元：《资源产品价格要反映稀缺程度》，《中国经贸导刊》2005年第22期。

350. 张卓元：《未来五年最突出的任务：转变经济增长方式》，《前线》2005年第12期。

351. 张卓元：《资源再生利用是发展的长久之计》，《有色金属再生与利用》2005年第1期。

352. 张卓元、路遥：《经济仍在高位运行　宏观政策宜稍偏紧》，《人民论坛》2005年第3期。

353. 张卓元：《利益关系和谐论：一种新的市场秩序观——评纪宝成教授〈转轨经济条件下的市场秩序研究〉》，《经济理论与经济管理》2005年第4期。

354. 张卓元：《这两个指标比较实事求是》，《北京日报》2006年4月17日。

355. 张卓元：《新阶段攻坚改革大幕拉开之后》，《北京日报》

2006 年 5 月 8 日。

356. 张卓元：《政府怎样才算摆正了位置》，《北京日报》2006 年 6 月 12 日。

357. 张卓元：《中国经济何以成为"全球经济的领跑者"》，《北京日报》2006 年 9 月 25 日。

358. 张卓元：《树立以人为本的改革观》，《中国改革报》2006 年 4 月 6 日。

359. 张卓元：《加快政府改革立法》，《中国改革报》2006 年 5 月 23 日。

360. 张卓元：《我国改革开放 28 年的基本经验》，《中国教育报》2006 年 12 月 29 日。

361. 张卓元：《关于经济发展和改革的四点看法》，《中国社会科学院院报》2006 年 3 月 28 日。

362. 张卓元：《关于深化国有企业改革的几点看法》，《光明日报》2006 年 11 月 6 日。

363. 张卓元：《一幅中国粮食市场的精美画卷》，《期货日报》2006 年 7 月 14 日。

364. 张卓元：《中国对世界经济贡献越来越大》，《人民日报》（海外版）2006 年 9 月 19 日。

365. 张卓元：《以新增长方式促进经济平稳较快发展》，《文汇报》2006 年 1 月 4 日。

366. 张卓元：《"十一五"时期转变经济增长方式的紧迫性》，《宏观经济研究》2006 年第 1 期。

367. 王书昆、张卓元：《"十一五"时期中国经济发展的机遇、难点与前景——访著名经济学家张卓元教授》，《新视野》2006 年第 1 期。

368. 张卓元：《怎样转变经济增长方式?》，《社会观察》2006 年第 1 期。

369. 张卓元：《适当放缓经济增速致力转变增长方式》，《人民论坛》2006 年第 10 期。

370. 张卓元：《中国社会科学院经济所原所长张卓元：转变经济

增长方式政府改革是关键》,《财经界》2006 年第 10 期。

371. 张卓元、韩孟:《忧国忧民、执意改革、长者风范——纪念徐雪寒逝世一周年》,《经济研究》2006 年第 7 期。

372. 张卓元:《中国经济何以领跑全球?》,《人民论坛》2006 年第 23 期。

373. 张卓元:《"十一五"规划〈建议〉提出的重大原则和方针》,《经济管理》2006 年第 1 期。

374. 张卓元:《中国改革开放的六条基本经验》,《中国改革报》2007 年 1 月 8 日。

375. 张卓元:《改善民生要加强制度建设》,《中国改革报》2007 年 3 月 29 日。

376. 张卓元:《中国的实践推动着经济发展理论创新》,《光明日报》2007 年 2 月 6 日。

377. 张卓元:《用节能减排等约束性指标制约盲目攀比 GDP》,《光明日报》2007 年 3 月 16 日。

378. 张卓元:《以独特的视角审视和估量新阶段改革》,《光明日报》2007 年 8 月 28 日。

379. 张卓元:《发展中小银行应先建立存款保险金》,《经济参考报》2007 年 5 月 28 日。

380. 张卓元:《改革新的历史起点》,《经济参考报》2007 年 8 月 10 日。

381. 张卓元:《走向全面制度创新的中国改革》,《中国经济时报》2007 年 3 月 13 日。

382. 张卓元:《政府怎样才算摆正了位置》,《济宁日报》2007 年 4 月 21 日。

383. 张卓元:《加快形成落实科学发展观的体制机制保障》,《人民日报》2007 年 1 月 22 日。

384. 张卓元:《用约束性指标制约盲目攀比 GDP》,《人民日报》2007 年 7 月 6 日。

385. 张卓元:《中国经济何以领跑全球》,《商务时报》2007 年 1

月 3 日。

386. 张卓元：《政府改革的实质是转换政府职能》，《北京日报》2007 年 11 月 12 日。

387. 张卓元：《改革走向新阶段》，《中国社会科学院院报》2007 年 11 月 8 日。

388. 张卓元：《深化经济改革促进国民经济又好又快发展》，《中国社会科学院院报》2007 年 12 月 13 日。

389. 张卓元：《转变经济发展方式关键何在》，《南京日报》2007 年 12 月 3 日。

390. 张卓元：《"坚持好字优先"要求更高》，《人民日报》2007 年 12 月 29 日。

391. 张卓元：《改革：新的历史起点——读迟福林新著〈起点〉》，《新世纪周刊》2007 年第 20 期。

392. 张卓元：《中国改革走向全面制度创新——评〈2007 中国改革年度评估报告〉》，《新世纪周刊》2007 年第 29 期。

393. 张卓元：《在科学发展观指引下不断增强和谐社会的物质基础》，《中国工商管理研究》2007 年第 2 期。

394. 张卓元：《用节能减排等约束性指标制约盲目攀比 GDP 行为》，《中国经贸导刊》2007 年第 55306 期。

395. 张卓元：《市场化改革的特色之路》，《人民论坛》2007 年第 13 期。

396. 张卓元：《以节能减排为着力点推动经济增长方式转变》，《经济纵横》2007 年第 5 期。

397. 张卓元：《不断完善社会主义市场经济体制促进国民经济又好又快发展——学习党的十七大报告的一点体会》，《经济研究》2007 年第 11 期。

398. 张卓元：《十七大报告对我国经济发展和改革的重大意义》，《中国工商管理研究》2007 年第 12 期。

399. 张卓元：《新阶段改革的起点与趋势》，《学习时报》2008 年 3 月 31 日。

400. 张卓元：《垄断行业改革不能拖》，《北京日报》2008 年 3 月 31 日。

401. 张卓元：《从改革开放的实践看真理标准问题讨论的意义》，《光明日报》2008 年 5 月 13 日。

402. 张卓元：《理论创新推动了改革开放》，《北京日报》2008 年 8 月 4 日。

403. 张卓元：《把坚持社会主义基本制度同发展市场经济结合起来》，《人民日报》2008 年 10 月 6 日。

404. 张卓元：《加快资源产品价格改革促进科学发展》，《中国改革报》2008 年 10 月 20 日。

405. 张卓元：《〈中国垄断性产业管制机构的设立与运行机制〉评介》，《光明日报》2008 年 12 月 16 日。

406. 张卓元：《社会主义市场经济论：中国改革开放的主要理论支柱》，《光明日报》2008 年 12 月 7 日。

407. 张卓元：《30 年国有企业改革取得重大进展》，《上海教育》2008 年第 33 期。

408. 张卓元：《十七大报告对我国经济发展和改革的重大意义》，《江苏行政学院学报》2008 年第 1 期。

409. 张卓元：《回顾经济改革 30 年》，《前线》2008 年第 12 期。

410. 张卓元：《国有企业改革尚在攻坚》，《中国城市经济》2008 年第 12 期。

411. 张卓元：《中国价格改革三十年：成效、历程与展望》，《经济纵横》2008 年第 12 期。

412. 张卓元：《中国价格改革三十年：成效、历程与展望》，《红旗文稿》2008 年第 23 期。

413. 张卓元、韩孟：《骆耕漠：一位辛勤耕耘的马克思主义经济学家——热烈庆贺骆老百年华诞》，《经济研究》2008 年第 9 期。

414. 张卓元：《加强经济理论创新深化经济体制改革》，《中国流通经济》2008 年第 9 期。

415. 张卓元：《孙冶方经济思想的重要现实意义——纪念孙冶方

百年诞辰》,《经济研究》2008 年第 10 期。

416. 张卓元:《十七大报告对我国经济发展和改革的重大意义》,《红旗文稿》2008 年第 2 期。

417. 张卓元:《实现国民经济又好又快发展的两个关键》,《中国流通经济》2008 年第 2 期。

418. 张卓元:《30 年国有企业改革的回顾与展望》,《企业文明》2008 年第 1 期。

419. 张卓元:《垄断行业改革不能拖》,《人民论坛》2008 年第 8 期。

420. 张卓元:《加快转变经济发展方式和着力完善新体制促进经济又好又快发展》,《财贸经济》2008 年第 2 期。

421. 张卓元:《关于社会主义市场经济改革的几点看法》,《中国发展观察》2008 年第 8 期。

422. 张卓元:《中国国有企业改革三十年:重大进展、基本经验和攻坚展望》,《经济与管理研究》2008 年第 10 期。

423. 张卓元:《基本经济制度的确立带来生产力大解放》,《济宁日报》2009 年 6 月 28 日。

424. 张卓元:《"社会主义市场经济论"形成始末》,《北京日报》2009 年 8 月 10 日。

425. 张卓元:《新中国 60 年经济学研究进展及经济学方法革新》,《光明日报》2009 年 8 月 11 日。

426. 张卓元:《从百年积弱到经济大国的跨越》,《光明日报》2009 年 8 月 27 日。

427. 张卓元:《"十二五"是调结构的好时机》,《中国经济导报》2009 年 9 月 10 日。

428. 张卓元:《开拓产权理论研究新领域》,《人民日报》2009 年 11 月 17 日。

429. 张卓元:《转变经济发展方式刻不容缓》,《北京日报》2009 年 12 月 21 日。

430. 张卓元:《关于国有经济改革的几点看法》,《2009 中国国有经济发展论坛——危机与变局中的国有经济学术研讨会论文集》2009年第3期。

431. 张卓元：《中国道路创造中国奇迹》，《光明日报》2009年10月1日。

432. 张卓元：《基本经济制度的确立带来生产力大解放》，《人民日报》2009年1月19日。

433. 张卓元：《扩需不应形成新的产能过剩》，《北京日报》2009年2月9日。

434. 张卓元：《走向结构性改革》，《北京日报》2009年3月30日。

435. 张卓元：《"一揽子"改革如何推进》，《济宁日报》2009年4月12日。

436. 张卓元：《用改革的办法应对危机》，《人民日报》2009年5月19日。

437. 张卓元：《积极的财政政策要同深化改革相结合》，《经济参考报》2009年5月20日。

438. 张卓元：《为中国改革献策——评〈建言中国改革〉》，《今日海南》2009年第1期。

439. 张卓元：《积极的财政政策要同深化改革相结合》，《江苏行政学院学报》2009年第3期。

440. 张卓元：《三个失衡中关键是投资与消费失衡》，《宏观经济管理》2009年第8期。

441. 张卓元：《"十二五"规划应着力解决经济发展面临的几个失衡问题》，《经济纵横》2009年第9期。

442. 张卓元、王红茹：《"市场经济"终于写入十四届三中全会文件》，《中国经济周刊》2009年第8期。

443. 张卓元：《中国理论经济学60年的重大进展》，《社会科学管理与评论》2009年第3期。

444. 张卓元：《中国六十年城市经济体制和政府职能变化》，《中国城市经济》2009年第10期。

445. 张卓元：《调结构是一个长期的任务》，《人民论坛》2009 年第 24 期。

446. 张卓元、王宏淼：《增长理论视角的"中国增长奇迹"——评〈改革年代的经济增长与结构变迁〉》，《经济研究》2009 年第 7 期。

447. 张卓元：《深化改革、使积极的财政政策更好地发挥促进经济增长的作用》，《经济研究参考》2009 年第 60 期。

448. 张卓元：《强国之路在改革》，《北京日报》2010 年 1 月 4 日。

449. 张卓元：《以改革促进经济转型和发展方式转变》，《人民日报》2010 年 1 月 25 日。

450. 张卓元：《推进重要领域和关键环节改革促进经济转型和发展方式转变》，《西安日报》2010 年 2 月 22 日。

451. 张卓元：《推进以发展方式转型为主线的第二次改革》，《光明日报》2010 年 3 月 30 日。

452. 张卓元：《加快形成经济转型和发展方式转变的制度保障》，《山西政协报》2010 年 4 月 9 日。

453. 张卓元：《分析中国经济建设成就》，《中国新闻出版报》2010 年 4 月 9 日。

454. 张卓元：《以改革促进经济转型和发展方式转变》，《政策》2010 年第 3 期。

455. 张卓元：《中国经济从追求数量扩张转向注重质量效益》，《商业研究》2010 年第 4 期。

456. 张卓元：《未来十年经济走势思考》，《上海商业》2010 年第 8 期。

457. 迟福林、张卓元、常青：《如何勾画"共富"路线图》，《人民论坛》2010 年第 9 期。

458. 张卓元：《探索高效利用自然资源的路径》，《人民日报》2010 年 6 月 24 日。

459. 张卓元：《把中国放在世界经济的大背景下来研究》，《中国图书商报》2010 年 4 月 13 日。

460. 张卓元：《研究贸易自由化进程中国家利益的力作》，《光明日报》2010 年 8 月 1 日。

461. 张卓元：《调整经济结构加快转变经济发展方式》，《人民日报》2010 年 11 月 25 日。

462. 张卓元：《以改革促进经济转型和发展方式转变》，《金融博览》2010 年第 4 期。

463. 张卓元：《中国经济需转型：从追求数量扩张转为注重质量效益——未来十年经济走势思考》，《中国流通经济》2010 年第 5 期。

464. 张卓元：《我国转变经济发展方式的难点在哪里》，《经济纵横》2010 年第 6 期。

465. 张卓元：《常修泽教授的经济观——〈中国百名经济学家理论贡献精要〉选载》，《改革与战略》2010 年第 7 期。

466. 张卓元、刘新圣：《中国经济的几个隐忧——专访中国社会科学院经济研究所原所长张卓元》，《人民论坛》2010 年第 19 期。

467. 张卓元：《〈深化中国垄断行业改革研究〉评介》，《经济学动态》2010 年第 7 期。

468. 张卓元：《加快调整经济结构推进经济转型和发展方式转变》，《中国流通经济》2010 年第 24 期。

469. 张卓元：《"十二五"：包容性增长是关键》，《西部大开发》2010 年第 12012 期。

470. 张卓元：《一部探索中国国际政治经济学的力作》，《国际市场》2010 年第 12 期。

471. 张卓元等：《学习党的十七届五中全会精神笔谈（续）》，《财贸经济》2010 年第 12 期。

472. 张卓元：《"十二五"：包容性增长是关键》，《中国改革》2010 年第 11 期。

473. 张卓元：《稳定和协调发展：今后五年中国经济走向》，《中国社会科学报》2010 年 12 月 30 日。

474. 张卓元：《经济热点也是研究热点》，《深圳特区报》2010 年 12 月 28 日。

475. 张卓元：《民富优先 藏富于民》，《浙江日报》2011 年 4 月 8 日。

476. 张卓元：《金融危机的文化背景》，《文汇报》2011 年 5 月 23 日。

477. 张卓元：《抓紧时机改革攻坚》，《深圳特区报》2011 年 7 月 7 日。

478. 张卓元：《一个改革智库的责任与追求》，《海南日报》2011 年 10 月 20 日。

479. 张卓元：《改革需要顶层设计，更需顶层推动》，《社会科学报》2011 年 11 月 24 日。

480. 张卓元：《民办智库的独特作用》，《北京日报》2011 年 11 月 14 日。

481. 张卓元：《调整经济结构加快转变经济发展方式》，《政策》2011 年第 1 期。

482. 张卓元：《转方式调结构是避开"中等收入陷阱"的正确选择》，《新视野》2011 年第 2 期。

483. 张卓元：《研究流通规律促进流通现代化———贺〈中国流通经济〉出版 200 期》，《中国流通经济》2011 年第 25 期。

484. 张卓元：《探讨二次转型与改革大思路——评〈民富优先：二次转型与改革走向〉》，《全国新书目》2011 年第 6 期。

485. 张卓元：《我国新一轮通胀的成因及治理之策》，《经济纵横》2011 年第 8 期。

486. 张卓元：《垄断行业改革任重道远》，《当代财经》2011 年第 8 期。

487. 张卓元：《避免"中等收入陷阱"在于转变经济发展方式》，《当代经济》2011 年第 4 期。

488. 张卓元：《为什么要牢牢扭住经济建设中心不动摇》，《前线》2011 年第 10 期。

489. 张卓元：《在追思许毅教授学术研讨会暨许毅基金颁奖仪式上的致辞》，《经济研究参考》2011 年第 68 期。

490. 张卓元：《稳定协调发展是今后五年中国经济的主要走向》，《新重庆》2011 年第 1 期。

491. 张卓元：《新一轮通货膨胀的成因及治理之策》，《人民日报》2011 年 8 月 3 日。

492. 周望军、刘喜堂、张卓元等：《通胀下低收入群体生活如何保障》，《时事报告》2011 年第 10 期。

493. 张卓元：《以完善为主题、推进市场经济体制建设》，《前沿创新发展——学术前沿论坛十周年纪念文集（2001～2010 年）》，2011 年 3 月。

494. 张卓元：《改革推进缓慢的四个原因》，《南方农村》2012 年第 8 期。

495. 张卓元：《稳中求进是促进今年经济稳定健康发展的正确决策》，《中国延安干部学院学报》2012 年第 5 期。

496. 张卓元：《低收入群体是通胀最大受害者》，《四川党的建设（城市版）》2012 年第 1 期。

497. 张卓元：《牢牢把握加快改革这一强大动力》，《人民日报》2012 年 2 月 7 日。

498. 张卓元：《消费主导：中国转型大战略》，《理论学习》2012 年第 6 期。

499. 张卓元：《以顶层设计给力改革深水区》，《人民论坛·学术前沿》2012 年第 1 期。

500. 张卓元：《经济回调是三重因素叠加的结果》，《经济纵横》2012 年第 8 期。

501. 张卓元：《确立建立社会主义市场经济体制改革目标的重大实践和理论意义》，《新视野》2012 年第 4 期。

502. 张卓元：《评〈宏观经济学（中国版）第二版〉》，《经济学动态》2012 年第 4 期。

503. 张卓元：《消费主导是个大战略》，《中国经济时报》2012 年 2 月 27 日。

504. 张卓元：《深化改革开放需做好顶层设计》，《深圳特区报》

2012 年 2 月 7 日。

505. 张卓元：《消费主导：中国转型大战略》，《北京日报》2012 年 4 月 9 日。

506. 张卓元：《意义重大的理论创新》，《人民日报》2012 年 5 月 28 日。

507. 张卓元：《确立社会主义市场经济体制改革目标的伟大意义》，《光明日报》2012 年 6 月 9 日。

508. 张卓元：《走向"社会主义市场经济论"》，《北京日报》2012 年 6 月 4 日。

509. 张卓元：《资源节约高效利用是经济转型根本标志》，《人民日报》2012 年 9 月 25 日。

510. 张卓元：《经济理论与经济改革：我的九个主张》，《北京日报》2012 年 8 月 13 日。

511. 张卓元：《经济改革进展缓慢受滞于四大原因》，《共产党员》2012 年第 2 期。

512. 张卓元：《改革受滞的四大原因》，《党政论坛（干部文摘）》2012 年第 1 期。

513. 张卓元：《记酝酿经济改革重要思想的专家会》，《前线》2012 年第 11 期。

514. 张卓元：《改革需要顶层设计，更需要顶层推动》，《理论学习》2012 年第 11 期。

515. 张卓元：《重大战略决策的成功是最大的成功》，《北京日报》2012 年 12 月 17 日。

516. 张卓元：《核心是处理好政府和市场关系》，《深圳特区报》2012 年 11 月 14 日 。

.

附录2 新中国经济学大事记
（1949～2000 年）

1949 年

·10 月 1 日，中华人民共和国成立。

·列宁著《帝国主义是资本主义的最高阶段》由解放社依据莫斯科外文书籍出版局出版的中文本出版。

·郭大力译《剩余价值学说史》由长春新中国书局出版。

·［苏］列昂节夫著《政治经济学》由解放社出版。

·千家驹著《新财政学大纲》由生活·读书·新知三联书店出版。

·中央研究院社会研究所由南京迁至北京，更名为中国科学院社会研究所，陶孟和任所长。1953 年又更名为中国科学院经济研究所。

1950 年

·马克思著，郭大力、王亚南译《资本论》（三卷本）由生活·读书·新知三联书店出版。其后，1953 年人民出版社又出版了《资本论》（三卷本）的重译本。

·中国人民大学成立，设有经济系、经济计划系和几个应用经济系。其中，经济系先后建立了政治经济学、经济学说史、国民经济史和世界经济等教研室，先后招收了两年制（或三年制）政治经济学研究生和经济学说史研究生。

·厦门大学经济研究所成立，首任所长为王亚南。其主办的《中国经济问题》于 1959 年创刊，是新中国成立后高校中创立的第一本经济学专业杂志。

·沈志远著《新民主主义经济概论》由生活·读书·新知三联书店出版。

·上海市经济学会（新中国第一个省市级经济学学术团体）成立。马寅初任理事长。

·中国金融学会成立。

1951 年

·马克思著，郭大力译《剩余价值学说史》（三卷本）由生活·读书·新知三联书店出版。其后，1975～1978 年，人民出版社又出版了《剩余价值学说史》（三卷本）的重译本。

·［苏］列昂节夫著《政治经济学教程》（第 1～16 分册）于1951～1953 年由生活·读书·新知三联书店和中国人民大学出版社出版。

1952 年

·斯大林著，李立三等译《苏联社会主义经济问题》由人民出版社出版。

·依据政务院财政经济委员会指示，国家统计局主持进行了全国工农业总产值和劳动就业两项调查。

·新中国进行了第一次院系调整。全国高校由调整前的 211 所减少到 201 所，一些高校的经济系合并到有关大学。其后还有进一步调整。到 1954 年，全国高校又减少到 188 所。其中，中国人民大学、北京大学、南开大学、复旦大学、厦门大学、武汉大学、四川大学、东北人民大学和兰州大学等综合性大学设有经济系；东北财经学院、上海财经学院、中南财经学院和四川财经学院为多科性财经学院。本科专业有政治经济学、国民经济计划、工业经济、农业经济、财政、货币与信贷、国内贸易、劳动经济和统计、会计学。

1953 年

·薛暮桥在《学习》杂志第 9 期发表《价值规律在中国经济中的作用》一文。

·［苏］布列格里著，中国人民大学货币流通与信用教研室译《资本主义国家底货币流通与信用》（上、下册）由中国人民大学出版社出版。该书是新中国第一部货币银行理论的教材。

·从 1953 年开始，一直延续到 1955 年，我国经济学界就农业合作化道路问题展开了讨论。讨论的主要问题：一是土地改革完成之后，是否要立即起步向社会主义过渡；二是先机械化还是先合作化。

·1953～1956年，我国经济学界就过渡时期的基本经济规律问题展开了讨论。讨论主要是围绕我国过渡时期是否存在一个或多个基本经济规律及其内涵和作用等问题展开的。参加讨论的学者主要有王亚南、王学文、许涤新、骆耕漠、狄超白、苏星和徐禾等。其后，20世纪60年代初和80年代初，我国经济学界还就这个问题展开过讨论。

1954年

·4月1～22日，高等教育部召开的全国财经教育工作会议将财经专业的培养目标定位于：财经学院主要是为国家培养掌握国民经济命脉的企业和财经管理人才；综合大学政治经济学专业主要是培养经济理论干部和科学研究人才以及高等学校师资。

·王亚南主编的《中国地主经济封建制度论纲》由上海人民出版社出版。

1955年

·中国科学院设立学部委员制度，其中哲学社会科学学部委员有61名，经济学方面有千家驹、于光远、王亚南、王学文、沈志远、狄超白、马寅初、许涤新、郭大力、陈翰笙、陶孟和、黄松龄、钱俊瑞、骆耕漠、薛暮桥等人。

·中国科学院经济研究所主办的全国性综合经济理论期刊《经济研究》创刊，"文化大革命"期间停刊，1978年1月复刊，是中国最权威的经济理论刊物。

·吴承明编《帝国主义在旧中国的投资》是首部研究外资在华企业的著作，由人民出版社出版。

·苏联科学院经济研究所编，（中国）中央编译局译《政治经济学教科书》由人民出版社出版。该书是依据斯大林《苏联社会主义经济问题》中提出的经济思想写成的。

1956年

·孙冶方在《经济研究》第6期上发表了《把计划和统计放在价值规律的基础上》。

·9月，陈云在中共八大提出，"我们的社会主义经济的情况将是这样：在工商业经营方面，国家经营和集体经营是工商业的主体，但是附有一定数量的个体经济"。"至于生产计划方面，全国工农业产品的主要部分是按照计划生产的，但是同时有一部分产品是按照市场变化而在国家计划许可范围内生产的"。"在社会主义的统一市场里，国家市场是它的主体，但是附有一定范围内国家领导的自由市场"。

·9月，高等教育部规定：马列主义基础、中国革命史、政治经济学、辩证唯物主义和历史唯物主义为一般高校的政治理论课。

·下半年，北京大学经济系开设了凯恩斯经济理论的选修课，由樊弘和徐毓枬主讲。

·薛暮桥在10月28日《人民日报》上发表《计划经济与价值规律》一文，揭开了经济学界关于社会主义制度下商品生产与价值规律问题第一次大讨论的序幕。

·中国人民银行金融研究所在北京成立。第一任所长为曾凌。

1957 年

·1月，陈云提出建设规模要和国力相适应。为此，必须实现财政收支、银行信贷供需和物资供需平衡。

·顾准在《经济研究》第3期上发表的《试论社会主义制度下的商品生产和价值规律》一文中提出，社会主义经济可以设想让价值规律自发调节企业的生产经营活动，即通过价格的自发涨落调节生产。

·孙冶方在《从"总产值谈起"》一文中（《统计工作》第13期）提出，利润是企业经济核算体系的中心指标。

·马寅初发表《新人口论》一文，陈振汉、徐毓枬、罗志如、谷春帆、巫宝三和宁嘉风六位教授因《我们对于当前经济科学工作的一些意见》，均受到错误批判。

·骆耕漠著《社会主义制度下的商品生产和价值规律》由科学出版社出版。

·王亚南著《中国半封建半殖民地经济形态研究》由人民出版社出版。

·1957～1959 年，李剑农著《先秦两汉经济史稿》、《魏晋南北朝隋唐经济史稿》、《宋元明经济史稿》由生活·读书·新知三联书店出版。

·［英］凯恩斯著，徐毓枬译《就业利息和货币通论》由生活·读书·新知三联书店出版。

·国务院制定了《全国哲学社会科学 12 年远景规划》。

1958 年

·《解放》第 6 期刊登《破除资产阶级法权》一文，根本否定社会主义按劳分配原则。

·12 月，党的八届六中全会批判了否定商品生产和按劳分配的错误观点，指出"继续发展商品生产和继续保持按劳分配的原则，对于发展社会主义经济是两个重大的原则问题，必须在全党统一认识"。

1959 年

·薛暮桥在《社会主义经济的高速度和按比例发展》一文中（《人民日报》1 月 7 日）提出，速度必须建立在客观可能性的基础上，而且必须保持国民经济各部门的基本比例关系，才能保证国民经济的高速度发展。

·中国科学院经济研究所和上海社会科学院经济研究所在 4 月联合召开以商品生产和价值规律作用为主题的全国第一次经济理论讨论会。这次会议还讨论了计件工资问题。薛暮桥、于光远、孙冶方、姜君辰、王亚南等出席。

·于光远在《关于社会主义商品生产问题》一文中（《经济研究》第 7 期）提出，社会主义经济中存在的几种交换关系都是商品交换关系。

·薛暮桥、苏星、林子力合著《中国国民经济的社会主义改造》由人民出版社出版。

·巫宝三等编《中国近代经济思想与经济政策资料选辑（1840～1864)》由科学出版社出版。这是国内第一部研究中国近代经济思想史的大型资料书。

·为了总结"大跃进"的教训，由薛暮桥、于光远、孙冶方发起，我国经济学界就社会主义再生产、经济核算和经济效果三个问题展开了讨论。讨论延续至 1963 年。

1960 年

·中国科学院经济研究所主办的《经济学动态》创刊。

·1960 年前后，我国学术界就生产力与生产关系的关系问题进行热烈讨论。在这期间，杨献珍提出"综合经济基础论"，平心提出"生产力论"。

1961 年

·1961 ~ 1963 年，中共中央制定了一系列的工作条例。包括《农村人民公社工作条例（草案）》、《国营工业企业工作条例（草案）》、《关于城乡手工业若干政策问题的规定（试行草案）》、《关于改进商业工作的若干规定（试行草案）》、《关于严格控制财政管理的决定》、《关于切实加强银行工作的集中统一，严格控制货币发行的决定》、《关于自然科学研究机构当前工作的十四条意见（草案）》、《教育部直属高等学校暂行工作条例（草案）》，旨在恢复和重建遭到"大跃进"和"人民公社化"运动严重破坏的各种制度。

·中共中央宣传部组织部分高等院校和研究单位的学者，分别编写三部文科教材。分别为：①鲁友章、李宗正主编《经济学说史》（上、下册），人民出版社 1962 年出版；②罗志如、巫宝三、高鸿业主编《当代资产阶级的经济学说》（5 个分册），商务印书馆 1962 ~ 1965 年出版；③樊亢、宋则行主编《世界经济史》，人民出版社 1965 年出版。

·孙冶方在《关于全民所有制经济内部的财经体制》一文中提出，财经管理体制的中心问题是作为独立核算单位的企业的权力责任和它们同国家的关系问题，也即是企业的经营管理权问题。属于扩大再生产范围的事，是国家的"大权"，国家必须严格管理，不管或管而不严就会乱；属于简单再生产范围的事是企业应该管理的"小权"，国家多加干涉就会管死。

·于光远、苏星主编《政治经济学（资本主义部分）》由人民出版社出版。

·姚耐、雍文远、蒋学模、苏绍智主编《政治经济学教材（社会主义部分)》由上海人民出版社出版。这是中国第一本社会主义政治经济学教材。

1962 年

·杨坚白在《略论综合平衡》一文（《大公报》1962 年 3 月 26 日）中提出，高速度必须以按比例为必要条件和前提。

·刘国光在《经济研究》第 4 期发表《关于社会主义再生产比例和速度的数量关系的初步探讨》一文。

·卓炯（于凤村）在《商品经济》一文（《经济研究》第 10 期）中提出，商品经济与社会主义不矛盾，而且共产主义还存在商品经济。

·1962～1981 年，胡寄窗著《中国经济思想史》（三卷本）由上海人民出版社出版。该书是我国第一部中国古代经济思想通史专著。

·中央工商行政管理局、中国科学院经济研究所编《中国资本主义工商业的社会主义改造》由人民出版社出版。

·［英］大卫·李嘉图著，郭大力等译《政治经济学及赋税原理》由商务印书馆出版。

1963 年

·中国科学院哲学社会科学学部举行第四次学部委员扩大会议，毛泽东、刘少奇、周恩来、朱德、邓小平接见会议代表，刘少奇讲话，薄一波作了《当前我国经济形势与任务》的报告。周扬在会上也作了报告。

·孙冶方在《社会主义计划经济体制中的利润指标》一文中提出利润是反映企业经营好坏的综合指标。

·叶世昌著《鸦片战争前后我国的货币学说》由上海人民出版社出版。

·徐禾等编《政治经济学概论》由中国人民大学出版社出版。

·国务院批准发布《高等学校通用专业目录》，共有 373 个专业，其中财经类专业 10 个：国民经济计划、工业经济、农业经济、贸易经济、财政金融、统计学、会计学、对外贸易经济、世界经济和经济地理。

·杨坚白、何建章、张卓元（张玲）提出以资金利润率作为评价社会主义经济活动的标准、以生产价格为基础的定价主张（《经济研究》1963 年第 12 期和 1964 年第 5 期）。

1964 年

·黄达著《我国社会主义经济中的货币与货币流通》由中国财政经济出版社出版。

·马洪主编《社会主义工业企业管理》由人民出版社出版。

·1964 ~ 1966 年，赵靖、易梦虹主编《中国近代经济思想史》（三卷本）由中华书局出版。

·1964 ~ 1965 年，［英］马歇尔著，朱志泰与陈良璧译《经济学原理》（上、下卷）由商务印书馆出版。

·从这年夏天开始，《红旗》杂志负责人多次召开座谈会，把孙冶方等关于资金利润率和生产价格等方面的学术观点当成政治问题进行批判。

·中国科学院世界经济研究所成立。

1966 年

·"文化大革命"爆发不久，全国高校"停课闹革命"，1967 年停止招生。全国经济研究单位也都停止了研究工作，研究人员 1969 年年底被下放农村"五七干校"劳动。直到 1972 年起才开始回迁，并部分地恢复研究工作。

1968 年

·12 月 22 日开始，全国掀起了一场知识青年"上山下乡"运动。

1969 年

·10 ~ 12 月，大批高校从大中城市外迁。

1971 年

·1 月 31 日，国家计划委员会、国务院科教组向国务院上报的《关于高等院校调整问题的报告》提出：财经院校拟多撤销一些。到同年 12 月，全国原有的 18 所财经院校，有 16 所被撤销。

·针对国民经济中发生的"三个突破"（职工人数突破 5000 万人，工资总额突破 300 亿元，粮食销售突破 400 亿公斤），当时主持中央经济工作的周恩来采取了一系列调整经济的措施。

1972 年

·1972 ~ 1974 年，［英］亚当·斯密著，郭大力、王亚南译《国民财富的性质和原因的研究》（上、下卷）由商务印书馆出版。

1973 年

·8 月 5 ~ 20 日，中国第一次环境保护会议召开，通过了中国第一个环保文件——《关于保护和改善环境的若干规定》。

1974 年

·针对"文化大革命"给社会经济生活造成的严重混乱，从 1974 年起，主持中央经济工作的邓小平对铁路、工业、农业以及科学教育、文化和军队进行了整顿。为此，1975 年国家计划委员会制定了《关于加快工业发展的若干问题》（简称"工业二十条"）的文件。

·国家统计局、国家计划委员会等单位联合编制了 1973 年全国 61 种产品的实物型投入产出表。

1975 年

·《红旗》第 3 期刊登文章，称资产阶级法权（指按劳分配原则）的存在，是产生新的资产阶级分子的重要的经济基础。

1976 年

·《社会主义政治经济学》由上海人民出版社出版，系统全面地反映了此前长期存在的（特别是"文化大革命"期间广为流行的）"左"的乃至极"左"的经济观点。

1977 年

·1977 年 4 月至 1978 年 11 月，在于光远主持下，我国经济学界举行了四次按劳分配问题理论讨论会，对批判"四人帮"、实现拨乱反正起了较大作用。在这期间，于光远作了多次学术报告，苏绍智、冯兰瑞、吴敬琏、周叔莲、汪海波等发表多篇文章。

·10 月 13 日，国务院批转教育部《关于 1977 年高等学校招生工作的意见》，当年招生。

·11 月 3 日，教育部、中国科学院联合发出《关于 1977 年招收研究生的通知》，次年招生。

·11 月 28 日，中共安徽省委在万里主持下，颁发了《关于农村经济政策几个问题的规定（试行方案）》。这是粉碎"四人帮"后关于农业生产责任制的第一个文件。

·基于"文化大革命"对社会经济生活造成的严重破坏，这年在社会经济各方面进行了恢复性整顿。

·在中国科学院哲学社会科学学部的基础上组建中国社会科学院，第一任院长为胡乔木；在原经济研究所的基础上分别成立经济研究所、工业经济研究所、农村经济发展研究所和财贸经济研究所。接着合并成立了世界经济与政治研究所，并增加了数量经济与技术经济研究所、金融研究所、人口与劳动经济研究所、城市发展与环境研究所等。后在2006年成立中国社会科学院学部。其中，经济学方面，首次当选的学部委员有田雪原、刘国光、刘树成、吕政、余永定、张卓元、张晓山、李扬、李京文、杨圣明、汪同三、陈佳贵和周叔莲，荣誉学部委员有于光远、于祖尧、王贵宸、王耕今、朱绍文、何迺维、何振一、吴承明、吴家骏、张守一、李琮、汪海波、汪敬虞、谷源洋、陈宝森、陈栋生、赵人伟、骆耕漠、高涤陈、樊亢和戴园晨。

·林子力、有林著《批判"四人帮"对"唯生产力论"的"批判"》由人民出版社和广东人民出版社出版。

·1977～1982年，陈征著《〈资本论〉解说》（五卷本）由福建人民出版社出版。

·山东大学经济学系成立。

·北京大学和中国人民大学的经济系率先恢复西方经济学课程。

1978 年

·2月5日，中共四川省委颁布了《关于目前农村政策几个主要问题的规定》，旨在推行农业生产责任制。

·3月18日，邓小平在全国科学大会上的讲话指出，四个现代化关键是科学技术的现代化。科学技术人才的培养，基础在教育。1988年9月5日，他又进一步提出"科学技术是第一生产力"的论断。

·4月，国务院派出以谷牧（时任国务院副总理，分管经济工作）为团长的贸易考察团，对香港地区和澳门地区进行考察。同时，由李一氓、于光远率领的代表团赴南斯拉夫考察。5月，国务院又派出以谷牧为团长的考察团，赴法国、联邦德国、瑞士、丹麦、比利时考察。其考察成果对确立对外开放的基本国策起了重要作用。

·9 月，孙冶方在《经济研究》第 9 期发表《要理直气壮抓社会主义利润》一文。

·10 月 6 日，胡乔木在《人民日报》上发表《按照经济规律办事，加快实现四个现代化》的文章，强调了价值规律的作用。

·11 月，孙冶方在《光明日报》上发表《千规律，万规律，价值规律第一条》一文。

·11 月，中国技术经济研究会成立，于光远任理事长。

·11 月，国家统计局在四川峨眉山召开统计教学和科研规划座谈会。这次会议确立了数理统计学在中国统计学界的地位。

·12 月 13 日，作为中国社会主义现代化建设和改革开放总设计师的邓小平在中共中央工作会议闭幕会上作了《解放思想，实事求是，团结一致向前看》的报告。这个报告实际上成为即将召开的党的十一届三中全会的主题报告。

·12 月 18～22 日，党的十一届三中全会召开。这次全会决定：党的工作重心转移到社会主义现代化建设上来，实行改革开放。从此，中国走上了建设中国特色社会主义道路，经济迅速起飞。

·12 月 28 日，教育部发出通知：经国务院批准，恢复和增设 169 所普通高等学校，其中财经院校 10 所，这年高等学校达到 598 所，其中财经类院校 21 所。

·12 月 31 日，周叔莲、吴敬琏、汪海波著《充分发挥企业的主动性》在《人民日报》上发表。

·滕维藻编著《跨国公司剖析》由人民出版社出版，是我国经济学界系统研究跨国公司的专著。

·全国哲学社会科学发展规划会议提出，要建立和发展我国的环境经济学。

·南开大学经济学院恢复重建。其后，1983 年与加拿大约克大学等合作培养 MBA 学员，创立了"南开—约克"模式，钱荣堃成为我国 MBA 学位模式的设计者。1992 年与北美精算学会联合举办全国第一个精算师考试中心。1997 年南开大学 MBA 中心成立。2001 年举办经济管理法律复合型人才试点班。2002 年南开大学中国 APEC 研究中心建立。

· 国民经济出现过热现象。

1979 年

· 董辅礽在《关于社会主义所有制形式问题》(《经济研究》1979 年第 1 期) 一文中提出，经济体制改革的实质是改革全民所有制的国家所有制形式。并提出政企分开的主张。

· 3 月 30 日，中国数量经济学会成立，乌家培任理事长。

· 4 月，全国第二次经济理论讨论会在无锡召开，会议主题是社会主义制度下的商品生产和价值规律的作用。薛暮桥和孙冶方出席并在大会发言。在提交会议的论文中，有些学者肯定社会主义经济是商品经济（或市场经济），肯定价值规律的调节作用，竞争是其内在机制，企业是独立的商品生产者和经营者。

· 5 月，孙冶方著《社会主义经济的若干理论问题》由人民出版社出版。其后，《社会主义经济的若干理论问题（续集）》于 1982 年出版。

· 刘国光、赵人伟在《论社会主义经济中计划与市场的关系》(《经济研究》1979 年第 5 期) 一文中提出，要在物力资源的配置、财力资源的配置和人力资源的配置上发挥市场机制的作用。

· 苏绍智、冯兰瑞在《无产阶级取得政权后的社会发展阶段问题》(《经济研究》1979 年第 5 期) 一文中提出，中国还处在不发达的社会主义初级阶段。

· 8 月，全国高等财经院校已增加到 22 所，共设有专业 39 个、专业点 131 个；综合大学设财经类专业（含政治经济学专业）20 个、专业点 52 个。

· 8 月 31 日，周叔莲、吴敬琏在《人民日报》上发表题为《把发展轻工业放在优先地位》的文章。

· 9 月，北京师范大学政治经济学系成立。其后，1985 年 6 月改名为经济系，1996 年 6 月在经济系的基础上成立经济学院，2004 年 3

月经济学院更名为经济与工商管理学院。

·9月，由陈岱孙等发起的中华外国经济学说研究会（原名外国经济学说研究会）在北京成立，首任会长为陈岱孙。在向全国同仁创议书中推选许涤新为名誉会长。1979～1981年，在陈岱孙主持下，由李宗正、厉以宁、黄范章协助，在北京大学举办"国外经济学讲座"60讲，后由中国社会科学出版社以"国外经济学讲座"书名出版。

·11月，中国保险学会成立。

·于祖尧发表《试论社会主义市场经济》一文，载《经济研究参考资料》第50期。

·12月，薛暮桥著《中国社会主义经济问题研究》由人民出版社出版。该书成为我国经济体制改革的启蒙教材。

·中央财经委员会组织成立经济结构、经济体制、对外经济、理论方法四个调研组，有几百名经济学者参加，获得了一系列重大研究成果，为中央决策提供支持。其中，经济结构组由马洪、孙尚清负责，其综合调研成果就是由他们两人主编的《中国经济结构问题研究》（上、下册），1981年由人民出版社出版。其后，被译成多种外文出版。

·1979年末至1980年初，在广东省佛山市召开了中国财政学会和中国会计学会成立大会。

·全国高等财经教育会议在北京召开，会议要求综合大学经济系增设部门经济专业。

·清华大学设立经济管理工程系。其后，1984年经济管理学院成立，朱镕基担任首任院长。

·中国人民大学财政金融系建立国际金融专业。其后，1998年又在原政治经济学系、计划统计系、经济学研究所等基础上组建经济学院。

·复旦大学创建世界经济系。其后，1984年，经济系新设人口学专业；1985年，成立中国经济研究中心；1992年，在国际金融专业基础上成立国际金融系；后又建立经济学院，下设经济系、世界经济系、国际金融系、公共经济学系和保险系。

·中国统计学会成立，并被国际统计学会接纳为团体会员。薛暮桥为第一任会长。

·谷书堂、宋则行主编，北方14所大学编写的《政治经济学（社会主义部分）》由陕西人民出版社出版。

·蒋家俊、吴宣恭主编，南方16所大学编写的《政治经济学（社会主义部分）》由四川人民出版社出版。

·中国社会科学院经济研究所著《"四人帮"对马克思主义政治经济学的篡改》由山西人民出版社出版。

·［美］萨缪尔森著，高鸿业译《经济学》（上、中、下册）第10版，1979～1982年由商务印书馆出版。以后又多次出版该书的修订本。

1980 年

·中国社会科学院主办的综合性社会科学杂志《中国社会科学》（双月刊）创刊。在创刊号上，蒋一苇的文章提出"企业本位论"。袁文祺等的文章提出，发展对外贸易，可以取得比较利益，对我国经济发展有积极作用。

·2 月 12 日，全国人大常委会通过《中华人民共和国学位条例》，自 1981 年起开始实施学士、硕士、博士三级学位制度，高等学校和科研机构开始招收攻读硕士、博士学位的研究生。1985 年由李政道倡议、邓小平批准的博士后制度在中国建立。1985 年底，这个第一批博士后流动站在复旦大学、中国科学院等单位建立，全国博士后管理委员会同时成立。1991 年国务院学位委员会授权清华大学等 9 所高校开展培养工商管理硕士（MBA）的试点工作。2002 年国务院学位委员会批准北京大学等 30 所高校开展高级管理人员 MBA（EMBA）专业学位教育。

·6 月 24 日至 8 月 11 日，中国社会科学院与美国经济学家代表团合作，由美国 7 名教授在北京颐和园举办了经济计量学讲习班。

·6 月，中国经济思想史学会在上海成立，首任会长为胡寄窗。

·9 月，许涤新主持中国社会科学院经济研究所和《经济研究》编辑部联合召开了我国首次生态经济问题座谈会。1984 年 2 月，中国生态经济学会成立，许涤新任会长。

·11月，中国生产力经济学研究会成立，于光远任会长。

·12月，中国价格学会成立，刘卓甫任会长。2000年改名为中国价格协会。

·中国世界经济学会在北京成立。

·蒋学模主编《政治经济学教材》由上海人民出版社出版。

·1980~1981年，许涤新主编《政治经济学辞典》（三卷本）由人民出版社出版。

·梁方仲编《中国历代户口、田地、田赋统计》由上海人民出版社出版。

·中国社会科学院财政与贸易经济研究所主办的《财贸经济》（月刊）创刊。

·中国金融学会主办的《金融研究》创刊。

1981 年

·7月，中国国际贸易学会成立，周化民任会长。

·于光远在参与起草《中共中央关于建国以来党的若干历史问题的决议》的过程中提出，要将我国仍处于社会主义初级阶段这个判断写入文件。经过争论，社会主义初级阶段这个概念写进了这个文件。

·全国第一次《资本论》学术讨论会12月在无锡召开，会上成立中国《资本论》研究会，许涤新当选为会长。

·《中国经济年鉴》创刊，薛暮桥任主编，马洪、陈先任副主编。这是新中国出版的第一部综合反映中国经济的年鉴，截至2010年已出版30卷。

·国家统计局编《中国统计年鉴》创刊，截至2010年已出版30卷。

·黄达等著《社会主义财政金融问题》由中国人民大学出版社出版。

·陈岱孙主编《政治经济学史》（上、下册）由吉林人民出版社出版。

·卓炯著《论社会主义商品经济》由广东人民出版社出版。

·王传纶编著《资本主义财政》由中国人民大学出版社出版。

·1981～1989年，傅筑夫著《中国封建社会经济史》（五卷本）由人民出版社出版。

·中国国土经济学研究会成立，于光远担任理事长。

·全国经济地理研究会成立。

1982 年

·5月，厦门大学经济学系扩建为经济学院。2005年6月，成立王亚南经济研究院。

·6月，中国商业经济学会成立，郭今吾任会长。

·我国开始进行应用经济学学科专业调整。第一次是1982～1987年，把部门经济学改为应用经济学；第二次是从1989年开始，进一步调整了应用经济学的专业体系和专业口径；第三次是1997～1998年，把经济学分为理论经济学、应用经济学两个一级学科。

·宋涛主编《政治经济学教程》由中国人民大学出版社出版。

·由中国投资学会、中国建设银行投资研究所主办的《投资研究》创刊。

·在党的十二大报告的起草过程中，近几年在我国经济学界占主流地位的强调社会主义是商品经济的观点遭到批评。此后约一年时间，大量批判社会主义经济是商品经济的文章发表，红旗出版社将其汇集于《计划经济与市场调节文集》（第一辑）出版。

1983 年

·1月，中国国际金融学会成立。

·2月，中国经济体制改革研究会成立。

·6月，孙冶方经济科学基金会（原名孙冶方经济科学奖励基金委员会）成立。这是我国经济学界首创的权威的经济学奖项。1984年第一届评出获奖著作4部，分别为人民出版社出版的罗季荣著《马克思社会再生产理论》；中国社会科学院出版社出版的梁文森、田江海著《社会主义固定资产再生产》；上海人民出版社出版的尹世杰主编《社会主义消费经济学》；中国社会科学出版社出版的孙尚清主编《论经济结构对策》。1984～2010年，共举办了14届评奖活动。

· 1983～1999 年，邓力群、马洪、武衡主编《当代中国丛书》由中国社会科学出版社出版。丛书共 150 卷、208 册，约 1 亿字。这套丛书主要论述了当代中国经济。

· 1983～1985 年，钱俊瑞主编《世界经济概论》（上、下册）由人民出版社出版。

· 厉以宁、秦宛顺编著《现代西方经济学概论》由北京大学出版社出版。

· 1982 年以来，国务院经济研究中心多次组织有关单位的学者就实行两年多的财政"分灶吃饭"进行总结，提出改革方案。经过反复讨论，财政部接受了薛暮桥的意见，决定改"分灶吃饭"为分税制，并实行利改税。

· 这年还就价格改革问题展开了深入讨论。当时兼任全国物价委员会主任的薛暮桥提出价格改革需要解决两个相互联系的问题：一是调整价格体系，理顺各类商品的比价关系；二是改革物价管理体制，逐步放开价格。

1984 年

· 3 月，中国计划学会成立。其后，1993 年 12 月更名为中国宏观经济学会，房维中任会长。

· 1980 年以来，厉以宁在有关会议上多次提出：对国有企业实行股份制。1982 年，时任国家经济贸易委员会主任的张劲夫也有这个设想。但他遇到的首要问题是股份制姓"资"姓"社"。并就此问题与时任中国社会科学院工业经济研究所所长蒋一苇商量。蒋一苇回答说：股份制不姓"资"，也不姓"社"，而是姓"中"。它是一个中性事物，既可以为资本主义服务，也可以为社会主义服务。理论上明确以后，张劲夫和蒋一苇商量先在重庆搞股份制试点，并向国务院汇报。当时国务院总理提出：此事由体改委（国家经济体制改革委员会）牵头，北京、上海、深圳等地都要搞试点。1984 年 9 月，依据国务院要求，国家经济体制改革委员会在常州市召开了城市经济体制改革试点工作座谈会，总结了这方面的经验。

· 7 月，马洪主持撰写《关于社会主义制度下我国商品经济的再探索》的意见书。9月，马洪又上书中央，建议把"社会主义经济是有计划的商品经济"这一提法写进十二届三中全会《关于经济体制改革的决定》中。

· 9月初，由《经济日报》等媒体组织的全国中青年经济科学工作者学术讨论会在浙江省德清县莫干山召开（称"莫干山会议"），来自全国的青年学者为即将全面展开的城市经济体制改革提出了诸多有价值的建议。

· 10月，十二届三中全会《关于经济体制改革的决定》提出：社会主义经济是公有制基础上的有计划的商品经济。

· 12月，中国工业经济学会、中国审计学会、中国税务学会成立。

· 教育部与美籍华人教授邹至庄和美国福特基金会达成中美经济学教育交流项目，中国方面成立了由黄达担任主席的中美经济学教育交流委员会，主要交流形式是举办一年制的现代经济学培训班。1985~1995年在中国人民大学举办10期，在复旦大学举办5期，共有618人参加培训。

· 中国社会科学院数量经济与技术经济研究所主办的《数量经济技术经济研究》创刊。

· 黄达著《财政信贷综合平衡导论》由中国金融出版社出版。

· 刘国光主编《中国经济发展战略问题研究》由上海人民出版社出版。

· 孙尚清主编《论中国经济结构对策》由中国社会科学出版社出版。

· 许毅、陈宝森主编《财政学》由中国财政经济出版社出版。

· 何炼成《价值学说史》由陕西人民出版社出版。

· 胡寄窗《中国近代经济思想史大纲》由中国社会科学出版社出版。

· 厉以宁著《教育经济学》由北京出版社出版。

· 陈锡文等著《农村经济体制改革的系统考察》由中国社会科学出版社出版。

1985 年

·面对经济过热形势，国务院经济研究中心和技术经济研究中心受命研究对策。由吴敬琏主持的研究小组在 1984 年 12 月 31 日提出，当前的货币供应量增加过快，国民经济面临很强的通货膨胀压力，建议采取行政办法和经济办法并举的综合方式，加强宏观经济调控。但在当时也存在一种相反的观点，认为紧缩的经济政策是不可取的。1985 年 1 月 4 日，国务院召开会议。会议赞成加强宏观调控，实行紧缩政策，稳定经济。

·9 月，经国务院批准，中国社会科学院、中国经济体制改革研究会和世界银行联合举办了"宏观经济管理国际讨论会"。参加本次会议的有中外众多著名经济学家。会议的主要成果就是明确宏观经济管理要从直接管理向间接管理过渡。并针对当时面临的通胀形势建议实行财政、货币和收入的"三紧政策"。

·9 月，中国共产党全国代表会议提出了《关于国民经济和社会发展第七个五年计划的建议》（简称《建议》）。《建议》将"七五"期间经济和社会发展的主要奋斗目标确定为：争取基本上奠定有中国特色的新型社会主义经济体制的基础，大力促进科学技术进步和智力开发，不断提高经济效益，使 1990 年的工农业总产值和国民生产总值比 1980 年翻一番或者更多一些，使城乡居民的人均实际消费水平每年递增 4% ~ 5%，使人民的生活质量、生活环境和居住条件都有进一步改善。

·10 月，全国高校社会主义经济理论与实践研讨会第一次会议召开，宋涛任会议领导小组组长。该会每年召开一次，一直延续至今。

·国务院发展研究中心在原国务院经济研究中心、技术经济研究中心和价格研究中心基础上合并成立。1990 年国务院农村发展研究中心也部分地并入国务院发展研究中心。马洪任主任。

·北京大学经济学系扩建为经济学院。其后，1993 年在原北京大学经济学院的经济管理系和管理科学中心的基础上成立北京大学工商管理学院，1994 年改名为光华管理学院，厉以宁任院长。同年 8 月，北京大学中国经济研究中心成立，林毅夫任主任。2008 年 10 月，在中国经济研究中心基础上组建北京大学国家发展研究院。

·四川大学经济学院成立。

·许涤新、吴承明主编《中国资本主义发展史》一、二、三卷，由人民出版社分别于 1985 年、1990 年、1993 年出版。这是一部经济史巨著。

·吴敬琏、荣敬本、赵人伟主编《经济社会体制比较》创刊。

·杨治编著《产业经济学导论》由中国人民大学出版社出版。

1986 年

·1 月 25 日，国家经济体制改革委员会向中央领导汇报关于"七五"前期改革设想建议的建议。包括"包、租、变、分"国有企业的建议，价格改革的思路，以改善宏观调控为目标、进行三个基本环节配套改革的思路，对国营企业实行"资产经营责任制"的思路等。

·2 月，周为民、卢中原发表《效率优先，兼顾公平》的文章，载《经济研究》1986 年第 2 期。

·2 月，第三期"21 世纪圆桌论坛"在郑州举行。会上，林毅夫提出，原有体制限制农民生产积极性的问题到 1984 年基本解决。此后农村发展的主要障碍存在于市场环境和城乡二元经济方面。

·李成瑞在《关于宏观经济管理的若干问题》（《财贸经济》1986 年第 11 期）一文中提出，宏观经济管理的目标模式，是国家调控市场，市场引导企业。

·厉以宁在《所有制改革和股份企业管理》（《中国经济体制改革》1986 年第 12 期）一文中提出，股份制是公有制较好的实现形式，要对国有大中型企业进行股份制改造。

·刘诗白在《社会主义所有制结构》（经济日报出版社）一文中提出，在不发达的社会主义社会，公有制还不是"一刀切"和"清一色"，而是一个多样性的复合结构，是一个以全民所有制为主导，由集体所有制、联合所有制和其他公有制形式组成的、公有化程度由低到高的多层次、多阶梯的体系。

·中国城市经济学会在上海成立，会长为汪道涵。

·中国经济史学会成立，严中平担任会长。下设中国古代经济史、中国近代经济史、中国现代经济史、外国经济史4个专业委员会。

·中国社会科学院、国家信息中心和上海复旦大学研制中国宏观经济模型的第一个版本，并被应用于联合国世界计量经济联结模型系统。

·马洪主编《中国工业经济管理》（上、下册）由经济管理出版社出版。

·1986～1987年，钱伯海主编《国民经济学》（上、下册）由中国财政经济出版社出版。

·乌家培、张守一主编《经济计量方法在中国的应用》由中国展望出版社出版。

·〔匈〕亚诺什·科尔内著、张晓光等译《短缺经济学》由经济科学出版社出版。

1987 年

·8月，国务院物资体制改革领导小组提出了《关于深化物资体制改革方案》。其后，1988年5月4日国务院印发了这个方案。这个方案被认为是中国物资流通体制改革的纲领性文件。

·8月，国家教育委员会主持、世界银行资助的中国大学发展项目，在复旦大学召开有中外学者参加的"中国财经教学计划研讨会"，会议提出的核心课目录（包括政治经济学、西方经济学、发展经济学、货币经济学、会计学、统计学、高等数学等），国家教育委员会组织高校（通过竞争）编写由教委推荐的教材。

·10月11日，国务院批准由谷牧起草的《国务院关于鼓励外商投资的决定》。这个决定明确了当时在引进外资方面亟待解决的问题。

·10月22日，时任国家经济体制改革委员会主任李铁映主持召开了"经济体制改革中期目标基本思路研讨会"。会议决定成立8个规划小组，由中国社会科学院、国务院发展研究中心等9个单位参加这些研究。中期改革纲要分为三年（1988～1990年）、五年（1988～1992年）和八年（1988～1995年）三个阶段。国家经济体制改革委员会综合规划司综合各家方案的看法，将改革中期目标归结为：确立社会主义商品经济新体制的主导地位。其基本框架是"政府调控市场，市场引导企业"。各家方案在改革需要配套方面已成共识,分歧主要集中在以企业改革和股份制为主线还是以价格改革为主线进行协调配套改革。厉以宁、王珏分别主持的课题组主张以企业改革为主线。吴敬琏主持的课题组提出,有计划的商品经济体制,即有宏观管理的市场经济体制要以价格改革为主线。刘国光、张卓元主持的课题组提出"稳中求进"的改革和发展思路,即以深化改革促进经济稳定,在经济稳定中推进改革和发展。

·10月25日,党的十三大报告论述了社会主义初级阶段的理论,党在社会主义初级阶段的基本路线和社会主义现代化建设"三步走"的战略目标,并提出"社会主义有计划的商品经济体制,应该是计划与市场内在统一的体制"。"新的经济运行机制,总体上来说应当是'国家调节市场,市场引导企业'的机制。"

·马克思列宁主义经济学说史学会成立,宋涛任会长。

·中国投入产出表首次将非物质生产活动作为核算对象。

·从1987年开始,国家教育委员会组织了每四年一次的全国普通高等学校优秀教材奖评选活动。1987~2002年共进行了四次评选。其中,经济学方面,人民出版社出版的姚曾荫主编的《国际贸易概论》,四川人民出版社出版的黄达主编的《货币银行学》,上海人民出版社出版的蒋学模主编的《政治经济学教材》,清华大学出版社出版的李子奈编著的《计量经济学——方法与应用》,高等教育出版社出版的厉以宁主编的《西方经济学》、缪代文编著的《微观经济学与宏观经济学》等先后获奖。

·许涤新主编《生态经济学》由浙江人民出版社出版。

·〔波〕奥斯卡·兰格著、王宏昌等译《政治经济学》由中国社会科学出版社出版。

·山东大学经济学院在原经济学系的基础上组建而成。

1988 年

·1月5日,王建在《经济日报》上发表文章,提出"国际经济大循环"的战略构想。

·1月23日,邓小平在国务院向中共中央提出的关于加快沿海地区对外开放和经济发展的报告上批示："完全赞成"。

·4 月 13 日，七届全国人大一次会议通过了《关于建立海南经济特区的决议》。这标志着中国最大的经济特区正式诞生。

·5 月 25～27 日，国务院主要领导人召开会议，通报政治局常委关于价格改革的决定，与会的刘国光、吴敬琏等提出了不同意见。5月 30 日至 6 月 3 日，国家经济体制改革委员会召开了价格体制改革中期规划研究会。在讨论到当年价格改革是否要进行"闯关"问题时，与会的薛暮桥、厉以宁、王珏、蒋一苇和张卓元也提出了一些不同意见。

·9 月 26～28 日，中共十三届三中全会召开。全会批准了中央政治局提出的治理经济环境，整顿经济秩序，全面深化改革的指导方针和政策措施。

·中国注册会计师协会成立，杨纪琬任会长。

·国家教育委员会批准成立中山大学岭南（大学）学院。

·《中国大百科全书》经济学卷 1～3 册由中国大百科全书出版社出版。内容包括理论经济学、经济史和经济思想史以及部门经济学和专业经济学三大部分，42 个分支学科。

·于光远著《中国社会主义初级阶段的经济》由中国财政经济出版社出版。

·刘国光主编《中国经济体制改革的模式研究》由中国社会科学出版社出版。

·谷书堂、蔡继明在《按贡献分配是社会主义初级阶段分配原则》（河北人民出版社）一书中提出按劳分配与按生产要素分配相结合的观点。此后，我国经济学界就马克思的劳动价值论在社会主义经济中是否适用（或是否完全适用）的问题进一步展开了长期讨论。

1989 年

·2 月，综合开发研究院（中国·深圳）成立。马洪任理事长，纪中、陈锦华、林凌、秦文俊、高尚全、蒋一苇为副理事长。

·3 月 13～16 日，国家经济体制改革委员会的安子文、刘鸿儒、杨启先等与台湾著名学者蒋硕杰、于宗先、邹至庄、费景汉、顾应昌、刘遵义在香港举行了一次小范围座谈会。座谈的问题包括通货膨胀、价格改革、汇率、企业制度和分配五个方面。中国内地专家学者认为，他们的思路比较符合我们改革的实际，提出的办法也富有借鉴意义。

·6月9日，邓小平在接见军以上干部的讲话中着重提出："要坚定不移地执行党的十一届三中全会以来制定的一系列路线、方针、政策。"

·国家教育委员会自该年开始确立每四年一次的高等教育国家级教学成果奖励制度，1989年、1993年、1997年、2001年、2005年和2009年共进行了六届评选。

·国务院发展研究中心主持撰写的《2000年中国》研究报告（其中包括2000年中国经济）获国家科技进步一等奖。

·中国信息经济学会成立，乌家培任理事长。

·中国社会科学院与中央档案馆合编的《中华人民共和国经济档案资料选编》1949～1952年部分共12卷，1953～1957年部分共9卷，1958～1965年部分共10卷，三部分共计3500万字，于1989～2011年分别由中国社会科学出版社、经济管理出版社、社会科学文献出版社、中国财政经济出版社、中国物资出版社和中国物价出版社出版。

·严中平主编《中国近代经济史（1840～1894）》、汪敬虞主编《中国近代经济史（1895～1927）》以及刘克祥、吴太昌主编《中国近代经济史（1927～1937）》分别于1989年、2000年、2010年由人民出版社出版。

·谭崇台主编《发展经济学》由上海人民出版社出版。

·从下半年开始，经济学界又出现了对市场取向改革的不同意见，部分学者主张从"市场取向"转向"计划取向"，但更多学者还是坚持市场取向改革的观点。

1990 年

·从年初开始，邓小平对开发浦东表示极大关切。3月3日，他对几位中央领导人说：浦东的开发，你们要多关心。抓上海，就算一个大措施，上海是我们的王牌，把上海搞起来是一条捷径。6月，中共中央、国务院下发了《关于开发和开放浦东问题的批复》。指出

"开发和开放浦东是深化改革，进一步实行对外开放的重大部署"，"是一件关系全局的大事，一定要切实办好"。

·从年初到年底，北京报刊上发表多篇文章，肯定计划经济，否定市场取向的经济改革。其中有文章说："市场经济，就是取消公有制。这就是说，要否定共产党的领导，否定社会主义制度，搞资本主义。"7月5日，中共中央政治局常委邀集一些经济学家座谈经济形势和对策。与会的学者有薛暮桥、刘国光、吴敬琏、苏星、吴树青、有林、袁木和许毅等10多人。座谈会一开始，就在改革应当是"计划取向"还是"市场取向"问题上发生了激烈的争论。

·2月，中国区域经济学会成立。

·11月，国家教育委员会颁布了包括应用经济学科在内的研究生培养学科、专业目录。

·12月2日，兼任中共上海市委书记的朱镕基召开金融改革会议，决定建立上海证券交易所。同月19日，上海证券交易所举行揭幕典礼，并正式开张营业。

·1990~2000年，山西经济出版社出版了我国首部《中国当代经济学家文丛》。于光远、孙冶方等59位经济学家分别出版本人文选。

1991 年

·1991年春节前夕，邓小平对上海市负责人说："不要以为，一说计划经济就是社会主义，一说市场经济就是资本主义，不是那么回事，两者都是手段，市场也可以为社会主义服务。""希望上海人民思想更解放一点，胆子更大一点，步子更快一点。"朱镕基在中共上海市委常委会上传达了邓小平的讲话精神。上海《解放日报》在4月15~22日以皇甫平笔名发表了四篇评论，宣传了邓小平的讲话内容。

·中国生态经济学会、中国人民大学环境经济研究所3月在北京联合召开的全国十年生态与环境经济理论回顾与发展研讨会。

·3月，中国市场学会成立。

·中国（海南）改革发展研究院11月成立。陈锦华任董事局主席，高尚全任院长。12月，中国（海南）改革发展研究院承办了由国家经济体制改革委员会、中国人民银行、世界银行和联合国开发计划署联合举行的第一次中国改革国际论坛——中国金融体制改革国际研讨会。至 2010 年 12 月，该院与有关单位共同举办了 71 次中国改革国际论坛。

· 中国社会科学院开始每年举行一次（1999 年以后改为春、秋两季）中国经济形势分析与预测研讨会，并将经济预测和分析报告结集出版，即《经济蓝皮书》。

· 全国林业经济研究会、全国畜牧业经济研究会、全国渔业经济研究会合并为中国林牧渔业经济学会。

1992 年

· 在我国经济体制改革的重要关头，邓小平在 1 月 18 日至 2 月 21 日发表了南方谈话。他说："改革开放迈不开步子，不敢闯，说来说去就是怕资本主义的东西多了，走了资本主义道路。要害是姓资姓社的问题。判断的标准应该主要看是否有利于发展社会主义生产力，是否有利于增强社会主义国家的综合国力，是否有利于提高人民的生活水平。"又说，"计划多一点还是市场多一点，不是社会主义与资本主义的本质区别。计划经济不等于社会主义，资本主义也有计划；市场经济不等于资本主义，社会主义也有市场。计划和市场都是经济手段。社会主义的本质，是解放生产力，发展生产力，消灭剥削，消除两极分化，最终达到共同富裕。"

· 10 月 12 日，党的十四大提出："我国经济体制改革的目标是建立社会主义市场经济体制，以利于进一步解放和发展生产力。"

· 《中国国民经济核算体系（试行方案）》获得通过，从 1993 年起逐步取消物质产品平衡表体系。

· 江苏人民出版社出版了《当代中国百名经济学家自述我的经济观》（五卷本）。

· ［英］伊特韦尔、［美］米尔盖特和［美］纽曼主编，陈岱孙译《新帕尔格雷夫经济学大辞典》（四卷本）由经济科学出版社出版。

1993 年

· 2 月 13 日，中共中央、国务院发布《中国教育改革和发展纲要》。

·针对经济过热的形势，6月24日中共中央发布了《关于当前经济情况和加强宏观调控的意见》。

·11月14日，党的十四届三中全会作出了《关于建立社会主义市场经济体制若干问题的决定》。《决定》构筑了社会主义市场经济体制的基本框架。提出要转换国有企业经营机制，建立现代企业制度；培育和发展市场体系；转变政府职能，建立健全宏观经济调控体系；建立合理的个人收入分配和社会保障体制；深化农村经济体制改革；深化对外经济体制改革，进一步扩大开放；进一步改革科技体制和教育体制；加强法律制度建设。参加这个文件起草的大都为经济专家。

·12月25日，国务院作出《关于实行分税制财政管理体制的决定》，从1994年1月1日起，改革现行地方财政包干体制，对各省、自治区、直辖市以及计划单列市实行分税制财政管理体制。

·首届国家图书奖评选，至2003年已举办六届，共有756种图书获奖（不含第六届的特别奖50种图书）。其中，经济学方面，有山西经济出版社出版的孙冶方著的《中国当代经济学家文丛·孙冶方选集》和中国社会科学出版社出版的刘国光主编的《中国经济体制改革的模式研究》获第一届国家图书奖；天津人民出版社出版的吴敬琏著的《现代公司与企业改革》获第二届国家图书奖；武汉大学出版社出版的谭崇台主编的《西方经济发展思想史（修订本）》获第三届国家图书奖。

·中国社会科学院设立"中国社会科学院优秀科研成果奖"。1993～2010年共举办了七届评奖活动。

·马洪主编《什么是社会主义市场经济》由中国发展出版社出版。

·吉林大学商学院创建，2001年组建成经济学院。

·中国工业经济研究与开发促进会（原名为中国工业经济管理研究会）成立，马洪和房维中任会长。

·在党的十四届三中全会召开前后的一段时间内，我国经济学界就现代企业制度问题（包括产权、法人代表和治理结构等）展开了讨论。

·在党的十四届三中全会提出效率优先、兼顾公平的原则以后，从20世纪90年代初到21世纪头10年，我国经济学界就这个问题展开了讨论。

1994 年

·1月1日，中国人民银行提出建立单一的、以市场供求为基础的、有管理的浮动汇率制。

·3月25日，《中国21世纪议程——中国21世纪人口、环境与发展白皮书》经国务院常务会议讨论通过。

·4月，由原华中理工大学（现华中科技大学）经济学系、数量经济学系、经济发展研究中心合并组成华中科技大学经济学院。

·11月，中欧国际工商学院成立。这是中国政府与欧洲联盟共同创办的、专门培养国际化高级管理人才的、非营利性的高等学府，是亚洲唯一的一所三大课程（MBA、EMBA、EDP）全面进入世界30强的商学院。

·从第四季度起，中国人民银行（按国际货币基金组织口径）正式按季公布货币供应量。

·由中国金融学会和台湾中华经济研究院、台北金融研究发展基金会联合举办的两岸金融学术研讨会在台北举行。研讨会每年在我国大陆地区和台湾地区轮流举办，至2010年已举办16届。

1995 年

·4月28日，中国城镇住房制度改革研究会成立大会在北京召开。高尚全被选为研究会会长。

·7月11日，国家发展和改革委员会宏观经济研究院（原名为国家计划委员会宏观经济研究院）在北京举行成立大会。宏观经济研究院是由经济研究中心等9个单位合并组建而成，第一届院长为佘健明，副院长为林兆木（常务）和黄范章等。

·9月28日，党的十四届五中全会提出："实现'九五'和2010年的奋斗目标，关键是实行两个具有全局意义的根本性转变，一是经济体制从传统的计划经济体制向社会主义市场经济体制转变，二是经济增长方式从粗放型向集约型转变，促进国民经济持续、快速、健康发展和社会全面发展。"

·中国社会科学院世界经济与政治研究所编《世界经济形势分析与预测》（年度系列）由中国社会科学出版社、社会科学文献出版社出版。至 2011 年该系列报告已出版了 17 期。

·中国高校人文社会科学研究优秀成果奖由国家教育委员会设立，1995～2009 年共进行了五届评选。在第一届优秀成果奖中，获得经济学一等奖的有 14 项，从 2009 年起此奖项改名为"高等学校科学研究优秀成果奖（人文社会科学）"。

·蒋一苇企业改革与发展学术基金由中国社会科学院批准设立。1998～2010 年共举行了四届评选活动。

1996 年

·1 月 8 日，中国世界贸易组织研究会成立。其前身是 1991 年 5 月成立的关贸总协定研究会。

·5 月 7～9 日，新亚欧大陆桥区域经济发展国际研讨会在北京举行。

·10 月，中国统计学会、中国概率统计学会等联合召开全国统计科学讨论会。它标志着中国社会经济统计学与数理统计学的合作已进入实质性阶段。

·11 月，中国国民经济核算研究会第一次学术研讨会召开。

·中国经济改革研究基金会国民经济研究所成立，樊纲任所长。

·山东诸城在国有企业改革的"放小"方面创造了有益的经验。其改革是以股份制作为改制的主要形式。

1997 年

·7 月 16 日，国务院颁布《关于建立统一的企业职工养老保险制度的决定》，标志着全国统一的社会统筹与个人账户相结合的职工基本养老保险制度正式确立。

·9 月，国务院颁布《关于在全国建立城市居民最低生活保障制度的通知》。从此，这项制度进入全面实施规范管理的阶段。

·9 月 12 日，中共十五大提出："公有制为主体，多种所有制经济共同发展，是社会主义初级阶段的一项基本经济制度。""非公有制经济是我国社会主义市场经济的重要组成部分。""要着眼于搞好整个国有经济，抓好大的、放活小的，对国有企业实行战略性改组。""继续推进政治体制改革，依法治国，建设社会主义法制国家。"

·1997 年以后，我国经济界就亚洲金融危机及其对我国经济的影响和人民币汇率等问题展开了讨论。

1998 年

·6 月，经济学界一些人士在北京发起组成独立的学术团体"中国经济 50 人论坛"。2000 年 12 月 24 日，第一届"中国经济 50 人论坛"年会在北京召开，年会的主题是"中国经济发展应更加注重体制的改革与创新"。中国经济 50 人论坛年会 2000 ~ 2011 年共举办了12 届。

·7 月 6 日，教育部颁布《普通高等学校本科专业目录》。该目录规定：经济学类本科只保留经济学、国际经济学与贸易、财政学和金融学四个专业。

·11 月，中国社会科学院和福特基金会等在北京举办了"中国：走向 21 世纪的公共政策选择"国际研讨会。

·12 月 15 日，全国财政工作会议作出了构建中国的公共财政基本框架的决定。

·12 月，第一届"薛暮桥价格研究奖"评选颁奖活动在北京举行，至 2010 年共举行了五届评选颁奖活动。获得第一届"薛暮桥价格研究奖"的有 10 部专著和 25 篇论文。

·中国社会科学院经济研究所和广东经济出版社共同发起评选"影响新中国经济建设的十本经济学著作"活动。孙冶方著《社会主义经济论稿》，马寅初著《新人口论》，薛暮桥著《中国社会主义经济问题研究》，于光远著《中国社会主义初级阶段的经济》，王亚南著《中国半封建半殖民地经济形态研究》（《中国经济原论》），卓炯著《论社会主义商品经济》，蒋一苇著《论社会主义的企业模式》，刘国光主编《中国经济体制改革的模式研究》，厉以宁著《非均衡的中国经济》，吴敬琏、刘吉瑞著《论竞争性市场体制》当选。

·《孙冶方全集》（共 5 卷）和《杜润生文集》（上、下卷）由山西经济出版社出版。

·年中由于受亚洲金融危机的影响，内需不足和市场疲软的形势进一步显露，国务院决定采用扩大内需的方针，实施积极的财政政策。

1999 年

·9 月 27～29 日，第五届《财富》全球论坛年会在上海举办。会议主题为"中国：未来五十年"。

·10 月 18～20 日，由中国社会科学院、中国经济史学会等联合召开新中国 50 年经济发展的特点与经验学术研讨会。

·1999～2005 年，谈敏主编的涵盖新中国经济思想发展历程的大型丛书《新中国经济思想史丛书》（九卷本）由上海财经大学出版社出版。

·不列颠百科全书编辑部编译《不列颠百科全书》（国际中文版）由中国大百科全书出版社出版。这套百科全书共 20 卷，内容涵盖政治、经济、金融等 200 多个学科。

·浙江大学经济学院由浙江大学对外经济贸易学院、杭州大学金融与经贸学院等组建而成。

·1999 年以后，我国经济学界就区域经济发展问题（包括先后相继提出的西部大开发、振兴东北等老工业基地、促进中部崛起和鼓励东部率先实现现代化）展开了讨论。

2000 年

·9 月 25 日，国务院决定建立全国社会保障基金，并设立全国社会保障基金理事会。

·10 月 20～22 日，由国务院西部开发办等主办的"2000·中国西部论坛"在四川省成都市召开。论坛的主题为"西部开发——政府与市场"。

·国务院发展研究中心设立中国发展高层论坛，论坛年会截至 2012 年已举办 13 届，成为中国政府与国内外企业界、学术界就中国经济社会发展重大问题进行高层交流和研讨的重要渠道之一。

·西安交通大学经济与金融学院由西安交通大学、西安医科大学和陕西财经学院三校相关经济学科与专业组建而成。

·2000 年前后，我国经济学界就加入世界贸易组织问题展开了讨论。

（本资料主要选自《20 世纪中国知名科学家学术成就概览》经济学卷相关内容，原执笔人为：汪海波、陈争平、刘向莉。本文在使用该资料时，征得了原书主编同意，并做了较大删节，有关 2000 年以后部分没有收入，不妥之处，责任由本书作者负责）

附录3 新中国60年经济体制改革大事记（1952~2012年）

1952年11月16日，中共中央作出《关于成立国家计划委员会及干部配备方案的决定》。各级人民政府相继成立地方计委，全国性计划管理机构初步建立。

1953年6月15日，毛泽东在中央政治局会议上提出党在过渡时期的总路线和总任务，要在10~15年或更多一些时间内，基本完成国家工业化以及对农业、手工业和资本主义工商业的社会主义改造。

1955年7月31日，毛泽东在中共中央召开的省、市、自治区党委书记会议上作《关于农业合作社问题》的报告，由此掀起全国农业合作化高潮。

1958年2月19日，中共中央转发毛泽东提出的《工作方法六十条（草案）》，重申要在15年或者更多一点时间内赶上或超过英国的口号。

1958年8月27日，中共中央政治局通过了《中共中央关于在农村建立人民公社问题的决议》，在全国范围掀起了人民公社化运动的高潮。

1961年，中共中央作出《关于调整管理体制的若干暂行规定》，强调集中统一，经济管理大权应集中到中央、中央局和省（市、自治区），以克服经济困难。

1964年9月21日，全国计划会议召开，决定根据"大权独揽、小权分散"，"统一领导、分级管理"的原则改进计划管理体制。

1967年1月11日，中共中央发出《关于反对经济主义的通知》，要求各地各部门立即停止在"文化大革命"中大闹经济主义的倾向。

1968年1月18日，中共中央发出《关于进一步打击反革命经济主义和投机倒把活动的通知》，坚决取缔无证商贩、个体手工业户等。

1976 年 3 月 3 日，财政部决定从 1976 年起实行"定收定支，收支挂钩，总额分成，一年一变"的财政管理体制。

1978 年 11 月 25 日，安徽省凤阳县小岗村 18 户农民在当时的生产队长的带领下，商定"私下"实行大包干，并当场立下字据，按上手印。这标志着中国农村改革的开始。

1978 年 12 月 18~22 日，中共十一届三中全会作出把工作重点转移到社会主义现代化建设上来和实行改革开放的决策，标志着中国进入了社会主义现代化建设的新时期。

1979 年 4 月 5~28 日，中共中央召开工作会议，针对国民经济比例严重失调的情况，决定用三年时间对国民经济实行"调整、改革、整顿、提高"的方针。

1982 年 9 月 1 日，邓小平在中共十二大提出，要建设有中国特色的社会主义，正确贯彻计划经济为主、市场经济为辅的原则，是经济体改中一个根本性问题。

1983 年 6 月 6 日，六届全国人大一次会议召开，《政府工作报告》指出，全国经济体制改革要改革计划经济体制，发展统一的社会主义市场，改革财政体制、工资制度和劳动体制。

1983 年 7 月 8 日，深圳宝安县联合投资公司成立，在深圳公开发行股份证，是全国第一家股份制集资企业。

1984 年 1 月 1 日，中共中央发出《关于 1984 年农村工作的通知》，提出延长土地承包期，一般应在 15 年以上。

1984 年 10 月 4 日，国务院批转国家计委《关于改进计划体制的若干暂行规定》，强调要根据"大的方面管住、管好，小的方面放开、放活"的精神，适当缩小指令性计划的范围。

1984 年 10 月 20 日，中共十二届三中全会通过了《中共中央关于经济体制改革的决定》，提出了社会主义经济是以公有制为基础的有计划的商品经济。

1984 年 11 月 8 日，上海飞乐音响公司成立，并向社会发行股票。这是改革开放以来第一家比较规范的股份公司。

1986 年 3 月 3 日，中国第一家中外合资银行——厦门国际银行正式成立。

1986 年 8 月 3 日，沈阳市防爆器材厂宣告破产。这是中国改革开放以后，正式宣布破产的第一家国有企业。

1986 年 12 月 5 日，国务院作出《关于深化企业改革增强企业活力的若干规定》，提出全民所有制小型企业可积极试行租赁、承包经营；全民所有制大中型企业要实行多种形式的经营责任制；各地可以选择少数有条件的全民所有制大中型企业进行股份制试点。

1987 年 10 月 25 日至 11 月 1 日，中共十三大阐述了社会主义初级阶段理论，提出了党在社会主义初级阶段的"一个中心、两个基本点"的基本路线，制定了到 21 世纪中叶分三步走、实现现代化的发展战略。

1988 年 3 月 25 日至 4 月 13 日，七届全国人大一次会议举行。会议通过了宪法修正案，将"国家允许私营经济在法律规定的范围内存在和发展，私营经济是社会主义公有制经济的补充。国家保护私营经济的合法的权利和利益，对私营经济实行引导、监督和管理"等规定载入《中华人民共和国宪法》。

1989 年 11 月 6~9 日，中共十三届五中全会通过了《中共中央关于进一步治理整顿和深化改革的决定》，强调中国经济体制改革是社会主义制度的自我完善，当前要着重落实企业承包经营责任制、财政包干制、金融体制、外贸承包体制等方面的改革。

1991 年 9 月 23~27 日，中央工作会议强调，把搞好国营大中型企业作为坚持社会主义道路的大事摆到突出位置。

1991 年 11 月 25~29 日，中共十三届八中全会通过了《中共中央关于进一步加强农业和农村工作的决定》，提出把以家庭联产承包为主的责任制、统分结合的双层经营体制，作为中国乡村集体经济组织的一项基本制度长期稳定下来。

1992 年 1 月 18 日至 2 月 21 日，邓小平视察武昌、深圳、珠海、上海等地并发表重要谈话，强调基本路线要坚持 100 年不动摇，指出计划经济不等于社会主义，资本主义也有计划，市场经济不等于资本主义，社会主义也有市场，计划和市场都是经济手段。

1992 年 10 月 12 ~ 18 日，中共十四大确定中国经济体制改革的目标是建立社会主义市场经济体制。

1993 年 3 月 15 ~ 31 日，八届全国人大一次会议通过了宪法修正案。修改后的宪法，肯定了中国正处于社会主义初级阶段，肯定了农村中的以家庭联产承包为主的责任制是社会主义劳动群众集体所有制经济；肯定了国家实行社会主义市场经济。

1993 年 11 月 11 ~ 14 日，中共十四届三中全会通过了《中共中央关于建立社会主义市场经济体制若干问题的决定》，指出建立社会主义市场经济体制，就是要使市场在国家宏观调控下对资源配置起基础性作用。

1993 年 12 月 25 日，国务院作出关于金融体制改革的决定，确立中国人民银行作为独立执行货币政策的中央银行的宏观调控体系。

1995 年 9 月 25 ~ 28 日，中共十四届五中全会通过了《中共中央关于制定国民经济和社会发展"九五"计划和 2010 年远景目标的建议》，提出经济体制从传统的计划经济体制向社会主义市场经济体制转变，经济增长方式从粗放型向集约型转变。

1996 年 1 月 12 日，中国首家主要由民营企业投资的全国股份制商业银行——中国民生银行成立。

1997 年 9 月 12 ~ 18 日，中共十五大指出，公有制实现形式可以而且应当多样化。非公有制经济是中国社会主义市场经济的重要组成部分。允许和鼓励资本、技术等生产要素参与收益分配。

1998 年 3 月 19 日，时任国务院总理朱镕基在九届全国人大一次会议举行的记者招待会上提出"三个到位"：一是确定用三年左右的时间，使大多数国有大中型亏损企业摆脱困境，进而建立现代企业制度；二是确定在三年内彻底改革金融系统，中央银行强化监管、商业银行自主经营的目标要在 20 世纪末实现；三是政府机构改革的任务要在三年内完成。

1999 年 9 月 19 ~ 22 日，中共十五届四中全会审议通过了《中共中央关于国有企业改革和发展若干重大问题的决定》，认为推进国有企业改革和发展是一项重要而紧迫的任务，首先要尽最大努力实现国有企业改革和脱困的三年目标。

2001 年 11 月 10 日，世界贸易组织第四届部长级会议在卡塔尔首都多哈以全体协商一致的方式，审议并通过了中国加入世界贸易组织的决定。

2002 年 11 月，中共十六大提出 21 世纪头 20 年全面建设小康社会和建成完善的社会主义市场经济体制的任务。

2003 年 10 月 11～14 日，中共十六届三中全会通过《中共中央关于完善社会主义市场经济体制若干问题的决定》（简称《决定》），《决定》首次提出以人为本、全面协调可持续的科学发展观。

2003 年 12 月 16 日，中央汇金公司成立，并于当月 30 日向中国银行和中国建设银行注资共 450 亿美元，国有银行股份制改革拉开帷幕。

2004 年 8 月 26 日，中国银行股份有限公司成立，由国有独资商业银行整体改制为国家控股的股份制商业银行。随后三年，中国建设银行、交通银行、中国工商银行相继转变为股份制商行。2006 年底，上述四家银行全部完成股改上市。中国农业银行股份制改革正在进行中。

2005 年 2 月 24 日，国务院发布《关于鼓励支持和引导个体私营等非公有制经济发展的若干意见》。针对非公有制经济发展中的突出问题，提出了放宽市场准入、加大财税支持七方面的政策措施。

2005 年 7 月 21 日，中国人民银行发布公告称，中国开始实行以市场供求为基础、参考一篮子货币进行调节、有管理的浮动汇率制度，人民币汇率不再盯住单一美元，形成更富弹性的人民币汇率机制。

2006 年 11 月 15 日，《中华人民共和国外资银行管理条例》发布。根据加入世贸组织承诺，中国将在 2006 年 12 月 11 日前向外资银行开放对中国境内公民的人民币业务，并取消开展业务的地域限制以及其他非审慎性限制，在承诺基础上对外资银行实行国民待遇。

2007 年 7 月 23 日，国务院发布《关于开展城镇居民基本医疗保险试点的指导意见》，决定这一年在 79 个城市试点，扩大城镇居民基本医疗保险的覆盖面，争取 2010 年覆盖全国。

2007 年 4 月 24 日《中华人民共和国政府信息公开条例》公布，

并于 2008 年 5 月 1 日起施行。目前，我国各级政府都建立了政府门户网站并通过政府门户网站以及其他形式，强化政务公开，实行阳光行政。

2007 年 10 月，中共十七大提出高举中国特色社会主义伟大旗帜，并对科学发展观作了专门论述。

2008 年 10 月召开的十七届三中全会通过了《中共中央关于推进农村改革发展若干重大问题的决定》，该决定提出新时期农村改革的三大任务：一是大力推进改革创新，加强农村制度建设；二是积极发展现代农业，提高农业综合生产能力；三是加快发展农村公用事业，促进农村社会全面进步。

2008 年 11 月 25 日前后国家发改委拟定并获审批的国内成品油价格形成机制改革方案，主要内容是：将现行成品油零售基准价格允许上下浮动的定价机制，改为实行最高零售价格，并适当缩小流通环节差价。

2008 年 12 月 18 日，胡锦涛《在纪念党的十一届三中全会召开三十周年大会上的讲话》中，提出了著名的"十个结合"。

2009 年 7 月 13 日，中央印发了《关于实行党政领导干部问责的暂行规定》。这为问责制度的实施奠定了法律基础。

2009 年 10 月 23 日，我国创业板举行开板启动仪式，首批上市 28 家公司以平均 56.7 倍市盈率于 2009 年 10 月 30 日登陆我国创业板。历经 10 年的创业板终于正式在我国挂牌上市。

2009 年 4 月 6 日，《关于深化医药卫生体制改革的意见》和《关于医药卫生体制改革近期重点实施方案》制定发布，令人瞩目的新医改方案亮相。同年 8 月，《关于建立国家基本药物制度的实施意见》、《国家基本药物目录管理办法（暂行)》、《国家基本药物目录（基层部分)》出台，这意味着国家基本药物制度建立工作正式启动。

从 2009 年开始，在农村推行新型农村社会养老保险制度。

2010 年《社会保险法》诞生。

2011 年，90 多个中央部门公布了部门预算和决算，人们普遍关心的"三公"经费也得到公开。

2011 年 3 月，中共中央和国务院颁布了《关于分类推进事业单位改革的指导意见》，明确提出到 2020 年建立起功能明确、治理完善、运行高效、监督有力的事业单位管理体制和运行机制。由于该项改革将涉及 3000 多万人的切身利益，因此又被誉为继党政机构、国有企业改革之后最大规模的一场改革。

2012 年，国务院批转的《社保"十二五"规划》，其内容是人社部单独制定的《人力资源和社会保障事业发展"十二五"规划纲要》中社保部分的延续和深入。为社保事业单辟"规划"，尚属首次。这体现了党和政府对民生保障的日益重视，也说明社会保障工作在经济社会发展全局中处于越来越重要的位置。

2012 年 4 月 14 日，央行发布公告，自 4 月 16 日起，银行间即期外汇市场人民币兑美元交易价浮动幅度由 5‰ 扩大至 1%，即每日银行间即期外汇市场人民币兑美元的交易价，可在中国外汇交易中心对外公布的当日人民币兑美元中间价上下 1% 的幅度内浮动。这标志着汇率市场化的改革进程向前迈进了一步。

2012 年 6 月 7 日，中国人民银行宣布，将金融机构存款利率浮动区间上限调整为基准利率的 1.1 倍，贷款利率浮动区间下限调整为基准利率的 0.8 倍。2012 年 7 月 5 日，央行再次宣布，将金融机构贷款利率浮动区间下限调整为基准利率的 0.7 倍。不到一个月的时间，央行两次调整利率浮动区间。利率市场化改革迈出了一大步。

2012 年 12 月，《国务院办公厅关于深化电煤市场化改革的指导意见》出台，提出以取消重点电煤合同、实施电煤价格并轨的电煤市场化改革核心，并确立了改革的主要任务和方向。至此，煤炭价格结束双轨制，完全由市场竞争得以形成。

2012 年 3 月 21 日，国务院印发《"十二五"期间深化医药卫生体制改革规划暨实施方案》，提出到 2015 年，"个人卫生支出占卫生总费用的比例降低到 30% 以下，看病难、看病贵问题得到有效缓解"。

2012 年 6 月，《深化医药卫生体制改革三年总结报告》完成。报告指出，新一轮医改统筹推进五项重点改革，如期全面完成了三年医改各项任务。

2012 年 7 月，北京、深圳打响医药分开攻坚战。稍后发布的《关于做好 2012 年公立医院改革工作的通知》，把破除以药补医机制作为各试点城市的重点工作。公立医院补偿由服务收费、药品加成收入和财政补助三个渠道改为服务收费和财政补助两个渠道，已然成为大势所趋。

2012 年 8 月 30 日，《关于开展城乡居民大病保险工作的指导意见》发布。根据《意见》，我国将在基本医保报销的基础上，对大病给予"二次报销"。《意见》显示，为了避免城乡居民发生家庭灾难性医疗支出，大病保险将针对城镇居民医保、新农合补偿后需个人负担的、符合相关规定的医疗费用予以保障，本着医疗费用越高支付比例越高的原则，按医疗费用高低分段制定支付比例，实际报销比例不低于 50%。

2012 年 11 月，党的十八大提出要以更大的政治勇气和智慧全面深化改革，加快完善社会主义市场经济体制，加快转变经济发展方式。

后 记

以卓元先生为传主，写一部中国社会主义市场经济体制"凤凰涅槃"的故事，一直是我梦寐以求的事情。因为卓元先生是探索中国社会主义市场经济体制最持久、最具力量的经济学家之一，有中国经济学界"常青树"之誉；卓元先生是直接参加中央政策文件起草次数最多、贡献最持续的中国经济学家，有"政府经济学家"之称。因此，只要顺着卓元先生的学术路径和工作实践，我们就很容易找到中国社会主义市场经济体制萌芽、挫折、成长的点点滴滴。

写卓元先生的学术传记，于我有两点便利条件。一是作为入室弟子已经24年，对卓元先生整个学术思想的形成、发展有比较全面的了解和掌握。从1981年第一次阅读卓元先生的《对"价值是生产费用对效用的关系"的初步探讨》，到最近阅读的《牢牢把握加快改革这一强大动力》，我可能是最全面阅读过卓元先生作品的读者之一。二是作为其部下，曾经在其麾下工作多年，对卓元先生的工作情况和部分生活动态也较为了解。1985～1993年期间，我与卓元先生在中国社会科学院财贸经济研究所的学习、工作经历是重合的，那是一段先学生后部下的经历。写卓元先生的学术传记，于我也有两点不便条件。一是卓元先生的学术活动和学术思想历史跨度大，涉及领域多，不才实在难以驾驭。二是我文笔拙钝，要么对卓元先生思想高深之处领悟不到或不深，要么显得枯燥难读。

这是一部北人写南人的故事。卓元先生生在南岭之南的梅州，那里人杰地灵，英才辈出；我则出生在北京之北的赤峰，那里历史悠久，豪杰迭现。卓元先生是我的授业恩师，我本来想以一个弟子的视角来写恩师。但是，真的准备动笔之后，才真切地体会到先生一个甲子的学术历程，实在是丰富之极，每个片段都足以成为华采的亮极。卓元先生已经不再仅仅属于家人，也不仅仅属于我们这些弟子，他更多的属于中国的经济改革大事业。

这是一部还需要不断完善的作品。年届耄耋的卓元先生，大有姜尚之雄风，其思想还在不断发展之中，其贡献还在不断增加之中，其思维之敏捷让我等自愧弗如。卓元先生21岁开始发表经济学论文，80岁依然笔耕不辍，想想我等年轻力健者又有几人能为尔。因之，我计划这部作品，今后每过五年修订一次，每修订一次，让读者更加满意一次。

这是一部多人合力完成的作品。卓元先生有时低调得过分，从来不允许我们这些弟子撰写带有任何溢美之词的评论文章，更不让搞稍嫌破费的庆祝活动。这次我要写他的学术思想传记，开始也是一如既往地不同意，及至我讲清楚我的客观立场，他才算点了头。尽管对卓元先生有着诸多了解，但真正动起笔来还是有着很多不了解。为此，我不断地找卓元先生释疑解惑，有时甚至到了"扰乱"的程度。同时，师母李秀珍先生也给我讲了很多有趣的故事，提供了很多素材，为我写作这部作品增色很多。卓元先生的二公子张平先生，由于是我的同学，自然不可避免地被我屡屡"骚扰"，他的帮助和对一些事情的首肯，大大增加了我写作的信心。诸多师兄、师弟、师妹是给予我帮助的最大群体，他们从各自角度为我提供资料、信息，也包括某些思路甚至对某些观点的评价。在诸多师弟中，最需要感谢的是中国社会科学院经济研究所的张磊副研究员。他不仅参与了本部作品前期提纲的讨论，而且多次参与了我对卓元先生的访谈会和座谈会。就职于经济研究所的程锦锥小师弟，也是积极参与者之一，卓元先生的诸多资料，都是经由他的整理转发给我的。如果没有他的帮助，我的写作不会进展得如此顺利。在准备本部作品写作素材中，我就职的国家科技部科技经费监管服务中心的张缨、国丽娜、宝连、何磊也都给予了许多的帮助。同时，我还要感谢我的家人在我写作过程中给予的支持、鼓励和帮助，他们是这部作品最早的阅读者和评价者，他们的意见促成了我对原框架的诸多修改。还要感谢经济管理出版社的沈志渔先生、张艳女士，他们在听完我的概要讲述后，毫不犹豫地接下了这部作品的出版事项，非常令人感动。同时，本书责任编辑杨雪、美编刘艳南，对书稿做仔细打磨，使其增色很多。此外，本书在撰写过程中，也参考了一些有关卓元先生的采访报道和实录，如吴志菲等人的作品，在此一并感谢。当然，书中涉及的很多经济学家也是重要的帮助者，是他们与卓元先生共同创造了"中国社会主义市场经济体制"这个天才的妙法，才使我有机会写出这样一部好的作品。

这是一部弟子评价师尊的作品。自古都是先生评价学生，而这部作品多多少少有些"忤逆"的成份。学生评价先生，有两点最难把握：一是为尊者讳，优点容易过多过高，缺点容易过少过粗；二是为读者虑，主题容易过简过浅，花边容易过多过泛。我并没有超凡脱俗，其中的缺点自然有之，但已经是尽量避免了。还有，这部作品中，涉及很多经济学界的人和事，有些评价也都是我一己之见，褒奖未必到位，贬者未必切中。望大家读到这些问题时，以宽怀为佳。

这是一部盘点过往与展望未来的作品。2013 年，是卓元先生从事经济学学术活动 60 年，也是卓元先生八十大寿的重要节点，我因为感怀先生的教诲，感念先生的提携，感叹先生的执著，感动先生的平实，遂以此书以记之。

写不尽的是卓元先生的峥嵘岁月，写不完的是卓元先生的不悔人生。值此卓元先生八十寿诞前夕，谨以我在其 78 岁寿诞上所作小诗《期盼》，暂时结束这部未完传记的未完之旅。

每年的每一天，我们都在期盼，
期盼我们的恩师身体康健，思维如电。
每年的盛夏，我们都有一个相同的心愿，
希望再一次聚首在老师的桌前，

畅谈着一年来天下和自我的变迁。
每年的今天，我们都有一场欢宴，
那是归巢的感觉和回家的坦然。
每天的每一时段，我们都在祝愿——
老师，您好！
老师，平安！

房汉廷
2013 年 4 月 15 日于北京不惑斋